Florida

Zeit für das Beste!

MIAMI BEACH

W0077709

HIGHLIGHTS | GEHEIMTIPPS | WOHLFÜHLADRESSEN

»In Florida we salt margaritas, not sidewalks«

Wand-Graffiti in der Green Parrot Bar von Key West

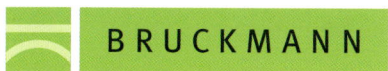

BRUCKMANN

Florida

Zeit für das Beste!

Dirk Rheker
Sabine Rheker-Weigt
Christian Heeb

 BRUCKMANN

INHALT

Beim Sonnenuntergang in St. Pete Beach wenden sich alle Blicke nach Westen.

Der Ocean Drive im Süden von Miami Beach wird von prachtvollen Art-Déco-Gebäuden gesäumt.

MEHR WISSEN

Kurze Wege zur nächsten Welle am Atlantik

MEHR ERLEBEN

DIE ATLANTIKKÜSTE

S. 2/3: Badefreuden im Sunshine State
S. 5: Auffallen um jeden Preis ist auch auf dem
Ocean Drive in Miami Beach ein beliebter Sport.
Unten: Fotoshooting unter tropischer Sonne
Rechte Seite: »Dive deep, fly high«, heißt das
Motto der Manta-Achterbahn im Wasserpark
SeaWorld Orlando.

ORLANDO UND DIE PARKS

DER NORDEN

REISEINFOS

1 **Clubbing in Miami Beach (S. 46)**
LIV Nightclub, Mango's Tropical Café, Story und, und, und – Miami Beach ist Floridas Hochburg der Partygänger. Vor allem um die berühmte Collins Avenue herum wird die Nacht inmitten gestylter Models, muskelbepackter Beaus und VIPs zum Tag. Und natürlich legen DJs aller angesagten Musikrichtungen auf.

2 **Hochseeangeln auf Islamorada (S. 64)**
In der »Sportanglerhauptstadt der Welt«, wie sich Islamorada stolz nennt, hat man die Qual der Wahl: Morgens einen Fisch aus dem Atlantik an den Haken holen oder nachmittags einen frischen Fang aus der seichteren Florida Bay an Land ziehen? Die günstige Insellage in den Upper Keys macht's möglich. Und Angler glücklich.

3 **Wandern in den Everglades und Big Cypress (S. 91)**
Ohne Boot – und bei günstiger Witterung auch ohne nasse Schuhe – lernen Spaziergänger und Wanderer das Naturwunder »River of Grass« auf gut ausgebauten Wegstrecken kennen. Von kurzen Wanderungen bis zu vielen Kilometern langen Touren ist alles dabei – Informationen und Karten gibt es jeweils im Visitor Center.

Partyhochburg Miami Beach: im Bild die Rooftop-Bar The Spire

Sarasota begeistert mit europäischer Malerei.

❹ Tauchen im Biscayne National Park (S. 102)

Das drittgrößte Riff der Welt lockt Taucher und Schnorchler gleichermaßen an. Und zeigt sich von seiner unnahbaren und geheimnisvollen Seite: Wer die faszinierende Unterwasserwelt entdecken will, muss mit dem eigenen Boot anreisen, denn der Nationalpark ist weitgehend unerschlossen, und seine Inselchen sind nur auf dem Wasserweg zu erreichen.

❺ Manatis im Crystal River (S. 106)

Schönheiten sind sie zwar nicht, aber die »grauen Riesen« bezaubern mit ihrem friedlichen Wesen und ihren knuddeligen Formen. Im Crystal River Preserve State Park und im Homosassa Springs Wildlife State Park kann man den Seekühen mit ihren freundlichen Knautschgesichtern begegnen, sie fotografieren, beobachten – und sogar mit ihnen schwimmen.

❻ Kunstgenuss in Sarasota (S. 124)

Alte Meister der europäischen Malerei wie Rubens, Tizian und Velázquez, beziehungsweise ihre Werke, trifft der kunstinteressierte Besucher des Ringling Museum of Art in Sarasota. Weiter nördlich, in St. Petersburg, begeistert das Salvador Dalí Museum mit mehr als 2100 Exponaten Bewunderer des spanischen Surrealisten.

Auf gut ausgebauten Wegstrecken können auch Wanderer die Everglades erkunden.

Unterwasserfreuden im Biscayne National Park

7 Muscheln auf Sanibel Island (S. 137)

Jakobsmuscheln, Kronenschnecken, Engelsflügel, Sanddollars und die unter Sammlern begehrte filigrane Junonia – sie alle sind hier am Strand zu finden und machen das Eiland zu einem der besten Muschelsammelreviere weltweit. Im Bailey-Matthews Shell Museum werden die kalkigen Kostbarkeiten erklärt.

8 Golfen in Naples (S. 148)

Fast 100 Golfplätze bietet das elegante Naples am Golf von Mexiko seinen Gästen: öffentlich, privat, mit und ohne angegliederte Schulen, beleuchtet oder naturnah. Anfänger in Sachen Golfen? Die Rick Smith Academy im Tiburon Golf Club gilt als eine der besten Golfschulen in den Staaten.

9 Flanieren in Palm Beach (S. 188)

Pracht, Prunk und Luxus an jeder Ecke: Der Nobelort ist die Heimat des amerikanischen Geldadels. Ob man in den Edelboutiquen der Worth Avenue shoppen möchte, ist eine Frage des persönlichen Geldbeutels. Aber Flanieren und Schauen auf der eleganten Meile ist nicht minder lohnenswert – und obendrein kostenlos.

10 Paddeln auf dem Suwannee River (S. 263)

Weltberühmt, weil viel besungen: der 426 Kilometer lange Suwannee River. Der romantische Fluss mit seinen kristallklaren Quellzuflüssen im Norden Floridas gilt als Eldorado für Kajakfahrer, Angler und Sporttaucher. Und seine breite Mündung als eines der größten naturbelassenen Deltas der USA.

Schaufensterbummel in Palm Beach

WILLKOMMEN
in Florida

Ein flirrender Feuerball über türkisfarbenem Wasser. Weißer, puder-feiner Sand unter den Füßen. Ein Schwarm Pelikane zieht über den Spülsaum, im klaren Wasser tummeln sich zwei verspielte Delfine. Und ein zarter, warmer Wind rauscht in den Palmwedeln. Kann das alles denn wahr sein?

Rein geografisch ist Florida nicht mehr als ein Anhängsel am Kontinent Nord-amerika. Ein 800 Kilometer langer Appendix – zwischen den Südstaaten der USA im Norden und der Karibik im Süden. Doch ist Florida auch eine der größten Projektionsflächen für Träume und Sehnsüchte, die die Vereinigten Staaten zu bieten haben. Sonne, endlose Strände, Palmen, Meer und eine Flora und Fauna wie im Garten Eden – so stellt man sich den Sunshine State vor. Und so lernen viele ihn dann auch kennen: als

Touristen, als Einwanderer oder als Teil-zeit-Residenten.

Projektionsfläche für Sehnsüchte

Die meisten Besucher landen mit dem Flugzeug auf einem der internationalen Flughäfen Floridas. Mit unterschiedlichen Erwartungen im Gepäck. Die einen möch-ten am Strand relaxen oder freuen sich auf romantische Sonnenuntergänge auf den Keys. Andere haben ihre *travel bags*

Bilderbuchstrand: Smathers Beach auf Key West

voller Golfschläger dabei, um auf einem
der über 1000 Golfplätze einzuputten.
Wieder andere freuen sich auf Kajaktouren durch Mangrovenwälder oder
die nahezu endlosen Everglades. Und
dann gibt es noch die, die mit fast lee-
ren Koffern anreisen, um Platz für all
die Schnäppchen zu haben, die sie
beim Shopping in den unzähligen Malls
machen wollen. Und die kleinen Florida-
Besucher? Die können es kaum erwarten,
Mickey Mouse & Co. in den Vergnügungsparks zu treffen, in Wasserparks
atemberaubende Rutschen zu erleben
oder einem echten Alligator Aug' in Aug'
gegenüberzustehen.

In vielen Gegenden Floridas kann man Delfine
aus der Nähe erleben.

Abenteuer, Erholung, Sightseeing, Kultur – Florida bietet das alles. Und dann
auch Attraktionen, die sich nicht grell
und lautstark nach vorne drängeln, aber
Weltklasse-Niveau haben. Wie das Salvador Dalí Museum in St. Petersburg,
das Norton Museum of Art in West Palm
Beach oder das NSU Art Museum in Fort
Lauderdale. Sie spielen in der oberen
Liga der Museen mit. Und sind damit für
manchen, der sich auf den Weg in den
Sunshine State macht, ein wichtiger Pro-
grammpunkt auf der langen To-do-Liste.

Der europäische Entdecker

Ob Juan Ponce de León auch so eine
Liste dabei hatte, als er in der Osterzeit,
am 27. März 1513, zum ersten Mal Nord-
amerika sichtete? Falls ja, dann wird
ganz oben die »Quelle der ewigen Jugend« gestanden haben. Denn den spanischen Konquistador interessierte nicht
das neu entdeckte Land, das er zunächst
für eine Insel hielt. Er wollte jenen sa-
genumwobenen Born finden, von dem
schon in der griechischen Antike berich-
tet wird und dessen Wasser zwar nicht
unsterblich, aber doch erfreulich jünger
machen sollte. Das neu entdeckte Terrain
nannte Ponce de León »Florida«, nach
»Pascua Florida«, dem spanischen Namen
für Ostern. Allein: Den Jungbrunnen
fand er nicht. Auch spätere Landgänge
blieben erfolglos. Zwar beobachtete der
Spanier gemeinsam mit seinem Naviga-
tor Antón de Alaminos noch das Phänomen des Golfstroms, der, wie man heute

weiß, hundertmal so viel Wasser transportiert, wie alle Flüsse der Welt zusammen ins Meer ergießen. Doch ein mythischer Jungbrunnen ist auch das warme Wasser der gewaltigsten Strömung im Ozean nicht. Juan Ponce de León bezahlte seine Suche nach der ewigen Jugend übrigens mit dem Leben. 1521 wurde er an der Ostküste von einem vergifteten Pfeil der einheimischen Indianer getroffen und starb kurze Zeit später – mit 62 Jahren.

Die »Snowbirds«

Ponce de Leóns Suche nach der »Quelle der ewigen Jugend« geht offensichtlich auch ohne ihn weiter. Denn Florida ist jedes Jahr das Reiseziel Tausender sogenannter Snowbirds, die aus dem Norden kommen und unter südlicher Sonne, gern auch im schmucken Zweitwohnsitz, überwintern. Dabei handelt es sich nicht um weiße Zugvögel, sondern um – vorwiegend – weißhaarige Damen und Herren. Pensioniert, mit viel Zeit, dem passenden Finanzhintergrund und dem Wunsch, der Kälte ihrer Heimat zu entfliehen. Sie kommen aus Kanada, aus New York, Illinois, Nebraska, Wisconsin oder Ohio. Und zunehmend auch aus Nordrhein-Westfalen, der Steiermark oder der Schweiz. Von überall dort, wo es schneit und kalt werden kann. Und deshalb zieht es die »Zugvögel« in die südliche Sonne Floridas. Zumindest so lange, bis es im Paradies ab Juni zunehmend schwüler und damit klimatisch unbekömmlicher wird. Manch einer dieser Winterflüchtlinge scheint übrigens kurz nach seiner Ankunft doch aus der »Quelle der Jugend« getrunken zu haben: schicke Sonnenbrillen, kurze Hosen, bunt gemusterte Blusen (und zunehmend auch das Skalpell von Schönheitschirurgen ...) lassen die sonnenhungrigen Senioren bald um Jahre jünger wirken. Hätte Ponce de León das noch erleben dürfen!

»Snowbirds« genießen das Strandleben in St. Augustine.

Dem Winter-Blues entfliehen

Die beste Reisezeit für Florida sind die europäischen Spätherbst- und Wintermonate. Dann ist auch die Gefahr eines Hurrikans wesentlich geringer als in der Zeit davor – Hurrikan-Saison ist von Juni bis November, ganz besonders groß ist die Möglichkeit eines Wirbelsturmes von Mitte August bis Mitte Oktober. Auch Luftfeuchtigkeit und Schwüle lassen in dieser niederschlagsärmeren Zeit wohltuend nach. Die Temperaturen erreichen nicht mehr Spitzenwerte von über 35 °C, sondern bleiben bei moderaten »um die 25«, und das Meer ist herrlich warm zum Baden und Schnorcheln. Während es von Dezember bis Februar vor allem im Norden und in Zentralflorida sogar richtig kühl werden kann, locken März, April und Mai mit zumeist strahlendem Sonnenschein und Temperaturen, bei denen sich auch Europäer wohl fühlen.

Ein anderes, lässigeres Lebensgefühl als zu Hause ist das, was die meisten Touristen in Florida suchen. Mehr als zwei Millionen allein aus Westeuropa sind es jährlich – und der Sonnenschein-Bundesstaat ist genau die richtige Destination für ihre Sehnsucht. Denn neben dem heiteren Wetter ist da auch diese Freundlichkeit, die zunächst einmal die Basis jeder Begegnung ist – »How are you doing?«. Diese sympathische Neugier, die nachfragt, ohne aufdringlich zu sein. Die gar nicht so ins Detail gehen möchte, wie derjenige annimmt, der zum ersten Mal Florida besucht. Denn ein tatsäch-

Dieses junge Paar ist auf Rollerblades im North Shore Park in St. Petersburg unterwegs.

liches Bulletin zur persönlichen Situation erwartet hier niemand. Auch keine Problemlösungen mit Fremden. Undenkbar. Einfach nur freundlich sein, ein bisschen Alltagskosmetik – »Make my day«. Im Süden Floridas kommen noch karibische Einflüsse hinzu. Keine Hektik, Leute!

Entstehung der Halbinsel – die Naturräume

Doch nicht nur der Lebensstil ist in Florida teilweise karibisch, sondern auch die Erde, auf der man hier steht: Diese südliche Halbinsel hat nicht immer zum nordamerikanischen Kontinent gehört. Das urzeitliche Florida war Teil einer vulkanischen Kette, die auch die karibischen

Inseln hervorgebracht hat. Über Jahr-
millionen brachen hier Vulkane aus. Was
sie ausspuckten, wurde vom Meer über-
spült. Einige Teile kamen dann wieder als
Inseln zum Vorschein. Korallen bildeten
Riffe, Flüsse und Wind landeten riesige
Mengen Sand an und verbanden Florida
mit dem nordamerikanischen Kontinent.
Landschaftsformen entstanden, die die
Halbinsel prägen. So ist der nördlichste
Teil, der Panhandle (Pfannenstiel), ein
Nachbar der Bundesstaaten Georgia und
Alabama und ihnen auch näher als dem
Rest des Sunshine States. Hier, wie in
den angrenzenden Südstaaten, wachsen
in einem gemäßigten Klima Baumwolle,
Tabak und Erdnüsse. Mit Spanischem
Moos behangene Eichen säumen die
Straßen. Es gibt Berge sowie dichte
Pinien- und Laubwälder – und an der
Küste des Golfes von Mexiko die wei-
ßesten Strände Floridas. Die sogenannte
Redneck-Riviera rund um Pensacola ist
ein Sommerferienziel vor allem für
alteingesessene Südstaatler – und viel
besser als ihr eher rustikaler Ruf.

Zitrusfrüchte – Floridas Markenzeichen

Prärie, Dünen und Zitrushaine

Die Westgrenze Nordfloridas wird vom
Suwannee River gebildet, der nördlich
von Cedar Key in den Golf von Mexiko
mündet. In diesem Teil finden sich
Sümpfe, Prärien mit Grasland und ausgedehnte Wälder. Und hohe Dünen an
vielen Atlantikstränden. Weiter im Süden
beginnt das subtropische Zentralflorida
mit Hügelketten sowie unzähligen Gewässern und Seen. Der 160 Kilometer
lange Höhenzug The Ridge, nordwestlich des Lake Okeechobee, ist die Haupt-
wasserscheide Floridas und zudem das
weltweit größte Anbaugebiet für Zitrusfrüchte. Höchster Punkt ist der 95 Meter
hohe Sugarloaf Mountain. Während die
Atlantikküste von vorgelagerten Inseln
und Dünenketten bestimmt wird, schnei-
det die Tampa Bay des Golfs von Mexiko
tief in die Küstenlinie ein. Hier gibt es
Muschelstrände, aber auch sumpfige
Abschnitte mit Mangrovenwäldern.

Der Südteil der Halbinsel Florida wird
von seinem Küstentiefland, den Coastal
Lowlands, geprägt, das nur wenige
Meter höher ist als der Meeresspiegel.
Im Landesinneren erstrecken sich riesige
Anbaugebiete für Obst, Gemüse und
Zuckerrohr sowie Weideland für Rinder.
Im Südwesten wurden in den vergange-
nen Jahrzehnten große Sumpfgebiete
für landwirtschaftliche und touristische
Projekte trockengelegt. In einem weiten
Bogen, der an der Südostküste Floridas
beginnt und rund 200 Kilometer weiter
im Golf von Mexiko endet, liegen die

Im feuchtwarmen Klima der Subtropen fühlen sich Alligatoren ausgesprochen wohl.

Florida Keys: 200 große und kleine tropische Inseln, wie Perlen an einer Kette aufgereiht. Sie sind die aus dem Wasser ragenden Spitzen des drittgrößten tropischen Korallenriffs der Welt. Als eigenständiger und mittlerweile in weiten Bereichen geschützter Naturraum gilt das riesige Sumpfgebiet Everglades.

Der »nutzlose Sumpf«

So wie die Everglades sah früher ein großer Teil der Halbinsel aus: eine Sumpflandschaft mit scharfkantigem Gras und einer scheinbar unendlichen Weite. Aber eben nur scheinbar. Und eben doch endlich. Dafür hat der Mensch mit seinen Eingriffen in die Natur gesorgt. Vor Millionen von Jahren entstand dieses Naturphänomen Everglades: ein 322 Kilometer langer, 80 Kilometer breiter und nur wenige Zentimeter »tiefer« Wasserstrom, der gemächlich Richtung Süden kriecht. Er hat keinen Quellfluss und speist sich nur aus Regenwasser. Der seltsame Strom beginnt im Norden am Okeechobee-See und endet im Süden in der Florida Bay. Floss unendlich lange Zeiten ungestört vor sich hin – bis der Mensch kam. Es war Johann von Brahm (1718–1799) aus Koblenz, der die Everglades im 18. Jahrhundert erstmals kartografierte. Menschen kamen und wollten aus dem »nutzlosen« Sumpf fruchtbares Ackerland schaffen. Mit fatalen Folgen. Denn die natürlichen Abläufe wurden durch Trockenlegungen und Eindeichungen stark beeinträchtigt. Bevor die Everglades aber gänzlich zu Tode kanalisiert und eingedämmt wurden, erkannte man Sinn und Wert dieser Urlandschaft. Und machte einen großen Teil davon zum Nationalpark. Und 1982 dann zum »Naturerbe der Welt« und zum Biosphären-Reservat der UNESCO. Heute erkunden Touristen aus aller Welt in Kanus diese Wunderwelt aus Wasser, Schilfgürteln und Gras, in der neben einer Vielzahl von Tierarten auch Nachfahren der Ureinwohner Floridas leben.

Das Museum of Florida History in Tallahassee widmet sich indianischen Kulturen.

Indianische Ureinwohner

Sie hießen Alabama, Apalachee, Apala-chicola, Caloosahatchee, Calusa, Guale, Miccosukee, Muskogee, Seminolen, Timu-cua und Yamasee. Sie waren Fischer, Jäger, Sammler, bauten Gemüse an und töpferten ihre Keramiken. Sie jagten mit Pfeil und Bogen in den Sümpfen und fischten mit Netzen im Meer. Sie zimmer-ten Kanus, mit denen sie übers Meer bis nach Kuba paddelten. Sie bauten Hügel aus Muschelschalen und huldigten ihren Göttern. 100 000 Indianer lebten vor 500 Jahren auf der Halbinsel Florida. Ihr Schicksal war es, dass sich Menschen jen-seits des Atlantiks zu dieser Zeit auf die Suche nach Seewegen aufmachten und neue Kontinente entdeckten. Und dass es eben genau die Heimat dieser Indianer war, in der die Fremden mit ihren Segel-schiffen anlandeten. Den Entdeckern, und vor allem ihren mitgebrachten Infek-tionskrankheiten, wie der Grippe, waren die Indianer schutzlos ausgeliefert.

Es gab tapfere Krieger und fähige An-führer wie den Seminolen-Häuptling Osceola und seinen Nachfolger Coa Choochee. Aber der Übermacht aus Sol-daten, Söldnern und Siedlern hatten die Indianer nach drei Seminolen-Kriegen (1817–1858) nichts mehr entgegenzu-setzen. Die Überlebenden wurden aus Florida ausgesiedelt oder immer weiter in die Sümpfe getrieben, wo sie mehr schlecht als recht ihr Auskommen fan-den. Heute sind ihre Nachkommen, Mic-cosukee und Seminolen, offiziell aner-kannt und leben in selbstverwalteten Reservaten. Und erhielten 1990 von der US-Regierung 50 Millionen Dollar als Entschädigung für 120 000 Quadratkilo-meter Land, das ihnen seit 1823 geraubt wurde. Ihren Lebensunterhalt verdienen die Indianer heute mit dem Betrieb von Casinos, Hotels, Golfplätzen und Museen. Sie führen Touristen in ihre Welt und die der Everglades. Und sind ein Teil von Floridas buntem Bevölkerungsgemisch.

Die Menschen im Sunshine State

Zu Beginn des 20. Jahrhunderts lebten rund 530 000 Menschen in Florida – heute sind es mehr als 20 Millionen. Resultat einer gigantischen Zuwanderung, die dem Bundesstaat die höchste Bevölkerungsdichte der Vereinigten Staaten bescherte. Mit all den dazugehörigen Vorteilen, aber auch Problemen. Unbeirrt strahlt Floridas Sonne über Menschen aller Ethnien, die hier ein Zuhause gefunden haben oder noch suchen. Oder eine Lebensgrundlage, die ihnen ihre Herkunftsländer weder politisch noch wirtschaftlich bieten konnten oder wollten.

Den Großteil der Bevölkerung stellen die weißen, englischsprachigen Bewohner. Viele von ihnen sind aus dem Norden der USA zugewandert, heute kommen sie aus New York, Neuengland und dem Mittleren Westen. Mit 16,8 Prozent sind die Hispanics oder auch Latinos, zu denen vor allem kubanische Emigranten und mittelamerikanische Einwanderer gehören, die zweitgrößte Gruppe in Florida. Sie leben vorwiegend im Ballungsraum Miami mit mehr als drei Millionen Einwohnern, bilden dort sogar den Großteil der Bevölkerung, sprechen ihre spanische Muttersprache, zuweilen gemischt mit Englisch: Spanglish. Sie brachten ihre kulturellen Besonderheiten mit, ihre Musik und Tänze, ihre Rezepte ... und ihr Temperament. Rund ein Sechstel der Bevölkerung Floridas ist dunkelhäutig, in vielerlei karibischen und afrikanischen Schattierungen. Die Anzahl der Bewohner mit asiatischen Wurzeln ist eher gering.

Entgegen allen Vorurteilen: Die Tatsache, dass Florida ein beliebtes Domizil für sonnenhungrige Ruheständler ist, hat aus dem Bundesstaat keine gigantische Seniorenresidenz der USA werden lassen. An zahlreichen Hochschulen lernen Tausende junger Studentinnen und Studenten. Und in einem gigantischen Dienstleistungssektor, in dem 56 Prozent aller Beschäftigten des Landes ihren Lebensunterhalt verdienen, arbeiten vor allem junge Leute. Sie sorgen dafür, dass es Pensionären und Touristen in Florida gut geht. Und dafür, dass die Alterspyramide nicht auf dem Kopf steht.

Mickey Mouse & Co.

Auf dem Kopf stehen ist das Motto der zahlreichen Freizeitparks mit ihren Karussells, Achterbahnen und Wasserrutschen. Eine gigantische Welt des Vergnügens – nicht nur für Kinder. Walt Disney World, das bekannteste Spaß-Imperium

Ein Autogramm der echten Minnie Mouse im Magic Kingdom – was für ein Mädchentraum!

Zeit für ein Tässchen? Kaffeepause in Jacksonville

350 Shops. Verglichen mit Europa kann man in den Outlets, je nach Wechselkurs, tatsächlich günstiger einkaufen. Aber denken Sie an den heimischen Zoll (siehe S. 279): Wer bei der Heimreise die erlaubte Grenze an einführbaren Waren überschritten hat, muss nachverzollen.

Loslassen im Paradies

Alles in allem ein köstlicher Cocktail, den Florida da für seine Besucher schüttelt. Strände so fein wie Puderzucker, warmes, smaragdgrünes Meer, raschelnde Palmen. Pulsierende Partymetropolen. Innovative Restaurants, inspiriert von den ethnischen Einflüssen ihrer Besitzer. Sonnenuntergänge, so atemberaubend schön, als hätte sie ein exaltierter Künstler in Rosarot und Tieforange an den Himmel gepinselt. Naturerlebnisse in einer weitgehend ungezähmten Landschaft, mit urzeitlichen Alligatoren, verspielten Delfinen und trägen Seekühen, in die spanische Eroberer nach entbehrungsreichen Monaten auf See einst blutjunge Meerjungfrauen hineinfantasierten. Wer nach Florida kommt, will aufgehen im subtropischen Paradies und loslassen – den kalten Winter, die Realität und manchmal auch die Hemmungen. Viele vergessen den Alltag am endlosen Sandstrand, andere suchen in der Partyszene von South Beach oder Key West ihr Glück. Noch mehr hoffen, sich in den Unterhaltungsfabriken von Disney World und Universal in Orlando zu verlieren. Florida bedient sie alle – und löst am Ende für jeden sein Versprechen ein, dass ein Entkommen möglich ist.

in Orlando, erstreckt sich über 122 Quadratkilometer und nimmt damit flächenmäßig die Größe von San Francisco ein.

Shops, Malls, Outlets ...

Wenig zu meckern haben Besucher, bei denen Shopping ganz oben auf der Liste ihrer Urlaubsfreuden rangiert. Unzählige Malls mit allem, was das Herz zu begehren meint, lassen die Kreditkarten glühen. Eine feste Größe bei der Planung gezielter Kaufräusche sind Factory Outlets, die Markenartikel direkt vom Hersteller, meist aus dem Mode- und Sportbereich, zu günstigeren Preisen anbieten. Das größte Outlet der Welt, die Sawgrass Mills Mall, befindet sich bei Fort Lauderdale und beglückt Kaufwillige mit rund

Steckbrief Florida

Geografie: Florida gehört zum Südosten der USA und besteht aus dem Festlandteil Florida Panhandle sowie der Halbinsel Florida. West- und Südküste werden vom Golf von Mexiko begrenzt, die Ostküste vom Atlantischen Ozean.

Am südlichen Ende der Halbinsel liegt die Inselkette der Florida Keys, auf denen sich im Ort Key West der südlichste Punkt der kontinentalen USA befindet.

Lage: Florida hat eine Breite von 260 km zwischen 79°48'W bis 87°38'W und eine Länge von 800 km zwischen 24°30'N bis 31'N.

Fläche: 170 304 km^2, davon 140 000 km^2 Land- und 30 000 km^2 Wasserfläche

Küstenlinie: Die Küstenlinie ist 1930 km lang, davon sind 1060 km Strände.

Einwohner: Mehr als 20 Millionen Menschen leben in Florida, damit liegt der Sunshine State hinter Kalifornien und Texas auf Platz 3 der bevölkerungsreichsten US-Bundesstaaten.

Flagge:

Hauptstadt: Tallahassee

Staatsmotto: In God We Trust

Spitzname: Sunshine State

Höchster Punkt: Britton Hill (345 feet/ 105 m) im Walton County

Größter See: Lake Okeechobee (1891 km^2)

Längster Fluss: St. Johns River (499 km); er entspringt bei Vero Beach und mündet bei Jacksonville in den Atlantik.

Nationalparks: In Florida gibt es drei dieser Schutzbereiche – den Biscayne-Nationalpark, den Dry-Tortugas-Nationalpark und den Everglades-Nationalpark.

Politik und Verwaltung: Florida ist in 67 Countys unterteilt; die Exekutivgewalt übt auf bundesstaatlicher Ebene ein für vier Jahre gewählter Gouverneur aus.

Religion: Die sechs größten Religionsgemeinschaften in Florida sind Baptisten (30 Prozent), Methodisten (15 Prozent), Katholiken (30 Prozent), Juden (12 Prozent), Presbyterianer (7 Prozent) und Anglikaner (5 Prozent). Ebenfalls vertreten sind Muslime, Zeugen Jehovas und Anhänger von Naturreligionen.

Zeitzonen: Die Hauptzeitzone in Florida ist Eastern Time, der die Mitteleuropäische Zeit sechs Stunden voraus ist (=MEZ–6 Std.). Eine weitere Zeitzone beginnt bei Apalachicola, 100 km westlich von Tallahassee: Central Time, sieben Stunden nach der MEZ.

Zugehörigkeit: Am 3. März 1845 wurde Florida der 27. Bundesstaat der USA.

Geschichte im Überblick

Ca. 10 000 Jahre v. Chr. Nomaden-völker siedeln sich auf der Halbinsel an und verschwinden wieder; erst vor rund 2000 Jahren werden Calusa-Indianer in den Feuchtgebieten Floridas, Tamucua-Indianer im Norden und Tequesta-Indianer im Süden sesshaft.

1513 Der spanische Entdecker Juan Ponce de León entdeckt auf seiner Suche nach Gold und dem »Jungbrunnen« zu Ostern neues Land, das er nach dem spanischen Osterfest »Pascua Florida« benennt.

1562 Französische Hugenotten errich-ten ein Fort, um das Gebiet für Frank-reich in Besitz zu nehmen. Spanische Truppen zerschlagen diesen Plan drei Jahre später.

Tausende Indianer sterben durch Krank-heiten, die die Europäer mit ins Land bringen.

Lange Zeit blieb das Interesse Spaniens auf Mittel- und Südamerika beschränkt, während Großbritannien, Frankreich und die Niederlande versuchten, Nordamerika zu erobern.

1756 Der Siebenjährige Krieg beginnt, an dessen Ende Spanien Florida an Groß-britannien abtritt und im Gegenzug Kuba erhält.

1775 Beginn des Amerikanischen Unabhängigkeitskrieges, der am 19. April 1775 beginnt und bis zum 3. September 1783 dauert.

1783 Der »Friede von Paris« sichert den Spaniern ganz Florida und den britischen und französischen Kolonien im Norden die Unabhängigkeit zu.

21. Juni 1788 Formelle Gründung der Vereinigten Staaten von Amerika mit der Ratifizierung der US-Verfassung.

1817–1818 Erster Seminolen-Krieg: General Andrew Jackson, erster Gouver-neur Floridas und späterer US-Präsident, beginnt einen Vernichtungskrieg gegen Floridas indianische Bevölkerung.

1819 Die Spanier verkaufen ihr gesam-tes Territorium an die USA.

1821 Florida wechselt offiziell in US-Besitz.

1823 Tallahassee wird die Hauptstadt der Halbinsel.

1835–1858 In zwei weiteren Kriegen widersetzen sich die Seminolen der systematischen Umsiedlung durch die »weißen« Amerikaner. Einige Seminolen finden Zuflucht in den Everglades.

1845 Am 3. März wird Florida als 27. Bundesstaat der amerikanischen Union einverleibt. Zu der Zeit leben hier rund 65 000 Menschen.

1861–1865 Von den Kämpfen des amerikanischen Bürgerkriegs ist das konföderierte Florida unmittelbar kaum betroffen, ist aber nach Ende des Krie-ges bankrott.

1880 Floridas Bevölkerung steigt auf 270 000 Einwohner an.

1885 Der Erdölmagnat und Pionier Henry Morrison Flagler erschließt Florida durch eine Eisenbahnstrecke, die 1895 Miami erreicht und dort einen Bauboom auslöst. Luxushotels werden gebaut, Flaggschiffe des Tourismus.

1920 Der Immobilienboom zieht immer mehr Touristen sowie neue Einwohner aus dem Norden nach Florida.

1926 Ein verheerender Hurrikan zerstört weite Teile Miamis und Südfloridas.

1929 Nach dem Börsenkrach an der Wall Street kommen Tausende Arbeitslose aus den Nordstaaten nach Florida, um hier ein neues Leben zu beginnen.

1933 Florida ist der größte Zitrusfrüchte-Produzent der USA.

1940 2,5 Millionen Touristen pro Jahr besuchen den Sunshine State.

1947 US-Präsident Harry S. Truman erklärt die Everglades zum Nationalpark.

1958 Gründung der amerikanischen Weltraumbehörde NASA. Der erste amerikanische Satellit *Explorer 1* wird am 1. Februar von Cape Canaveral in die Umlaufbahn katapultiert.

1959 Fidel Castros Revolution bringt eine Flüchtlingswelle von Zehntausenden Kubanern nach Florida.

1969 Das Raumschiff *Apollo 11* startet von Cape Canaveral zur ersten bemannten Mondlandung. Am 21. Juli um 3.56 Uhr MEZ betreten die ersten Menschen den Mond.

1971 Der Walt-Disney-Konzern entdeckt Florida als einen Standort für seine Erlebnisparks. Das »Magic Kingdom« eröffnet in Orlando, weitere Parks folgen.

1979 Der Art Déco District in Miami Beach wird zum historischen Gebiet erklärt. Mehr als 800 Bauten stehen damit unter Denkmalschutz.

1980 Knapp 10 Millionen Menschen leben in Florida. In einem Massenexodus fliehen rund 140 000 Kubaner in den Sonnenstaat.

1992 Hurrikan *Andrew* verwüstet die Südspitze Floridas.

2002 Die Nachwirkungen des 11. September 2001 schwächen die Tourismusbranche des Sunshine State.

2004 Vier Hurrikane treffen in nur sechs Wochen auf das Festland Floridas.

2009 Trotz Wirtschaftskrise steigen die internationalen Besucherzahlen in Florida.

2013 Gedenkfeiern anlässlich des 500. Jahrestages der Ankunft des spanischen Entdeckers Juan Ponce de León.

2017 Florida hat mehr als 20 Millionen Einwohner.

MIAMI UND DIE FLORIDA KEYS

Little Havana

1 Downtown und Little Havana
Boom ohne Ende

Sie sind »jung« und »hip« geworden: Downtown Miami, einst nur Standort von Bürogebäuden und Geschäften, sowie die Gegend rund um die Brickell Avenue, den Finanzdistrikt Miamis. An jeder Ecke öffnen neue Restaurants oder exklusive Läden. Das kulturelle Zentrum bildet das Adrienne Arsht Center for the Performing Arts; das Pérez Art Museum avancierte schon kurz nach der Eröffnung zum neuen Wahrzeichen der Stadt.

Das Geschäftszentrum von Miami ist kaum zu übersehen, denn dort – zwischen der Biscayne Bay und der Interstate 95 – ragen reihenweise gläserne Wolkenkratzer in den Himmel und bilden die Skyline der Stadt. Man kann Downtown Miami ohne Weiteres zu Fuß erkunden. Bequemer ist aber die Benutzung des Metromover, einer Hochbahn mit vielen Stopps, die das gesamte Zentrum umrundet. Besonders in heißen Sommermonaten kann die Fahrt in der vollklimatisierten Bahn eine willkommene Abkühlung sein.

Die American Airlines Miami Arena, Heimat und Basketball-Olymp der Korbjäger von *Miami Heat,* ist ein guter Ausgangs- und Orientierungspunkt. Der Blick von hier über den Hafen der Stadt, der weltgrößten Anlegestelle für Kreuzfahrtschiffe, ist atemberaubend. Gleich nebenan lädt das neue, nach Plänen der Basler Architekten Herzog & de Meuron errichtete Pérez Art Museum Miami (PAMM) Kunstbesucher ein. Sehenswert ist schräg gegenüber der Freedom Tower: Man kann den markanten gelben Turm zwar nicht besteigen, ein

Vorangehende Doppelseite:
Angler am White Street Pier in Key West
Mitte: Blick von Key Biscayne auf die Skyline von Downtown Miami
Unten: Easy Rider mit Damenbegleitung – ganz schön cool!

kurzer Stopp lohnt sich aber. Er stammt aus den 20er-Jahren und wurde dem Glockenturm der Kathedrale von Sevilla nachempfunden. Die Bezeichnung Freedom Tower und auch der Spitzname des Gebäudes, »Ellis Island of the South«, erinnern daran, dass hier in den 60er-Jahren die Einwanderung kubanischer Flüchtlinge bürokratisch abgewickelt wurde. Eine Idee weiter nördlich, auf Watson Island, am Anfang des Mac Arthur Causeways hinüber nach Miami Beach, liegen die exotischen Gärten des Jungle Island Park. Hier kann man neben vielen Pflanzen bei mehrfach täglichen *Parrot Shows* auch Papageien und andere tropische Vögel sowie Reptilien bestaunen.

Extravagante Plattform

Folgt man dem Biscayne Boulevard weiter nach Norden, gelangt man zu dem architektonisch sehenswerten Gebäude des Bacardi Imports Headquarter. Hier wird nicht nur das Imperium des bekannten Rumfabrikanten verwaltet, es gibt auch ein originelles World of Bacardi Museum. Etwas weiter bietet das Adrienne Arsht Center for the Performing Arts berühmten Künstlern und talentierten Newcomern gleichermaßen eine extravagante Plattform. Kulturell interessierte Besucher erleben vor atemberaubender Kulisse Broadway-

Einfach gut!

KUNST IN DER SCHWEBE

Mit ihrem kühnen Museumsentwurf für das Pérez Art Museum Miami knüpften die Schweizer Architekten Herzog & de Meuron an die Tradition der in der Biscayne Bay beheimateten Pfahlhäuser an. Die untere Etage liegt sechs Meter über der Hochwassermarke, was den Schutz der Kunstwerke garantiert. Drei verschieden hohe Ausstellungsebenen haben die Baumeister in ihrem Entwurf aufeinandergesetzt. Ihnen war dabei wichtig, anstelle einer isolierten »Schatzkammer« für Kunstliebhaber einen Ort zu schaffen, der für jedermann zugänglich ist und fließende Übergänge bietet. Ganz im Sinne einer neuen Gebäude-Ökologie wurde das PAMM auch als grünes Museum geplant, einschließlich diverser hängender Gärten.

Pérez Art Museum Miami.
Di–So 10–18 Uhr, Do 10–21 Uhr, 1103 Biscayne Blvd., Miami, FL 33132, Tel. 305 375 3000, www.pamm.org

Musicals, Ballett, Tanz und Kabarett sowie Jazz-, Rock- und Popkonzerte weltberühmter Musikgrößen. Südlich an den Museumspark schließt sich der Bayside Marketplace an, eine Shopping Mall, deren Angebot besonders auf touristische Kundschaft zielt. Immerhin hat man von den Terrassen einiger Restaurants und Fast-Food-Ketten einen schönen Blick auf die Jachten in der Miamarina. Am Marketplace legen auch Ausflugsboote zu Rundfahrten durch die Biscayne Bay ab. Hinter dem Hafen liegt die exklusive Insel Fisher Island, die nur per Boot oder Privatflugzeug erreicht werden kann und Wohnort vieler Prominenter ist.

Ein interessanter Stopp in der Innenstadt ist das Metro-Dade Cultural Center (Metromover-Halt: Government Center), ein von Philip Johnson entworfener Komplex, der einem spanischen Fort nachempfunden wurde. Er beherbergt das Historical Museum of Southern Florida, das detailliert und interessant über die Entwicklung Südfloridas informiert.

Manhattan in Jung

Weiter südlich gilt die Brickell Avenue als Hauptschlagader des modernen Finanz- und Businesszentrums in Downtown Miami. Und ist zugleich eine geschichtsträchtige Meile: Hier wurde 1896 die Stadt geboren, nachdem die Grundbesitzerin Julia Tuttle (1848–1898), »Mutter von Miami« genannt, Henry Flagler davon überzeugt hatte, seine Eisenbahnstrecke bis nach Südflorida auszudehnen. Heute sind in den Hochhäusern entlang der Brickell Avenue Versicherungen, Banken, Appartements und Hotels untergebracht. Man fühlt sich wie mitten in Manhattan – nur dass hier kaum ein Gebäude älter als zehn Jahre ist. Das künstlich angelegte Brickell Key nebenan ist eine Insel in Dreiecksform, ohne Badestrand, jedoch mit umlaufendem Joggingpfad und dem Hotel Mandarin

Oben: Ab in die Ferne – ein gigantisches Royal-Caribbean-Kreuzfahrtschiff mit dem Freedom Tower im Hintergrund
Unten: Kleiner Poser vor einem Wandbild im Wynwood Art District

Rundgang Downtown und Little Havana

A Port of Miami – Gigantische Anlegestelle für die größten Kreuzfahrtschiffe der Welt

B Bayside Marketplace – Große Shopping-Mall direkt an der Biscayne Bay. Shops, Restaurants, Fast-Food-Ketten. 401 Biscayne Blvd.

C American Airlines Miami Arena – Heimat der Korbjäger des Basketball-Teams *Miami Heat*. 601 Biscayne Bay

D Freedom Tower – Gebaut in den 20er-Jahren, ist er dem Glockenturm der Kathedrale von Sevilla nachempfunden. 600 Biscayne Blvd.

E Pérez Art Museum Miami (PAMM) – Im Jahr 2013 eröffnet, gilt das Haus für moderne und zeitgenössische Kunst als neues Wahrzeichen Miamis.

F Children's Museum – Auf zwei Ebenen jede Menge interessante Ausstellungsstücke für wissbegierige Kinder, die auch interaktiv präsentiert werden. 980 MacArthur Causeway

G Jungle Island Park – Hübsche kleine Naturoase in spektakulärer Lage. Tgl. *Parrot Shows.* 1111 Parrot Jungle Trail

H Adrienne Arsht Center for the Performing Arts – Plattform und Bühne für berühmte Künstler und talentierte Newcomer. 1300 Biscayne Blvd.

I Bacardi Imports Headquarter – Hier wird nicht nur das Imperium des bekannten Rumfabrikanten verwaltet, es gibt auch ein originelles World of Bacardi Museum. 2100 Biscayne Blvd.

J Overtown – Ältester afroamerikanischer Stadtteil Miamis, der in den 20er- bis 40er-Jahren als Floridas Harlem galt

K Metro-Dade Cultural Center – Von Philip Johnson entworfener Komplex, der einer spanischen Fortanlage nachempfunden wurde. Historisches Museum, Hauptsitz der Miami-Dade Library. 101 West Flagler St.

L Mary Brickell Village – Geschäfts- und Restaurantkomplex und Treffpunkt für die Geschäftsleute der umliegenden Büros zur Happy Hour. 901 South Miami Ave.

M Brickell Avenue – Hauptschlagader des modernen Finanz- und Businesszentrums in Downtown Miami

N Gusman Center for the Performing Arts – 1925 als Kino gebaut, ist es heute die Heimat der Florida Philharmonics und des im Februar stattfindenden Miami Film Festivals. 174 East Flagler St.

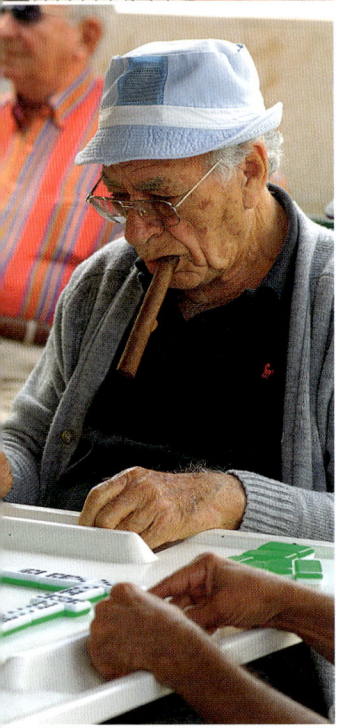

Oriental. Einen Besuch wert ist westlich der Brickell Avenue auch das Mary Brickell Village, ein Geschäfts- und Restaurantkomplex und nach Feierabend zur Happy Hour Treffpunkt für die Businessleute der umliegenden Büros.

Etwas weiter westlich der Innenstadt liegt Overtown, einer der ältesten afroamerikanischen Stadtteile, der in den 20er- bis 40er-Jahren als Floridas Harlem galt. In seinem historischen Lyric Theatre gastierten einst Jazzgrößen wie Billie Holiday, Count Basie und Cab Calloway.

Vom Dorf zur Lifestyle-Metropole

Selbst für amerikanische Verhältnisse ist Miami eine ziemlich junge Stadt: Ihre Anfänge reichen gerade hundert Jahre zurück. Wo mittlerweile mehr als zwei Millionen Menschen leben, befand sich um die Wende vom 19. zum 20. Jahrhundert noch ein Dorf. Heute ist Miami eine der am schnellsten wachsenden Metropolen der USA. Der Mix der Bevölkerung ist noch farbenfroher als anderswo und trägt eine deutlich karibische Note. Fast 20 Prozent der Einwohner sind außerhalb der USA geboren.

Nachdem der Ölmillionär und Florida-Pionier Henry Flagler seine Eisenbahntrasse bis nach Miami verlängerte, um Zitrusfrüchte vom frostfreien Süden nach Norden zu transportieren, sorgte der Immobilienboom der 20er-Jahre für einen Entwicklungsschub. Städte, Touristenorte und Wolkenkratzer schossen in Südflorida aus dem Boden. Selbst während der lähmenden Depression wuchs die Bevölkerung weiter an. Nach dem zweiten Weltkrieg kam die Mafia, und seit Fidel Castros (1926–2016) Machtübernahme 1959 in Kuba erreichten große Wellen kubanischer Flüchtlinge die

Oben: Moderne Architektur – die First United Methodist Church im Stadtzentrum vom Miami
Unten: Nicht auf seine Zigarre verzichten möchte dieser Domino-Spieler auf der Maximo Gomez Plaza in Little Havana.

Einfach gut!

Stadt. In den 80er-Jahren dann wurde die Entwicklung Miamis durch den Kokainhandel bestimmt, als die Stadt zu einem Umschlagplatz für Drogen aus Südamerika wurde. Zwar verwandelte das Geld aus dem Drogenhandel Teile der Stadt durch den Bau von mondänen Gebäuden und Nachtklubs, doch wurde der Aufschwung überschattet von der steigenden Zahl an Gewaltverbrechen. Letztere waren auch Thema der insgesamt 111 Episoden der TV-Kultserie *Miami Vice* (mit Don Johnson und Philip Michael Thomas in den Hauptrollen), die in den Jahren 1984 bis 1989 ausgestrahlt wurde.

Im neuen Jahrtausend avancierte die Stadt – trotz vorübergehendem Immobiliencrash – zur internationalen Lifestyle-Metropole und zu einem florierenden kulturellen Zentrum. Und ein Ende des Booms ist nicht in Sicht ...

Starker Kaffee in Little Havana

Hier ist die Luft satt vom Duft des starken Café Cubano und dem süßen Zuckerrohrsaft, den die Kubaner Guarapo nennen. Zwischen der Southwest 12th Avenue und der Southwest 27th Avenue, in Little Havana. Allein 1965 flohen 100 000 Kubaner in Folge der kommunistischen Revolution nach Miami; die meisten von ihnen ließen sich in der Nähe des Flusses nieder. Zwar zogen über die Jahre viele Menschen aus Nicaragua, Honduras und Haiti zu, doch in den Restaurants, Nachtklubs, Theatern und Zigarren-Shops rund um die Hauptstraße Calle Ocho blieb die kubanische Authentizität erhalten. Salsa-, Timba- und Rumba-Musik samt kubanischer Lebensfreude machen sich nach wie vor lautstark bemerkbar. Jeden letzten Freitag im Monat gibt's hier den *Cultural Friday* (auf der 8th Street zwischen der 14th und 17th Ave.), bei dem Musik und Straßentheater viele Zuschauer anlocken.

PICKNICK IM BAYFRONT PARK

Der Bayfront Park liegt mitten in Downtown Miami und bietet beruhigendes Grün nahe am Wasser vor einer spektakulären Wolkenkratzerkulisse. Ein tropischer Garten mit Wasserfall wurde hier schon 1926 angelegt, der Landschaftsarchitekt Isamu Noguchi hat vor einigen Jahren den Weg entlang der Biscayne Bay erneuert und für eine üppige Bepflanzung gesorgt. Statuen und Gedenksteine erinnern an wichtige Menschen und Ereignisse der USA. So wird an Christopher Columbus ebenso gedacht wie an die tragische Explosion des Spaceshuttles *Challenger* in Cape Canaveral 1986. Im Klipsch Amphitheatre finden Veranstaltungen statt, die bis zu 10 000 Besucher begeistern.

Bayfront Park.
301 North Biscayne Blvd.,
Miami, FL 33132,
Tel. 305 358 7550,
www.bayfrontparkmiami.com

Tacos aller Art gibt's beim Mexikaner an der Calle Ocho in Little Havana.

Infos und Adressen

ESSEN UND TRINKEN

Area 31. Auf der 16. Etage des EPIC-Hotels gelegen, bietet das Restaurant einen tollen Blick auf den Miami River mit der Silhouette von Downtown Miami. 270 Biscayne Blvd. Way, Miami, FL 33131, Tel. 305 424 5234, www.area31restaurant.com

Azul Miami. Hier wird eine feine französische Cuisine mit asiatischen Anklängen zelebriert. Diniert wird auf der Terrasse mit Blick auf die Biscayne Bay. Die Weinkarte bietet mehr als 700 edle Tropfen. 500 Brickell Key Dr., Miami, FL 33131, Tel. 305 913 8358, www.mandarinoriental.com

Bourbon Steak. Balance und Harmonie sind die Ziele, die Chef Michael Mina mit seinen lukullischen Kreationen erreichen will. Turnberry Isle, 19999 West Country Club Dr., Miami, FL 33180, Tel. 786 279 6600, www.michaelmina.net

Casablanca. Mittwochs gibt's hier Austern »all you can eat«. Und der Blick auf den Miami River ist einfach unschlagbar. 400 North River Dr., Miami, Fl 33128, Tel. 305 371 4107, www.casablancaseafood.com

Ceviche 105. Peruanische Küche, modern interpretiert und präsentiert. Mit allen Zutaten, die das südamerikanische Land zu bieten hat. Serviert in einem Lokal von fast skandinavisch-eleganter Nüchternheit. 105 Northeast 3rd Ave., Miami, FL 33132, Tel. 305 577 3454, www.ceviche105.com

Crazy About You. In einem Restaurant- und Lounge-Setting können Liebhaber einer spanisch beeinflussten Küche mit Blick auf die Biscayne Bay speisen. Und das zu zivilen Preisen. 1155 Brickell Bay Dr., Miami, FL 33131, Tel. 305 377 4442, www.crazyaboutyourestaurant.com

db Bistro Moderne. Nach New York und Singapur bietet Chef Daniel Boulud nun auch hier seinen aufregenden Mix aus traditioneller französischer Bistro-Küche und zeitgenössischem amerikanischem Geschmack. Très chic! 255 Biscayne Blvd. Way, Miami, FL 33131, Tel. 305 421 880, www.dbbistro.com

El Exquisito Restaurant. Kubanische Spezialitäten mitten im Herzen von Little Havana – »direkt aus Großmutters Küche«. 1510 Southwest 8th St., Miami, FL 33135, Tel. 305 643 0227, www.elexquisitomiami.com

Finnegan's on the River. Für Bootsfreunde hat das Restaurant einen Anlegesteg, von dem aus man direkt auf die Terrasse schlendern kann. Am Wochenende legen DJs auf, oder Livebands spielen Reggae und Popmusik. 401 Southwest 3rd Ave., Miami, FL 33130, Tel. 305 285 3030, www.finnegansriver.com

NAOE. Die Liste der Auszeichnungen ist lang. Kritiker nannten ihren Besuch eine »fast religiöse Erfahrung«. Von Montag bis Samstag kommen pro Abend nur jeweils acht Gäste um 18 und um 21 Uhr in den Genuss einer dreistündigen Menü-Zeremonie, die Chef Kevin Cory zusammenstellt. Reservierung erforderlich! 661 Brickell Key Dr., Miami, FL 33131, Tel. 305 947 6263, www.naoemiami.com

Perricone's Marketplace & Cafe. Inmitten von Downtown Miami und mitten im Grünen und fast wie Bella Italia – Perricone's macht's möglich. Italienische Küche in einer bunten, lebendigen Atmosphäre. 15 Southeast 10th St., Miami, FL 33131, Tel. 305 374 9449, www.perricones.com

The Capital Grille. Miamis Ableger der berühmten Steakhouse-Kette bietet Gebratenes vom Feinsten im Finanzdistrikt. Nichts für Vegetarier! 444 Brickell Ave., Miami, FL 33131, Tel. 305 374 4500, www.thecapitalgrille.com

Toro Toro. Vegetarier sollten ein anderes Lokal wählen. Hier steht – ganz südamerikanisch – Fleisch im Vordergrund. Am liebsten gegrillt und gefolgt von köstlich-opulenten Desserts. 100 Chopin Plz., Miami, FL 33131, Tel. 305 372 4710, www.torotoromiami.com

Zuma. Rainer Beckers Ableger seines noblen Sushi-Imperiums überzeugt mit Spitzenqualität und puristischer Eleganz. Besonderheit: Wer mag, fährt mit dem Boot vor. 270 Biscayne Blvd., Miami, FL 33131, Tel. 305 577 0277, www.zumarestaurant.com

ÜBERNACHTEN

EPIC. Aufenthalte ohne Einschränkung verspricht das 30-stöckige Luxushotel am Wasser. Das fängt mit einem Balkon für jedes Zimmer an, reicht über zwei Pools, Spa und Restaurants und endet mit extra großzügig geschnittenen Hotelzimmern. 270 Biscayne Blvd. Way, Miami, FL 33131, Tel. 305 424 5226, www.epichotel.com

Four Seasons Miami. Subtropisches Flair, verquickt mit europäisch geprägtem Luxus und abgeschmeckt mit einer Prise Art déco – so versteht sich das Hotel, das keinen Wunsch unerfüllt bleiben lassen möchte. 1435 Brickell Ave., Miami, FL 33131, Tel. 305 358 3535, www.fourseasons.com/miami

InterContinental Miami. Gediegene Eleganz – ob in den 641 geschmackvoll eingerichteten Zimmern, den Restaurants und Cocktail Lounges oder dem Spa und dem beheizten Outdoor-Pool mit Sonnendeck. 100 Chopin Plaza, Miami, FL 33131, Tel. 305 577 1000, www.icmiamihotel.com

Mandarin Oriental Miami. Asiatische Zurückhaltung vermischt mit Verwöhn-Luxus. Fernöstliches Spa, Restaurants,

Online – auch in der Mittagspause

Privatstrand, Traumblick auf die Bucht. 500 Brickell Key Dr., Miami, FL 33131, Tel. 305 913 8288, www.mandarinoriental.com/miami

W South Beach. Modernes Komfort-Hotel direkt am Wasser. Mit großzügigem Spa, zwei Pools, Basketball-Feld, Tennis-Platz und Cabanas. Wer es privat mag, mietet einen Bungalow auf dem Gartengelände. 2201 Collins Ave., Miami, FL 33139, Tel. 305 938 3000, www.wsouthbeach.com

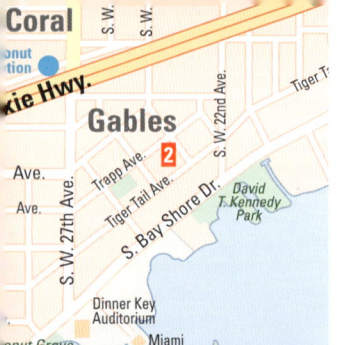

2 Coconut Grove und Coral Gables
Träume in Stein

Coconut Grove, von den Einheimischen oft nur »The Grove« genannt, ist das älteste Viertel Miamis. Dieser Anfang des 19. Jahrhunderts gegründete Ort direkt an der Bucht hat sich seinen Charme inmitten der Großstadthektik bewahrt. Gleich nebenan bezaubert Coral Gables mit seinen aus Korallenfelsen gemauerten Eingangstoren, gepflegten, baumbestandenen Alleen und pittoresken Häusern.

Schlendern durch die Straßen, die Künstlerflair ausstrahlen. Im fußgängerfreundlichen Zentrum von Coconut Grove reihen sich unzählige Cafés, Galerien, Bars und Boutiquen aneinander. Man setzt sich an einen der vielen Tische und genießt die entspannte Atmosphäre und das bunte Treiben von Shoppern, Studenten, Touristen und Nachtschwärmern.

Karibische Einflüsse

Die an der Bucht gelegenen Parks – wie der Peacock Park, der Kennedy Park und der The Barnacle Historic State Park – laden zum Entspannen ein. Im Ortsteil Village West leben heute die Nachkommen der ersten Bewohner von Coconut Grove: Bahamaer und Afroamerikaner. Der spürbare Einfluss der Karibik gipfelt jedes Jahr im Sommer im *Miami-Bahamas Goombay Festival*, einer bunten, aufregenden Mischung aus Rhythmen, Kostümen, Junkanoo-Tanz, Kunsthandwerk, exotischen Leckereien und ausgelassenen Menschen. Der Event zählt zu den größten seiner Art in den USA.

Mitte: Coral Gables' schmucke Congregational Church ist auch bei Hochzeitspaaren sehr gefragt.
Unten: Mit Kind, Hut und Hund – Flanieren in Coconut Grove

Coconut Grove

So richtig in Schwung kam Südfloridas Besiedlung 1884 mit der Errichtung des ersten Hotels in Coconut Grove durch die englischen Einwanderer Charles und Isabella Peacock. Ihr Bay View House, später bekannt als Peacock Inn, fungierte als Herberge für die ersten Wintertouristen, die von Key West per Schiff anreisten. Der Unternehmer und Jachtdesigner Ralph M. Munroe (1851–1933), der 1886 seinen Hauptwohnsitz von New York nach Florida verlegte, benannte die Gegend Cocoanut Grove und begann bald mit den Planungen für einen Ort. Mit Erfolg. Als Miami 1896 mit 300 Einwohnern offiziell zur Stadt ernannt wurde, war das abgelegenere Cocoanut Grove bereits eine blühende Gemeinde mit eigener Schule, mehreren Kirchen, einer Bibliothek und sogar einem Jachtklub.

Mit dem Bau der Straße, die den Ort 1919 mit Downtown Miami verband, erhielt auch Cocoanut Grove die Stadtrechte – eine der ersten Maßnahmen war es dann, das »a« aus dem Namen zu streichen – und war nach wie vor ein Magnet für Künstler und Schriftsteller, für europäische Adelige und wintermüde Industriemagnaten aus dem Norden.

Jeunesse dorée statt Hippies

Eine der Sehenswürdigkeiten der Stadt ist die Plymouth Congregational Church. Errichtet wurde sie Anfang des 20. Jahrhunderts von Clinton MacKenzie und Phillippe Feliz Rebom im sogenannten Spanish Colonial Revival Style – in Erinnerung an die ehemaligen spanischen Kolonialherren. Eindrucksvoll ist auch die am Wasser gelegene Villa Vizcaya, die wie eine italienische Renaissancevilla anmutet. Pilgerstätte für Touristen ist auch das über 100 Jahre alte Barnacle House, romantisches Anwesen des Stadtvaters Ralph M. Munroe.

Nicht verpassen

RENAISSANCE À LA 1916

Das vor 100 Jahren erbaute Vizcaya Museum and Gardens, ehemals Residenz des Baumaschinen-Millionärs John Deering, zaubert italienisches Flair nach Südflorida. Die 70-Zimmer-Villa nebst herrlichem Garten an der Biscayne Bay wurde 1952 vom Miami-Dade County erworben und dient heute als Museum und für Empfänge. Die eleganten, im Barock- und Renaissancestil möblierten Räume geben Zeugnis von Deerings Vorliebe für Italien. Neben so illustren Gästen wie Präsident Reagan, Papst Johannes Paul II. und Queen Elizabeth war das Vizcaya 1994 auch repräsentativer Veranstaltungsort des historischen Gipfeltreffens mit Präsident Bill Clinton und den Regierungschefs der westlichen Industrienationen.

Vizcaya Museum and Gardens.
Mi–Mo 9.30–16.30 Uhr,
3251 South Miami Ave.,
Miami, FL 33129,
Tel. 305 250 9133,
www.vizcaya.org

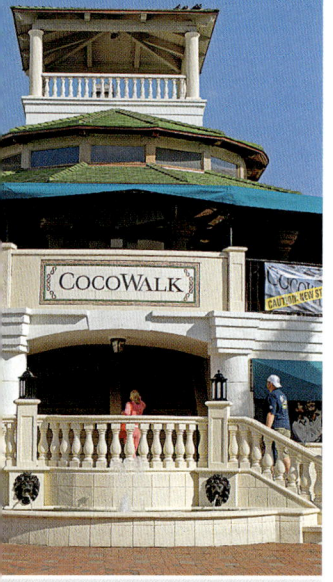

Das Leben heute tobt im luxuriösen Geschäftszentrum CocoWalk. Die Kreuzung der McFarlane Road mit der Grand Avenue ist eine der größten Einkaufsmeilen Miamis. Hier reihen sich Boutiquen und luxuriöse Shops aneinander. Wenn es dunkel wird, trifft sich Miamis Jeunesse dorée hier zu Drink und Dinner. Dann hat die Gegend ein ganz anderes Flair als noch in den 60er-Jahren, als dieser Stadtteil ein Treffpunkt für Hippies war.

Teuerste Gemeinde

Von Bäumen gesäumte Boulevards, Springbrunnen und gewundene Gassen haben dem benachbarten Stadtviertel Coral Gables den Beinamen »The City Beautiful« eingebracht. Die stattlichen Banyanbäume und breiten Straßen machen diesen Bezirk mit seinem altertümlichen Charme besonders bezaubernd. Tatsächlich ist Coral Gables nicht wie große Teile Miamis organisch gewachsen, sondern das Resultat eines Traums. George Merrick hatte die Vision, eine eigenständige, sorgfältig geplante Gemeinde neben dem boomenden und vergleichsweise unstrukturierten Miami zu errichten. Dabei konnte er auf eine geerbte Zitrus- und Avocadoplantage und zusätzlich erworbenes Land auf-

Oben: Ein in Freiheit lebendes Papageienpärchen in Coral Gables
Unten: Nobel, teuer und beliebt – CocoWalk mit Designerläden, Restaurants und Cafés in Coconut Grove

Coconut Grove

bauen und begann 1921 mit der Planung seiner Traumstadt. Im Rahmen einer sorgfältig ausgearbeiteten Marketingkampagne startete er kurz darauf mit dem Verkauf von Grundstücken, und bereits 1924 bestand Coral Gables aus mehr als 600 Häusern, drei Kirchen und zahlreichen Geschäften. Der überwältigende Anfangserfolg aber blieb Merrick nicht lange treu. Nach dem verheerenden Hurrikan von 1926 und dem darauf folgenden Immobiliencrash musste er einen großen Teil seiner Pläne aufgeben. Ungeachtet der wirtschaftlichen Probleme, die dem Zusammenbruch des Baubooms folgten, war Coral Gables aber in der Lage, sich wieder zu erholen. Heute zählt der Stadtteil zu den wohlhabendsten Gemeinden im Großraum Miami. Viele der Gebäude stehen unter Denkmalschutz und vermitteln einen Eindruck von Merricks kühnem Entwurf. Eines der schönsten Baudenkmäler ist die 1927 entstandene Coral Gables City Hall, Sitz der Stadtverwaltung. Gebaut aus dem lokalen, charakteristischen Korallengestein und vom Bildhauer John St. John mit zahlreichen Fresken und Bildern verziert, »erzählt« es die Geschichte der Anfänge.

Der Alhambra Circle, eine der pompösen Einfahrten nach Coral Gables, präsentiert sich im mediterranen Stil, der diese Stadt prägt. Herausgearbeitet aus einem Korallensteinbruch ist der berühmte Venetian Pool, eines der schönsten Schwimmbäder Floridas in italienischer Architektur, das sogar einen Wasserfall hat. Das ebenfalls im mediterranen Baustil errichtete und prunkvoll restaurierte Biltmore Hotel zählt heute zu den wenigen Fünf-Sterne-Hotels alter Grandeur in Südflorida. Coral Gables ist auch die Heimat der University of Miami. 1926 gegründet, beherbergt sie heute die *Miami Hurricanes*, einige der besten College-Teams in den Sportarten Football, Base-

Nicht verpassen

COCKTAIL IM BILTMORE HOTEL

Eine Nobelherberge für Reiche und Berühmte wie Al Capone und den Herzog und die Herzogin von Windsor. Das wohl bekannteste Gebäude in Coral Gables wurde 1926 erbaut. Das Wahrzeichen des Biltmore Hotels ist der Turm – eine Replik des Kathedralenturms von Sevilla. Zum Hotel gehört der größte Swimmingpool der Vereinigten Staaten, in dem bereits der Olympionike und spätere Tarzan-Darsteller Johnny Weissmüller trainierte. Der Ruhm des Hauses verblasste in den 30er-Jahren. Im Zweiten Weltkrieg war das Hotel ein Lazarett, bis 1968 ein Veteranenhospital und stand anschließend zeitweise leer. Der Renovierung folgte die glanzvolle Neueröffnung 1986. Nach einem Konkurs 1992 stieg das Biltmore wie ein Phönix aus der Asche und atmet bis heute Luxus.

The Biltmore Hotel.
1200 Anastasia Ave., Coral Gables, FL 33134, Tel. 855 311 6903, www.biltmorehotel.com

ball und Basketball. Auch die schönen Künste blühen in Coral Gables. Das Lowe Art Museum auf dem Gelände der Universität zeigt Wechselausstellungen lokaler und internationaler Künstler. Für Kunstinteressierte ist der jeweils erste Freitag des Monats ein wichtiger Termin, denn zwischen 19.30 und 22 Uhr sponsert die Coral Gables Gallery Association die *Gables Gallery Night*, eine kostenlose Tour durch einige der über 20 Galerien.

Die »Wundermeile« Miracle Mile bietet eine Fülle kleiner Geschäfte, Kaufhäuser und Boutiquen entlang einer hübsch bepflanzten und backsteingepflasterten Straße. Besonders beliebt bei modebewussten Besuchern ist die Luxus-Mall Merrick Park. In der Rundhalle des Colonnade Buildings, dem ehemaligen Firmensitz von Merricks Baufirma, befindet sich heute die Lobby des Hotels The Westin Colonnade Coral Gables.

Natürlich verfügt Coral Gables auch über eine Fülle erstklassiger Restaurants – ob klassisch europäisch, amerikanisch, kubanisch, chinesisch oder die Mischung aus europäischer Küche mit den Gewürzen und Früchten der Karibik, die sich hier »Floribbean Cuisine« nennt.

Oben: Schon die fröhlich bemalten Fassaden des Restaurants in Coconut Grove reflektieren pure Lebenslust.
Unten: Planschen im Venetian Pool in Coral Gables, einem der schönsten Schwimmbäder Floridas

Infos und Adressen

SEHENSWÜRDIGKEITEN

Fairchild Tropical Botanic Garden. Im größten botanischen Garten auf dem Festland der USA wachsen mehr als 2500 Pflanzen- und Baumarten aus aller Welt. Tgl. 9.30–16.30 Uhr, 10901 Old Cutler Rd., Coral Gables, FL 33156, Tel. 305 667 1651, www.fairchildgarden.org

Miami Museum of Science. Für Wissbegierige gibt es hier Ausstellungen zum Thema Naturgeschichte und Astronomie – und für Sternengucker ein Planetarium. Tgl. 10–18 Uhr, 3280 South Miami Ave., Miami, FL 33129, Tel. 305 646 4200, www.miamisci.org

Pan Am Building. In den 30er- und 40er-Jahren war Coconut Grove das Hauptquartier von Pan Am. Hier starteten die Flugboote nach Südamerika. Das Terminal wird heute als City Hall genutzt und ist eines der wenigen Art-déco-Gebäude in Coconut Grove. 3500 Pan American Dr., Coconut Grove, FL 33133, Tel. 305 250 5400

ESSEN UND TRINKEN

Jaguar Ceviche Spoon Bar & Latam Grill. Eine Küche, die klassische Rezepte neu interpretiert und Wert auf lateinamerikanische Einflüsse legt. Eindrucksvoll ist auch die Weinkarte. 2889 McFarlane Rd., Coconut

Violette Schönheit im Botanischen Garten von Coral Gables

Grove, FL 33133, Tel. 305 443 3999, www.jaguarhg.com

ÜBERNACHTEN

Hotel St. Michel. Ein Haus mit südeuropäischem Charme, das 1926 als Sevilla Hotel eröffnet wurde. 162 Alcazar Ave., Coral Gables, FL 33134, Tel. 800 848 4683, www.hotelstmichel.com

Mayfair Hotel & Spa. Anklänge an Jugendstil und Art déco, dazu viel dunkles Tropenholz. 3000 Florida Ave., Coral Gables, FL 33133, Tel. 305 441 0000, www.mayfairhotelandspa.com

Outdoor Dining, wie hier in Coconut Grove, gehört wie überall in Florida zum Lebensgefühl.

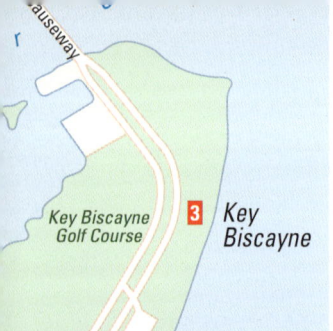

Key Biscayne
Golf Course

3 Key
Biscayne

Mitte: Im Crandon Park in
Key Biscayne wird jährlich das
Tennisturnier *Miami Open* aus-
getragen.
Unten: Das Neptune Memorial
Reef, eine Gedenkstätte für Feu-
erbestattungen, liegt fast sechs
Kilometer vor der Küste.

3 Key Biscayne
Am Anfang war die Kokosnuss

**Key Biscayne bietet für jeden Geschmack
etwas: Der nördliche Teil beheimatet
den Crandon Park, in dem sich vor allem
am Wochenende Kitesurfer und Familien
zum Grillen treffen. Den mittleren Abschnitt der Insel nimmt die Gemeinde Key
Biscayne mit ihren 12 000 wohlhabenden
Einwohnern ein. Im südlichen Inselteil
befindet sich der Bill Baggs Cape Florida
State Park, der unverfälschte Naturerlebnisse verspricht.**

Beim Namen Key Biscayne fällt vielen Menschen
vor allem Tennis ein. Nicht ohne Grund – schließlich finden hier alljährlich im Frühjahr die *Miami
Open* statt, ein Turnier, das irgendwann mal drauf
und dran war, zum fünften Grand-Slam-Turnier
der Filzball-Saison erhoben zu werden. Zwei Wochen lang jagen die besten Tennisspielerinnen und
-spieler der Welt hier dem gelben Ball hinterher.

Luxuriöser Rückzugsort

Gleich neben dem Stadion bietet Key Biscayne
tropische Landschaften und viel Ruhe. Das macht
die Insel zu einer beliebten Destination für Menschen, die dem Großstadttrubel entrinnen wollen.
Zum Beispiel jene Reichen und Berühmten, die
sich hier in luxuriösen Villen niedergelassen haben.
Einer der ersten war der ehemalige US-Präsident
Richard Nixon (1913–1994), der 1969 ein Anwesen
erwarb, das unter dem Namen »Florida White
House« bekannt wurde.

Hauptort der Insel ist Key Biscayne, in dem 12 000
gut betuchte Menschen leben. Und das erst seit

Key Biscayne

1947. Da wurde die sechs Kilometer lange Zufahrtsstraße Rickenbacker Causeway erbaut, und mit der Eröffnung begann auch die Entwicklung des Eilands. Vorher war Key Biscayne vor allem eine gigantische Kokosnussplantage, die größte der Vereinigten Staaten. Eine riesige Fläche im Süden der Insel gehörte damals dem Mähdrescher- und Traktor-König James Deering (1859–1925), der auch Erbauer der berühmten Villa Vizcaya in Miami war. Das Areal ging noch durch mehrere Hände, ehe es 1966 an den Bundesstaat Florida verkauft wurde. Das Gebiet wurde zum Bill Baggs Cape Florida State Park ernannt. Dort steht noch heute der 29 Meter hohe Leuchtturm, ein Nachbau des *lighthouse* von 1825. Die Bauwerke waren überlebenswichtig, denn rund um die südöstliche Küste Floridas mit seinen Riffen liefen viele Schiffe auf Grund. Hat man die 110 Stufen bis zur Spitze des Leuchtturms erklommen, wird man mit einem weiten Blick Richtung Miami belohnt. Nebenan steht das Keeper's House, ein Museum, in dem die originale Ausstattung des einstigen Leuchtturmwärterhäuschens zu sehen ist.

Modernes Atlantis

Für eine ganz besondere Attraktion von Key Biscayne muss man sich tief ins Wasser wagen: das 2007 eröffnete Neptune Memorial Reef, etwa sechs Kilometer von der Insel entfernt in einer Tiefe von zwölf Metern. Es ist ein Unterwasser-Mausoleum und mit 56000 Quadratmetern das größte menschengemachte Riff der Welt. Hier kann die Asche Verstorbener beigesetzt werden, in Urnen oder auch mit Beton vermischt als Säulen oder Skulpturen. Entstanden ist eine Unterwasser-Friedhofsstadt mit Terrassen, Toren und Statuen. Wer das Riff besuchen möchte, findet unter www.nmreef.com Informationen über Tauchbasen.

Nicht verpassen

ZU GAST BEI FLIPPER

Bis heute sind Delfine die Hauptattraktion des Miami Seaquariums. 1963 brachten sie der Anlage Weltruhm: In dem Jahr entstand in der Flipper Lagoon die Pilotfolge der Fernsehserie *Flipper*. Als Killerwale die Lieblinge der Zuschauer wurden, entstand 1970 ein Showbecken für Orcas, die beim Aufprallen aufs Wasser die Zuschauer in den ersten Reihen nass spritzen. Heute kann man neben Delfinen und Killerwalen auch Seelöwen und Seehunde, Seekühe und Schildkröten sehen. Wer mag, darf mit Delfinen schwimmen. Die Anlage will jedoch auch Wissen über die unterschiedlichen Meeresbewohner vermitteln. Die Mitarbeiter kümmern sich auch um verletzte Tiere, die hier aufgepäppelt und wieder in die Freiheit entlassen werden.

Miami Seaquarium. Tgl. 9.30–18 Uhr, 4400 Rickenbacker Causeway, Key Biscayne, FL 33149, Tel. 305 361 5705, www.miamiseaquarium.com

Die zugige Nordspitze Key Biscaynes wurde inzwischen der schnell wachsenden Fangemeinde der Kitesurfer zugeschlagen. Hier bläst der Wind konstant ablandig von Coconut Grove im Westen herüber und verfängt sich auf seinem Weg Richtung Atlantik in den Kites, den Schirmen oder Drachen der Surfer. Dass die Kitesurfer seit geraumer Zeit ein Stück Strand offiziell ihr Revier nennen können, ist den lokalen Surfaholics zu verdanken. Denn Kiten ist kein ungefährlicher Sport. Wenn Anfänger ihr Board verlieren und es hochkant aus den Fluten katapultiert wird, sollte kein Badegast in der Nähe sein. An einem überfüllten Badestrand kiten? No-Go! Dank Sportsgeist und Beharrlichkeit erhielten die Kitesurfer vor einigen Jahren die offizielle Erlaubnis für die Nordspitze.

So wird der Crandon Park am Wochenende zu einer einzigen Partyzone. Im Norden schwirren die Kiter übers Wasser. Gleich nebenan feiern zahllose aus Kuba immigrierte Großfamilien ihre Grillpartys. Ghettoblaster und Musiker sorgen dabei für ein Gewirr aus Salsa-, Merenque- und Calypso-Rhythmen. Ein Fest für alle, auch wenn der Wind mal nicht bläst.

Oben: Wegen der optimalen Windverhältnisse ist die Nordspitze Key Biscaynes ein beliebtes Surfrevier.
Unten: Faszinierend, aber nicht ungefährlich und daher an belebten Stränden nicht erlaubt: Kitesurfen

Infos und Adressen

SEHENSWÜRDIGKEITEN

Cape Florida Light. Sein Vorgänger am Süd-zipfel von Key Biscayne wurde 1836 von Semi-nole-Kriegern im Kampf gegen Landnahme und Umsiedlung niedergebrannt, doch der 1856 neu aufgebaute Leuchtturm strahlt heute höher und weißer denn je. Im Leuchtturmwärter-haus nebenan erfahren Besucher von den Le-bens- und Arbeitsbedingungen anno dazumal. Besichtigungstouren Do–Mo 10–13 Uhr, 1200 South Crandon Blvd., Bill Baggs Cape Florida State Recreation Area, Key Biscayne, FL 33149, Tel. 305 361 5811, www.floridastateparks.org

ESSEN UND TRINKEN

Boater's Grill. Einst ein Versteck für Piraten und Schmuggler, gibt sich das Lokal heute weniger geheimnisvoll und lädt zu Gegrilltem und mehr. Spezialität ist die Meeresfrüchte-Paella. 1200 Crandon Blvd., Key Biscayne, FL 33149, Tel. 305 361 0080, www.lighthouserestaurants.com

Gran Inka. Der Name verrät's: Hier wird süd-amerikanisch gekocht. Vor allem peruanische Gerichte stehen auf der Speisekarte, u. a. das Nationalgericht *Ceviche*. 606 Crandon Blvd., Key Biscayne, FL 33149, Tel. 305 365 7883, www.graninka.com

Rusty Pelican. So rustikal wie der Name ist das Restaurant dahinter nicht. Stattdessen regiert hier eine moderne, amerikanische Küche mit Eleganz und Gespür für eine hinreißende Präsentation. 3201 Rickenbacker Causeway, Key Biscayne, FL 33149, Tel. 305 361 3818, www.therustypelican.com

ÜBERNACHTEN

The Ritz-Carlton Key Biscayne. Erstes Haus am Platz, mit allem Luxus, den man von einer Herberge dieses Namens erwarten kann. Die eleganten Zimmer spiegeln das sonnige Flair der Karibik oder Südfrankreichs wider und sind mit kostbaren Stoffen und Designer-möbeln eingerichtet. 455 Grand Bay Dr., Key Biscayne, FL 33149, Tel. 305 365 4500, www.ritzcarlton.com

The Silver Sands Beach Resort. Einfaches, aber zauberhaft gelegenes Resort mit schönem Pool und tropischem Flair. 301 Ocean Dr., Key Biscayne, FL 33149, Tel. 305 361 5441, www.silversandskeybiscayne.net

Schlanke Gestalt mit Weitblick – der 29 Meter hohe Cape-Florida-Leuchtturm

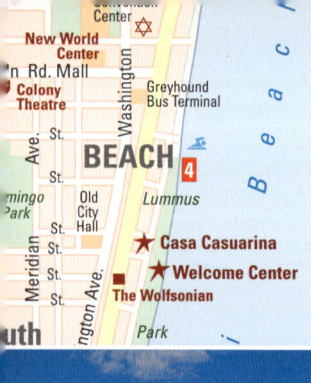

4 Miami Beach
Laufsteg der Eitelkeiten

SoBe (South Beach), wie die Einheimischen den Stadtteil von Miami Beach getauft haben, diente einst als Kulisse für »Miami Vice«. In der TV-Serie aus den 80er-Jahren wimmelte es nur so von Drogendealern und korrupten Polizisten. Doch diese Zeiten sind vorbei. Statt wilder Verfolgungsjagden werden heute Werbespots gedreht: Oft werden schon bei Sonnenaufgang leicht bekleidete Models über den Sand gescheucht. Am Abend tauschen die Beautys den Bikini gegen ein sexy Kleidchen und feiern wilde Partys in den Bars am Ocean Drive – gemeinsam mit allen anderen.

Doch Miami Beach bietet mehr als nur hedonistische Nabelschau. Neben Stars und Sternchen regiert hier heute auch die bildende Kunst. Die *Art Basel Miami Beach* ist das Aushängeschild

Mitte: Sonnenbräune ist ein unverzichtbares »Must-have«.
Unten: Nachtschwärmer zieht es wie magisch zur trubeligen Partymeile am Ocean Drive.

GUT ZU WISSEN

EROTISCHE ÜBERDOSIS

In seinem Roman *Back to Blood* brachte es Autor Tom Wolfe auf den Punkt: »New York ist die Stadt des Geldes, Washington die Stadt der Macht und Miami die Stadt des Sex.« Keine Frage: In Miami Beach liegt Hedonismus in der Luft. Lust, Genuss, sinnliche Begierde – die Szene in South Beach ist grell, laut und aufgeheizt. Irgendwann hat freilich jeder Besucher mal genug vom ewigen Reigen des Balzens. *Erotic overdose* sozusagen. Dann fährt man am besten in die Everglades und besucht die Alligatoren!

Einfach gut !

dieser Metamorphose. Doch ganz ohne Party geht es natürlich nicht: Wenn die Kunstbranche sich jeden Dezember hier trifft, wird Miami Beach seinem Ruf als ultimativer Feier-Hochburg mehr als gerecht: Dann bitten auch Kunsthändler zu Lachshäppchen und Champagner.

Strandleben und Nightlife

Derweil strahlen die blitzblanken Art-déco-Fassaden stolz in pastelligen Bonbonfarben. Und der Strand ist wie immer schön, lang und schneeweiß. Dazu die Lincoln Road, Flaniermeile Nummer eins, und natürlich die berühmten Bars und Cafés am Ocean Drive. Und jeder Besucher merkt schnell: Miami Beach, das ist die Quersumme aus Strandleben und Nightlife. Dabei ist Beach nicht gleich Beach. Zwischen 16th und 20th Street tummelt sich ein eher besser betuchtes Volk am Strand. Schließlich befindet man sich hier vor dem Delano, dem National und dem Shore Club, allesamt exklusive Art-déco-Hotels. Gleich daneben im eleganten Ritz-Carlton gönnt man sich ganz mondän die Dienste eines *Tanning Butlers,* eines in knappe Shorts gehüllten Muskelpaketes, das Sonnencreme auf der Haut blasser Nachtschwärmer verteilt.

Im Strandabschnitt zwischen 2nd und 3rd Street sonnt sich ein fröhliches Durcheinander aus Einheimischen, Touristen, Models und Surfern. Später geht's dann in eine der vielen Bars auf der Lincoln Road, um bei einem Cuba Libre gelassen auf die bunten Menschenmassen zu blicken, die links und rechts vorbeiziehen. An Samstagnachmittagen ist der Strandclub Nikki Beach die angesagteste Adresse. Sonntags aalt man sich bei Mojitos am schönsten Art-déco-Schwimmbecken der Stadt im The Raleigh. Oder man pilgert in die ultimative Hochburg von Stil und Luxus: das Setai Hotel.

RADELN ON THE BEACH

Mit dem Fahrrad lässt sich das Szeneviertel South Beach besonders gut erkunden. Für den kilometerlangen Sandstrand eignet sich ein stilechter *beach cruiser.* Bei diversen Verleihern sind die Räder neben anderen Modellen stunden- oder tageweise zu mieten. An 60 Stationen stehen zudem für ein paar Dollar 500 kommunale DecoBikes bereit. Und wenn man sich geschickt zwischen den Autos hindurchschlängelt, kommt man schnell voran. Doch aufgepasst, dass man keiner der Nobelkarossen vor die Haube kommt!

Bike and Roll. 210 10th St., Miami Bayside, FL 33139, Tel. 305 604 0001, www.bikeandroll.com

DecoBike Miami Beach. 723 Washington Ave., Miami Beach, FL 33139, Tel. 305 532 9494, www.decobike.com

Miami Beach Bicycle Center. 746 5th St., Miami Beach, FL 33139, Tel. 305 531 4161, www.bikemiamibeach.com

An dieser Luxusvilla in Miami Beach führt gewiss kein Radweg vorbei.

Oben: In vielen Bars und Szenekneipen ist Livemusik aller Genres zu hören.
Unten: Art déco vom Feinsten erwartet Gäste im Hotel Marlin in Miami Beach.

Und abends? Wer sich, möglichst gut ausgeruht und auf jeden Fall gestylt, ins Nachtleben stürzen will, hat die Qual der Wahl. Vorausgesetzt, er wird eingelassen. Denn vor dem Spaß stehen häufig gepfefferte Eintrittspreise und missmutige Türsteher, deren Auswahlkriterien für ihr »go« nicht immer nachvollziehbar sind.

Der LIV Nightclub im glamourösen Fontainebleau Hotel (4441 Collins Ave.) ist nicht weniger nobel und so weltberühmt, dass er alle naselang in einem Hollywood-Film auftaucht. Mittel- und südamerikanisch gibt sich Mango's Tropical Café (900 Ocean Dr.) mit Samba, Salsa, Conga und zahlreichen temperamentvollen Shows. Ein vielseitiges DJ-Spektrum von renommiert bis Underground gibt's im Story Nightclub (136 Collins Ave.), täglich 24 Stunden geöffnet ist das angesagte E11Even (29 NE 11th St.). Ein heimeliges, dunkles Ambiente mit echten Palmen lädt im Treehouse (323 23th St.) zu hemmungslosem Tanzen nach eigener Choreografie ein. Weniger um den eigenen künstlerischen Ausdruck als vielmehr ums Sehen und Gesehenwerden geht es in der Skybar at the Shore Club (1901 Collins Ave.), einem wahren Magneten für Stars und Sternchen. Nach einigen Runden auf der Tanzfläche entspannt man sich hier ganz cool am Pool bei Chill-out-Musik, lässt sich bewundern und beobachtet die anderen Gäste.

Rundgang Miami Beach

Ⓐ Art Deco Welcome Center – Von hier aus starten (tgl. ab 10.30 Uhr) geführte Spaziergänge: Art Deco Tour, Gay and Lesbian Tour und South Beach Food Tour (12 und 17 Uhr). 1001 Ocean Dr.

Ⓑ The Wolfsonian – Designobjekte von 1885 bis 1945. 1001 Washington Ave.

Ⓒ World Erotic Art Museum Miami – Erotische Kunst aus aller Welt. Eintritt ab 18 Jahren. 1205 Washington Ave.

Ⓓ New World Center – Heimat des New World Symphony Orchestras. 500 17th St.

Ⓔ Colony Theatre – Erstrahlt wieder in altem Art-déco-Glanz. 1040 Lincoln Rd.

Ⓕ Holocaust Memorial – Denkmal zu Ehren der Holocaust-Opfer. 1933–1945 Meridian Ave.

Ⓖ Bass Museum of Art – Faszinierende Kunstsammlung. Mi, Do, Sa, So 12–17 Uhr, Fr 12–21 Uhr, 2100 Collins Ave., www.bassmuseum.org

Flop der Kokosnüsse

Was für ein Bogen von dieser stylishen Pracht zu den Anfängen! Das erste auf der Insel Miami Beach errichtete Gebäude hatte eher profanen Charakter: ein vom United States Life-Saving Service (gehört heute zur U.S. Coast Guard) im Jahr 1876 gebautes Haus zur Aufnahme von Schiffbrüchigen auf Höhe der heutigen 72nd Street. In den 1880er-Jahren legten Ezra Osborn und Elnathan T. Field aus New Jersey eine Kokosnussplantage mit 155 000 Palmen an, die aber unwirtschaftlich war und bald aufgegeben wurde. Einer der Investoren in dieses erfolglose Projekt war der Unternehmer John S. Collins, der später mit dem Verkauf von Grundstücken finanziell mehr reüssierte.

Mit Beginn des Eisenbahnzeitalters und der Stadtgründung Miamis auf der Festlandseite der Biscayne Bay im Jahr 1896 entwickelte sich gleichzeitig auch der Hafen. Der Bau des Government Cut im Jahr 1905, einer Kanalverbindung zwischen Ozean und Bay, trennte die Südspitze von Miami Beach ab, die seitdem die Insel Fisher Island bildet. Hier darf nur derjenige seinen Fuß an Land setzen, der dort eine Immobilie besitzt oder Hotelgast des noblen Fisher Island Club-Hotels ist.

Im frühen 20. Jahrhundert erkannten die Unternehmerfamilie Collins, die Bankiers-Brüder Lummus und der aus Indianapolis stammende Geschäftsmann Carl G. Fisher das Potenzial von Miami Beach als Touristenziel. Am 12. Juni 1913 wurde die Fährverbindung von Miami auf die Insel durch die 2,5 Meilen lange Collins Bridge ersetzt, die bei ihrer Eröffnung als die längste Holzbrücke der Welt galt. 1915 errichtete man mit dem Brown's Hotel am Ocean Drive ein erstes Hotel auf der Insel, das heute noch existiert. Zu diesem Zeitpunkt bestimmten große Mangrovensümpfe die Gegend, die nach und nach trockengelegt wurden. 1917 wurde Miami

Oben: Viele historische Gebäude säumen den Ocean Drive.
Mitte: Traum in Pink – ein Cadillac Cabrio aus dem Jahr 1959 …,
Unten: … dem auch die Restaurantbesucher voller Bewunderung hinterherblicken.

Miami Beach

Beach offiziell als *City* ins Register eingetragen. Carl G. Fisher (1874–1939) trieb in den 20er-Jahren die Entwicklung der Stadt als Winterwohnsitz von reichen Industriellen aus dem Norden und Mittleren Westen der USA maßgeblich voran. Auf seine Initiative wurde das Ufer auf der Westseite befestigt und mehrere künstliche Inseln in der Bay aufgeschüttet. Dazu zählen Star Island, Palm Island und Hibiscus Island, die Sunset Islands, die Normandy Isle sowie die meisten der Venetian Islands. 1926 errichtete man anstelle der Collins Bridge den Venetian Causeway, der über die Venetian Islands führt.

Doch der Miami-Hurrikan im selben Jahr setzte – wie in ganz Südflorida – der prosperierenden Entwicklung der Stadt ein abruptes Ende. Ebenso dem Vermögen Carl G. Fishers. Aber schon in den 30er-Jahren entwickelte sich der Ort wieder zu einem beliebten Reiseziel. In dieser Zeit entstand auch das Art-déco-Viertel. Und in den Jahrzehnten nach dem Zweiten Weltkrieg stieg die Einwohnerzahl von Miami Beach durch Zuzug aus dem Norden um ein Vielfaches. Hinzu kam eine große Anzahl an Exilkubanern nach der Kubanischen Revolution 1959. Es boomte – doch in den 70er-Jahren kam der Ort mehr und mehr herunter, Drogendealer und Verbrecher ließen sich nieder. Erst die Erneuerung des Art Déco District brachte die Wende und machte Miami Beach wieder zur touristischen Perle. Mit vielen Facetten.

Kreuzfahrtschiffe vor der Nase

Ein bisschen freizügiger als anderswo war man hier immer schon: Am Strand von South Beach wird »oben ohne« und Alkohol generell toleriert, sprich: Die Ordnungshüter drücken meist ein Auge zu. Für Nudisten und Freunde der FKK-Kultur gibt es sogar einen eigenen Strandabschnitt: den

RUBENS UNTER PALMEN

Nicht verpassen

Es ist schon etwas verwirrend, als Europäer im Bass Museum of Art die Gemälde holländischer und flämischer Maler wie Flinck, Bol, Jordaens und Rubens mit ihrem nördlichen Licht zu sehen, während draußen die heiße subtropische Sonne brennt. Unter den mehr als 2800 Exponaten sind auch andere Stilrichtungen vertreten: Werke der italienischen Renaissance von Ghirlandaio und Botticelli, Hofgemälde aus der Zeit des Rokoko, Bilder englischer Porträtisten im Stil der »Grand Tradition« des 18. Jahrhunderts sowie Skulpturen aus Renaissance, Barock und Rokoko. Auch das 19. und 20. Jahrhundert kommen nicht zu kurz. Zu sehen sind bedeutende Werke aus aller Welt, darunter fotografische Exponate und japanische Holzschnitte.

Bass Museum of Art.
Mi–So 12–17 Uhr, Fr 12–21 Uhr, 2100 Collins Ave., Miami Beach, FL 33139, Tel. 305 673 7530, www.bassmuseum.org

Haulover Beach in Bal Harbour, etwa 15 Kilometer nördlich des Art-déco-Viertels. Nachts spielt sich das Geschehen eher abseits des Wassers ab. Berühmtester Treffpunkt am Ocean Drive ist sicher das News Café. Rund um die Washington Avenue liegen einige der heißesten Clubs der Stadt. Als Hauptsaison zum Feiern gilt die Zeit von Oktober bis Mai.

Ganz am südlichen Ende der Avenue liegt der South Pointe Park. Hier kann man vor allem am Wochenende die großen Kreuzfahrtschiffe beim Auslaufen beobachten. Es ist ein beeindruckendes Erlebnis, wenn die Giganten der Meere nur wenige Meter entfernt zu ihren Törns in die Karibik aufbrechen.

Promis, Partys und Privates

Im südlichsten Teil von Miami Beach nennen sich die ersten fünf Straßen »South of Fifth«. Hier stehen die glitzernden Appartementtürme, hier findet man die teuersten *condominiums* in spektakulärer Hochhausarchitektur. Weiter nördlich ab der 6th Street beginnt South Beach mit dem berühmten Ocean Drive. Hier sind die meisten Restaurants angesiedelt und Hotels wie das viel fotografierte Colony Hotel, Cocktailbars, Boutiquen und Kunstgalerien. Und hier parken Lamborghinis und Ferraris am Straßenrand und muskelbepackte beziehungsweise silikonbestückte Strandmodels flanieren über die Promenade. Bis spät in die Nacht tönen heiße Rhythmen aus Lautsprechern von nahezu jedem Gebäude. Für Sportler sind direkt am Strand Volleyballnetze aufgebaut, Skater und Radfahrer können sich am Ocean Drive austoben.

In Mid Beach und North Beach ab der 25th Street geht es etwas ruhiger zu, dies ist der Bereich von Hotels und großen Appartementhäusern. Häuser

wie The Palms Hotel, das berühmte Fontainebleau Hotel auf der 44th Street und das Eden Roc in der 45th Street bestimmen die touristische Szene. Auf der 68th Street verspricht das Canyon Ranch Hotel Entspannung für Körper und Seele.

Nördlich der Stadt Miami Beach beginnt die City of Surfside (88th Street–96th Street), fast ausschließlich ein exklusives Wohngebiet. Das sich daran anschließende Bal Harbour ist eine der bestsituierten Nachbarschaften Südfloridas. Wer im Luxushotel St. Regis absteigt, kann sich gleich gegenüber in den Bal Harbour Shops bei Versace, Gucci, Armani, Prada, Chanel und Co. mit Luxuswaren eindecken. Noch weiter nördlich liegen die Stadtteile Sunny Isles und Aventura. Viele russische Investoren haben sich hier vor und während der Immobilienkrise eingekauft. Auch Donald Trump ist vertreten, u. a. mit dem Trump International Beach am perfekt weißen Strand. Ein paar wenige günstigere Motels wirken mit ihren maximal drei Etagen wie Winzlinge neben gewaltigen Hotelkomplexen mit bis zu 50 Stockwerken.

Golden Beach ist der nördlichste Stadtteil im Miami-Dade County auf der Miami-Beach-Seite – die exklusivste und teuerste Wohngegend direkt am Meer. Hier gibt es die einzigen Einfamilienhäuser, die direkt am Atlantik liegen und Privatzugang zum Strand haben. Und einen entsprechenden Preis ...

Oben: Iguanas lieben ein wärmendes Bad in der Sonne.
Mitte: Ocean Drive: die funkelnde Ausgehmeile von Miami Beach
Unten: Privatvillen mit eigenem Bootsanleger sind keine Seltenheit.

Infos und Adressen

ESSEN UND TRINKEN

Atlantikos. Helles Blau und strahlendes Weiß dominieren das Interieur des griechischen Restaurants – Fisch und Meeresfrüchte die Speisekarte. 9703 Collins Ave., Bal Harbour, FL 33154, Tel, 305 993 3333, www.stregisbalharbour.com

Balans. Rezepte zwischen fernöstlichen Spezialitäten und Mittelmeer-Cuisine. Schickes Ambiente. 1022 Lincoln Rd., Miami Beach, FL 33139, Tel. 305 534 9191, www.balansrestaurants.com/lincoln-road

Barton G. Restaurant. Jedes Gericht – serviert werden amerikanische Klassiker – überrascht mit fantasievoller Gestaltung. 1427 West Ave., Miami Beach, FL 33139, Tel. 305 672 8881, www.bartong.com

Bazaar. Feine, manchmal experimentelle, immer überzeugende Küche in einem eleganten Interieur. 1701 Collins Ave., Miami Beach, FL 33139, Tel. 305 455 2999, www.thebazaar.com

Big Pink. Moderne Sportsbar mit jungem, trendigem Publikum. Und bis hin zur Speisekarte ist alles in Pink. 157 Collins Ave., Miami Beach, FL 33139, Tel. 305 532 4700, www.mylesrestaurantgroup.com

Cardozo Bar & Grill. Das Bistro-Restaurant im Cardozo Hotel bietet kubanisch inspirierte Küche und eine Terrasse *to see and to be seen.* 1300 Ocean Dr., Miami Beach, FL 33138, Tel. 305 695 2822, www.cardozohotel.com

Joe's Stone Crab. Besonders zu empfehlen sind hier Muschel-Ceviche, Coconut Shrimp und Grouper, Phô Style. Im Sommer geschlossen. 11 Washington Ave., Miami Beach, FL 33139, Tel. 305 673 0365, www.joesstonecrab.com

Das kulinarische Angebot ist schier grenzenlos.

News Café. Hier treffen sich Miamis Touristen und Einheimische zum Frühstück (bis zum frühen Abend) und zu Champagner (bis zum frühen Morgen). 800 Ocean Dr., Miami Beach, FL 33139, Tel. 305 538 6397, www.newscafe.com

Nobu. Neue japanische Küche wird hier kombiniert mit edlem Interieur und einer »Bühne« für hippe Gäste. 4525 Collins Ave., Miami Beach, FL 33140, Tel. 305 695 3232, www.noburestaurants.com

Prime 112. Zu finden ist das elegante Steakhouse im historischen Browns Hotel, dem 1915 gebauten ersten Hotelgebäude von Miami Beach. 112 Ocean Dr., Miami Beach, FL 33139, Tel. 305 532 8112, www.mylesrestaurantgroup.com

Sardinia Enoteca Ristorante. Italiens, pardon, Sardiniens Visitenkarte in Florida. Mehrfach ausgezeichnet, mit rustikal-edler Küche und feinen Tropfen. 1801 Purdy Ave., Miami Beach, FL 33139, Tel. 305 531 2228, www.sardinia-ristorante.com

Sushi Siam. Frische japanische Küche; bei den milden bis scharfen Spezialitäten des Hauses steht Thailands Kochkunst mit am Herd. 804 Ocean Dr., Miami Beach, FL 33139, Tel. 305 763 8904, www.sushisiam.com

Tap Tap. Haitianische Küche inmitten knallbunter Werke karibischer Künstler. 819 5ᵗʰ St., Miami Beach, FL 33139, Tel. 305 672 2898, www.taptapsouthbeach.com

ÜBERNACHTEN

Betsy Hotel. Inmitten des glitzernden Ocean Drive ein wohltuend stilvoller Ort der Ruhe. 1440 Ocean Dr., Miami Beach, FL 33139, Tel. 305 531 6100, www.thebetsyhotel.com

Carillon Miami. In diesem Wohlfühltempel gleicht der Kampf gegen die körperliche und spirituelle Erschlaffung einer religiösen Übung. 6801 Collins Ave., Miami Beach, FL 33141, Tel. 866 800 3858, www.carillonhotel.com

Delano. Das 1995 von Philippe Starck neu gestaltete Hotel ist nachts ein Szenetreff. 1685 Collins Ave., Miami Beach, FL 33139, Tel. 305 672 2000, www.delano-hotel.com

Fontainebleau Miami Beach. Prachthotel aus den 50er-Jahren, Lieblingshotel von Fred Astaire, Marlene Dietrich und Sean Connery. 4441 Collins Ave., Miami Beach, FL 33140, Tel. 305 535 3283, www.fontainebleau.com

Loews Miami Beach Hotel. In South Beach, ideal, um sich ins Nachtleben zu stürzen. 1601 Collins Ave., Miami Beach, FL 33139, Tel. 305 604 1601, www.loewshotels.com

Sagamore. Das durchgestylte Hotel besitzt eine eigene Sammlung zeitgenössischer Kunst. 1671 Collins Ave., Miami Beach, FL 33139, Tel. 305 535 8088, www.sagamorehotel.com

The Raleigh. Elegant, diskret und luxuriös in dem für Miami Beach typischen Art-déco-Stil. 1775 Collins Ave., Miami Beach, FL 33139, Tel. 305 534 6300, www.raleighhotel.com

The Ritz-Carlton South Beach. Puttin' on the Ritz! Nicht verpassen: den Hotel-Brunch *Cocktail and Culinary* am Sonntag.

1 Lincoln Rd., Miami Beach, FL 33139, Tel. 786 276 4000, www.ritzcarlton.com

The Setai. Asiatisch inspiriertes Design. In der Lobby ist Promi-Gucken angesagt. 2001 Collins Ave., Miami Beach, FL 33139, Tel. 305 520 6000, www.setai.com

The Standard Spa. Wer seinen Körper entgiften will, ist hier richtig. 40 Island Ave., Miami Beach, FL 33139, Tel. 305 673 1717, www.standardhotels.com/miami

W South Beach. Hollywood-Ambiente: High Heels und Abendgarderobe sind hier angesagter als Badetücher und Flip-Flops. 2201 Collins Ave., Miami Beach, FL 33139, Tel. 305 938 3000, www.wsouthbeach.com

Viele Hotels setzen auf Wellness-Angebote.

FLORIDAS KÜCHE:
süß-sauer

Stone Crab Claws: eine regionale Köstlichkeit, die warm und kalt serviert wird

Burger, Hot Dogs und French Fries: Wer davon ausgeht, in Florida nur Fast Food zu finden, wird einige Überraschungen erleben. Der Bundesstaat lockt Urlauber (auch) mit kulinarischen Highlights. Floridas Küche punktet mit Frische und Authentizität – durchaus schnell zubereitet, vom klassischen Fast Food aber weit entfernt. Insbesondere fünf Spezialitäten stehen für das lukullische Angebot (und den Genuss) Floridas.

Key Lime Pie: Das Rezept des Limetten-kuchens geht auf die Köchin des Schiffs-plünderers und Millionärs William Curry aus Key West zurück. Mangels frischer Milch und Kühlschränke musste Aunt Sally im Jahr 1890 heftig improvisieren. Obwohl es viele Varianten des *Florida State Pies* gibt, sind die Zutaten immer gleich: Dosenmilch, Sahne, Butterkekse, Limettensaft und Eigelb. **Tipp:** Beim *Key Lime Pie Festival* in Cocoa Beach dreht sich alles um den süßsauren Kuchen.

Stone Crab Claws: Diese regionale Spezialität wird nur vom 15. Oktober bis zum 15. Mai »geerntet«. Fischer fangen die Steinkrebse lebend, dann wird jedem Schalentier eine Schere entfernt. Zurück geht's ins Meer – die fehlende Schere wächst innerhalb eines Jahres nach. Der Panzer wird mit einem kleinen Hammer vorsichtig unter einem Tuch geknackt, das nussig-süßlich schmeckende Fleisch wird mit Zitrone verfeinert und mit Dip kalt gegessen. **Tipp:** Beim *Marathon Seafood Festival* im März (www.mara thonseafoodfestival.com) kann man sich *Stone Crabs* schmecken lassen.

Cuban Sandwich: Erfunden wurde es Ende des 19. Jahrhunderts in Tampa, als im Stadtteil Ybor City kubanische Ein-wanderer in Fabriken Zigarren rollten und das Sandwich als schnell zubereite-ten Sattmacher schätzten. Es besteht aus kubanischem Weißbrot, *pulled pork,* glasiertem Schinken, Schweizer Käse, Senf, sauren Gurken, Toastbrot und manchmal noch etwas Mayonnaise. **Tipp:** Beim *National Cuban Sandwich Festival* (www.thecubansandwichfestival. com) in Tampa findet jedes Jahr ein Wettstreit statt, aus welcher Stadt das beste Cuban Sandwich kommt …

Swamp Cabbage: Schon Floridas Ur-einwohner kochten das weiße Mark der Sabal Palm und richteten es mit Tomaten an. Als *Swamp Cabbage* wurde das Ge-müse so beliebt, dass die Palmenart fast ausgerottet wurde. Inzwischen wird die Sabal Palm als offizieller Staatsbaum geschützt, die Zutat aus Südamerika importiert. *Swamp Cabbage* ist köstlich als Salat und wird oft mit Gewürzen und Schweinefleisch zusammen gekocht. **Tipp:** Im Ort LaBelle gibt es ein *Swamp Cabbage Festival,* auf dem auch eine *Swamp-Cabbage*-Königin gekürt wird.

Conch Fritters: Nicht ohne Grund wird Key West auch als »Conch Republic« be-zeichnet. Hier werden Muscheln serviert – gegart, gekocht, gedörrt, frittiert oder als Suppeneinlage. Besonders beliebt sind die *Conch Fritters,* in Fett geba-ckene Klößchen der Trompetenmuschel. **Tipp:** Unbedingt die *Conch Fritters* im Restaurant Louie's Backyard (www.louies backyard.com) in Key West probieren!

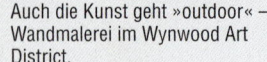
Auch die Kunst geht »outdoor« –
Wandmalerei im Wynwood Art
District.

5 Wynwood, Design District und Little Haiti
Neues (Kunst-)Leben aus Ruinen

Miami hat sich binnen weniger Jahre zum Kunstmekka gemausert. Im Wynwood Art District hat die zeitgenössische Kunst mit Exponaten der Malerei, Fotografie und mit Installationen eine neue Heimat gefunden. Im Design District, dem Zentrum der Einrichtungsindustrie, haben sich zahlreiche Clubs und Lounges angesiedelt, die ein illustres und internationales Szenepublikum anlocken.

Unweit der pastellfarbenen Häuser im Art Déco District von Miami Beach und der Bankentürme von Midtown Miami liegt das Künstlerviertel Wynwood. Im Norden grenzt es an den Stadtteil Little Haiti, im Süden an den Town Square, im Westen an die Interstate 95 und im Osten an die East Coast Avenue. Früher ein heruntergekommenes Industriequartier, vibriert es hier heute nur so vor Kreativität. Als 2002 die etablierte Kunstmesse *Art Basel* ihre damals noch kleine US-Tochter in Miami aus der Taufe hob, zog es Künstler und Kulturschaffende in die verlassenen Hallen des Viertels. Doch vor allem die Maler beschränkten sich bald nicht auf ihre neuen Ateliers: Heute ist Wynwood ein Zentrum der Street Art – die Fassaden fensterloser Lagerhäuser erwiesen sich als ideale »Leinwände« für großflächige Wandmalereien.

Kunst in der Lagerhalle

Die Wynwood Art District Association wurde im Frühjahr 2003 von einer Gruppe von Kunsthändlern, Künstlern und Kuratoren ins Leben gerufen. Heute ist Wynwood die Heimat von über 70 Gale-

Einfach gut!

rien, sieben Kunstkomplexen, fünf Museen, mehreren Kunstmessen und unzähligen Ateliers. Zahlreiche private Sammlungen sind hier beheimatet, darunter so bedeutende Namen wie die kubanische Familie de la Cruz, der Bauunternehmer, Philanthrop und Multimillionär Martin Z. Margulies und die Rubell-Familie. Viele der Werke werden dem kunstsinnigen Publikum jetzt in einer ehemaligen Lagerhalle präsentiert – genau dort, wo die Polizei in den 80er-Jahren konfiszierte Drogen lagerte.

Anwalt der Kreativen

An jedem zweiten Samstag findet im Kunstdistrikt ein Tag der offenen Tür statt. Galerien, Kulturzentren und Showrooms öffnen ihre Tore, und in den Straßen finden Konzerte und Tanzvorführungen statt. Viele Künstler gewähren Zugang zu ihren Studios und bieten Art-Fans die Möglichkeit, *works in progress* zu begutachten. Dann treffen sich hier Anwohner, Touristen, Künstler, Intellektuelle, Hipster, Galeristen, Promis und mehr oder weniger Wohlhabende, um Kunst in allen Formen zu produzieren, zu bewundern, zu kaufen oder mit ihr zu handeln. Und dann sind da natürlich die berühmten Wandgemälde. Der Unternehmer, Hotelier, Restaurantbesitzer, Träumer und Kunstliebhaber Tony Goldman suchte vor einigen Jahren in Miami einen Ort, um jungen Street-Art-Künstlern einen Platz für deren Werke zu geben. Also erwarb er leerstehende Fabrikhallen in Wynwood. Das Wynwood Walls Project wurde zum Startschuss für eine Open-Air-Kunstgalerie der Extraklasse. Unzählige Sprayer und Maler bearbeiteten in den folgenden Jahren die bereitgestellten Wände – und schufen *murals*, die den Ruf des Viertels als Kreativ-Mekka weiter festigten. Derzeit führt Jessica Goldman Srebnick, Tochter von Tony Goldman, die Initiative ihres 2012 verstorbenen Vaters fort.

LIEBE ZUR KUNST

In Sachen Kunst macht der Bauunternehmer und Multimillionär Martin Z. Margulies keine Geschäfte: Er versteht seine gesammelten Werke nicht als Investitionen, sondern hat einen tiefen Bezug zu ihnen. Seine Kollektion umfasst moderne und historische Fotografien, Videokunst, Skulpturen und Installationen verschiedener Kunstströmungen wie Pop-Art, Minimalismus und Expressionismus. Das Eingangsfoyer wird von einer riesigen Anselm-Kiefer-Skulptur dominiert, weiter in der Galerie finden Besucher Arbeiten renommierter Künstler wie Olafur Eliasson, Richard Serra, Donald Judd, Franz West oder Willem de Kooning. Die Sammlung umfasst über 6000 Werke, darunter 3500 Fotografien, die bis ins Jahr 1917 zurück gehen.

The Margulies Collection at the WAREhOUSE. Okt.–März Mi–Sa 11–16 Uhr, 591 Northwest 27th St., Miami, FL 33127, Tel. 305 576 1051, www.margulieswarehouse.com

Heute weltbekannte Künstler haben sich damals
als Newcomer an Dutzenden Mauerwänden künstlerisch »ausgetobt«. Mittlerweile sind die Graffitis und
Straßenkunstwerke über die *walls* hinausgewach-
sen. Nahezu jedes Haus, jede Fabrik in Wynwood ist
ein Kunstwerk. Und wie andernorts führte die Gen-
trifizierung des Viertels auch hier dazu, dass sich
manche Künstler, vor allem diejenigen am Anfang
ihrer Karriere, die Mieten nicht mehr leisten können. Dann geht es einige Blocks weiter nordwärts,
nach Little Haiti, wo es sich billiger leben lässt.

Rettender Wandel

Im benachbarten Design District betrieben zu
Beginn des 20. Jahrhunderts feine Möbelfabriken
ihre industriellen Showrooms. Doch das Gebiet
verkam, *Druglords* verhökerten auf verwahrlosten
Straßen Marihuana und Kokain. In den 80er-Jah-
ren gab es Rassenunruhen, und die Drehbuchauto-
ren der TV-Kultserie *Miami Vice* fanden hier ihre
Inspirationen. Bis der erfolgreiche Unternehmer
und Architektur-Fan Craig Robins dem unterge-
henden Design District den Rettungsring zuwarf.
Robins war es bereits gelungen, den Art Déco
District in South Beach erfolgreich in eine Party-
Landschaft zu verwandeln. Auch im Design District

Einfach gut!

hatte er Erfolg: Zur Jahrtausendwende zogen die ersten Künstler ins Viertel, bald folgten Galerien, Showrooms, Einrichtungs- und Design-Geschäfte. Heute gilt der Bezirk als absoluter Inbegriff von coolem, urbanem Stil.

Zentrum der Avantgarde

Miamis Design District hat sich zum neuen Szenetreff für Avantgardisten, Künstler und Intellektuelle entwickelt. Nichts ist hier zu spüren vom Glamour à la South Beach. Gerade das mache das Ausgehen spannender als am Ocean Drive, wo sich Provinzler aus Ohio und Arkansas mit Touristen aus Europa treffen, lästern seine Bewohner. Ateliers und Galerien, Ausstellungsräume, kleine Läden, Bars und Restaurants drängen sich dicht aneinander und machen den Stadtteil nicht nur für Kreative zu einem Anziehungspunkt. Mit seinen hippen Techno-Clubs und Lounges lockt der District jede Menge Partygänger und Nachtschwärmer an. Und Genießer ebenso: Die Palette reicht von edler asiatischer oder französischer Küche über karibische Leckereien bis zum saftigen Burger.

Prallbuntes Leben

Einwanderer des karibischen Inselstaates, für die dieser Teil Miamis erster Anlaufpunkt in den USA war, gaben Little Haiti seinen heutigen Namen. Und sie prägten seinen Charakter: Fröhlich bunte Häuser, Geschäfte und temperamentvolle, lebensfrohe Bewohner verleihen dem Viertel westlich des Biscayne Boulevards jede Menge Lokalkolorit. Viele der kunstvoll bemalten Holzhäuser wurden inzwischen leider abgerissen, einige Gebäude mit Graffiti-Kunst sind aber erhalten geblieben wie beispielsweise das Little Haiti Cultural Center. Wer Glück hat, erlebt auf dem Caribbean Marketplace

SAMMELLEIDEN-SCHAFT

Die Rubell-Familiensammlung (RFC) wird seit 1964 – kurz nach der Hochzeit von Donald und Mera Rubell – ständig erweitert. Damals betrug das monatliche Kunstbudget des Ehepaares noch bescheidene 25 Dollar, doch mit steigendem Etat stieg auch die Qualität derart, dass die Sammlung zeitgenössischer Kunst heute als eine der besten weltweit gilt. Über 5000 Exponate haben die kunstversessenen Rubells in Jahrzehnten zusammengetragen, darunter Werke von Ai Weiwei, Kehinde Wiley, Marilyn Minter, Elizabeth Peyton und weiteren Künstlern des 20. und 21. Jahrhunderts. Darüber hinaus hat das Ehepaar mit viel Engagement dabei geholfen, die *Art Basel* in Miami Beach zum Erfolg zu führen; im Rahmen ihrer Contemporary Arts Foundation machen sie ausgewählte Arbeiten ihrer Sammlung ganzjährig öffentlich.

Rubell Family Collection.
95 Northwest 29th St., Miami, FL 33127, Tel. 305 573 6090, www.rfc.museum

eines der spontanen Open-Air-Konzerte oder eine temperamentvolle Tanzeinlage. Auch Geschäfte und Bars in Little Haiti zeugen von der Heimatkultur der Haitianer: bunte Stoffe, exotische Früchte und Cocktails, karibische Musikinstrumente und jede Menge Voodoo-Equipment. Allzu selig sollten Besucher jedoch nicht durch das Viertel schlendern: Die Armut hier ist hoch – in der Vergangenheit wurden sorglose Touristen immer wieder Opfer von Taschendieben. Seitdem die Stadtverwaltung die Polizeipräsenz in Little Haiti deutlich erhöht hat, ist es hier sicherer geworden.

Buntes Markttreiben

Im Caribbean Marketplace (5925 Northeast 2nd Ave.), einer überdachten Markthalle direkt neben dem Little Haiti Cultural Center, gibt es viele Läden und Stände mit einem bunten und gelegentlich skurrilen Angebot. Dazu Cafés und Imbisse mit exotischen Köstlichkeiten. Und karibisch gute Laune und brodelnde Lebensfreude gratis dazu. Sehenswert sind auch die bunten *murals* in Little Haiti. Dargestellt wurden zumeist typische Straßenszenen im fernen Port-au-Prince, aber auch religiöse Motive. Manche sind wahre Kunstwerke – von heute unbekannten und morgen vielleicht hoch gehandelten Malern. Mit ihren berühmteren »Verwandten« im benachbarten Wynwood District können die Wandgemälde durchaus mithalten.

Oben: Kunterbunt – Caribbean Marketplace in Lemon City
Mitte: Blick in die Fendi-Kunstgalerie im Design District
Unten: Fröhliches Toben ausdrücklich erwünscht – andächtige Museumsstille ist hier unangebracht.

Infos und Adressen

ESSEN UND TRINKEN

Joey's. Als Joey's 2008 zum ersten Mal seine Türen öffnete, gehörte es zu den Pionieren im sich verändernden Wynwood-Viertel. Seitdem bietet das Restaurant feine, aber unprätentiöse italienische Küche. 2506 Northwest 2nd Ave., Miami, FL 33127, Tel. 305 438 0488, www.joeyswynwood.com

The Butcher Shop Beer Garden & Grill.
Old-fashioned lautet die Maxime dieser Mischung aus Restaurant, Biergarten und Laden. Und das heißt hier: Lebensmittel und Zutaten in der Qualität guter alter Zeiten und Steaks, für deren »Auf-der-Zunge-Zergehen« sich auch der weiteste Weg lohnt. 165 Northwest 23rd St., Miami, FL 33127, Tel. 305 846 9120, www.thebutchershopmiami.com

Ein stärkendes Häppchen ... im Angesicht der Kunst

ÜBERNACHTEN

Miami Marriott Biscayne Bay. Ganz in der Nähe von *Miami Arts* und der angesagten Viertel Wynwood District und Design District bietet das einzige Downtown-Hotel am Wasser viele Annehmlichkeiten. 1633 North Bayshore Dr., Miami, FL 33132, Tel. 305 374 3900, www.marriott.com

Real Living Residences. Dieses Hotel mit seinen zehn Appartements liegt nur wenige Gehminuten von den wichtigsten Galerien entfernt und verfügt über Sauna, Fitnesscenter und einem Pool auf dem Dach. 2700 North Miami Ave., Miami, FL 33127, Tel. 77 707 0461, www.rlmiami.com

AUSGEHEN

Cafeina Wynwood Lounge. Gastronomische Mixtur aus Lounge, Tapas-Restaurant, Galerie und Event-Lokal. Die Terrasse ist stylish, die Bar hat das Flair eines »Speakeasy«, jener berüchtigten Bars der Prohibitionszeit. 297 Northwest 23rd St., Miami, FL 33127, Tel. 305 438 0792, www.cafeinamiami.com

Sogar die Farben von Kunstwerk und Besucherin harmonieren.

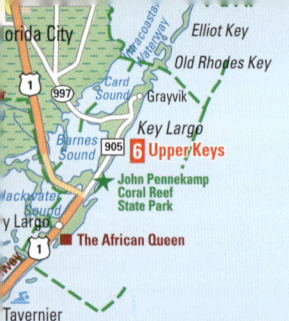

6 Upper Keys: Key Largo, Tavernier, Islamorada, Long Key
Koralleninseln mit Tücken und Rekorden

Mythos Florida Keys: jene langgestreckte Kette kleinerer und größerer Inseln, die durch Brücken verbunden sind. Das vorgelagerte Korallenriff im Atlantik ist ein Dorado für Schnorchler und Taucher. Versteckte Buchten entlang der Keys lassen sich am besten von Segel- oder Motorbooten aus entdecken. Erster Anlaufpunkt: die »Upper Keys«, das dem Festland am nächsten gelegene erste Drittel der Inselkette.

Key Largo ist die nördlichste Insel der Florida Keys und trug einst den Namen Rock Harbor. Aber dann kam ein Hollywoodstar samt seiner Herzensdame und hinterließ seine Spuren: In einer lokalen Bar, dem Caribbean Club, der berühmt ist für seinen Blick auf atemberaubende Sonnenuntergänge,

GUT ZU WISSEN

EIN STÜCK VOM GLÜCK

Eine Landschaft wie eine Fototapete. Und Vorstellungen von perfektem Idyll: Die Keys sind für viele Reisende so etwas wie Florida hoch zwei. Noch ein bisschen mehr Garten Eden als der Rest des Sonnenscheinstaates. Und dann das: eine Verkaufsbude neben der anderen. Kilometerlang auf dem Highway U.S. Route 1. Fröhlicher Kitsch im Bestfall, viel Grelles, kreischbunt Verzichtbares, Surfshops, Massagesalons, Tankstellen, Lebensmittelbuden. Endlos. Paradiesisch sieht sicher anders aus.

Mitte: Im Marriott Hotel auf Key Largo fahren Gäste nicht mit dem Wagen, sondern mit dem Boot vor.
Unten: Ein Schauspiel der Natur: der Sonnenuntergang im Chesapeake Resort auf Islamorada

wurde 1948 der Film *Key Largo* mit
Humphrey Bogart und Lauren Bacall
gedreht – und der Ort anschließend kur-
zerhand umbenannt. Und so überrascht es
auch nicht, dass hier heute die legendäre *African
Queen* aus dem gleichnamigen Filmklassiker im
Hafen liegt, die 1951 Bogart und Filmpartnerin
Katherine Hepburn über Stromschnellen trug.
Besucher können Rundfahrten auf dem liebevoll
restaurierten Schiff unternehmen. Startpunkt der
Touren ist die Key Largo Marina vor dem Holiday
Inn bei Mile Marker 100.

Unterwasserpark: Anziehungs-punkt für Taucher und Schnorchler

Hier starten auch Exkursionen zum vorgelagerten
John Pennekamp Coral Reef State Park, der Tau-
cher und Schnorchler aus aller Welt anzieht. Sechs
Meilen vor der Küste, im Florida Keys National
Marine Schutzgebiet, findet man das Wrack der
Spiegel Grove, eines Marineschiffes, das im Juni
2002 hier versenkt wurde, um ein neues Korallen-
riff zu bilden. Die Einheimischen bezeichnen ihre
Heimat zwar als die Tauchhauptstadt der Welt,
doch die Insel ist fast ebenso berühmt als Ziel für
Angelsportler.

Falsche Lichtzeichen

Der Ort Tavernier schließt sich gleich südlich an
Key Largo an. Früher eine Station von Piraten,
die nachts das Riff nach Beute von gestrandeten
Schiffen absuchten – oder durch falsche Licht-
zeichen den Schiffbruch erst herbeiführten –,
ist die Insel heute wegen ihres Vogelkrankenhau-
ses bekannt. Im Wild Bird Rehabilitation Center
(92080 Overseas Hwy., Sa, So geschl.) werden ver-

Nicht verpassen

CHRISTUS IN DER TIEFE
Der John Pennekamp
Coral Reef State Park
verspricht zusammen mit dem
angrenzenden Key Largo National
Marine Sanctuary einzigartige
Naturerlebnisse. Die bunte Unterwasserwelt zählt zu den besten
Tauchrevieren der Welt. Für Urlauber, die die Riffe ohne Tauch-
flasche erkunden möchten, werden Schnorchelausrüstungen,
Segeltouren oder Ausflüge mit
dem Glasbodenboot angeboten. In
nur knapp acht Metern Wassertiefe
können Tauchanfänger und Profis
die drei Meter hohe und 1800 Kilogramm schwere Bronzefigur *Christ
of the Deep* bewundern, ein Dupli-
kat der Statue *Il Cristo degli abissi*
des italienischen Bildhauers Guido
Galletti, die 1954 vor der liguri-
schen Küste in 15 Meter Wassertiefe installiert wurde.

Pennekamp Park. Tgl. 8 Uhr
bis Sonnenuntergang, 102601
Overseas Hwy. (Mile Marker
102.5), Key Largo, FL 33037,
Tel. 305 451 6300,
www.pennekamppark.com

letzte Pelikane, Reiher, Fischadler, Löffler oder Kormorane behandelt und gepflegt. Zur Fütterungszeit täglich um 15.30 Uhr kommen auch Hunderte Wildvögel und holen sich einige Bissen ab.

Weiter Richtung Süden liegt Islamorada, die »Sportanglerhauptstadt der Welt«. Tatsächlich kann man sich hier die besten Fische aus zwei verschiedenen Gewässern aussuchen: morgens einen Fisch aus dem Atlantik fangen und nachmittags im seichten Gewässer der Florida Bay Bone Fish, Tarpon, Snook und Rotbarsch angeln. Islamorada, deren Name von den spanischen Entdeckern stammt und »violette Insel« bedeutet, ist aber auch Partyhochburg für Bewohner des Festlandes. Es gibt ein breites Angebot an Restaurants, Hotels und Bars. Islamorada besteht aus sechs Inseln, zu denen Plantation Key, Windley Key, Upper Matecumbe Key, Lower Matecumbe Key und die vorgelagerten Inseln Lignumvitae Key und Indian Key gehören.

Taucher und Schnorchler sind vom Museum der Tauchgeschichte (History of Diving Museum) fasziniert. Musikliebhaber genießen tropische Abende auf dem Rasen des TIB-Amphitheaters im Founder's Park (Mile Marker 87). Theaterfreunde schätzen die erstklassigen Produktionen des Coral Shores Performing Arts Centers (89901 Old Hwy., Tavernier). Das Theater of the Sea Aquarium bietet Möglichkeiten zum Schwimmen mit Delfinen. Den üppig-tropischen Long Key State Park (Mile Marker 67.5) durchwandern Besucher auf gut ausgebauten Wegen. Im Windley Key Fossil Reef Geological State Park (Mile Marker 84.9) kann man einen alten Steinbruch besichtigen, der von Henry Flaglers Eisenbahnarbeitern gegraben wurde. Der Indian Key State Historic Park (Mile Marker 85.5) und der Lignumvitae Key Botanical State Park bieten Einblicke in Floridas einzigartige Inselgeschichte und in die vielfältige Flora und Fauna.

Oben: Zu den vielen Attraktionen des Meeresparks Theater of the Sea auf Islamorado gehört auch die Wasserschildkröte.
Mitte: Mangroven auf Key Largo
Unten: Auf dem Weg ins Tauchmuseum von Islamorada

Infos und Adressen

SEHENSWÜRDIGKEITEN

Dolphins Plus. Begegnung mit Delfinen in naturnaher Umgebung. Bayside (MM 101.9, Tel. 877 365 2683) und Oceanside (MM 99.5, Tel. 866 860 7946), Key Largo, FL 33037, www.dolphinsplus.com

History of Diving Museum. 4000 Jahre Tauchgeschichte und die weltweit größte Sammlung von Taucherhelmen. 82990 Overseas Hwy. (Mile Marker 83), Islamorada, FL 33036, Tel. 305 664 9737, www.divingmuseum.org

Lignumvitae Key State Botanical Site. Mit rund 5,5 m die höchste Erhebung der Keys. Zu erreichen mit dem Tourboot von Robbie's Marina (Mile Marker 78.5), Islamorada, FL 33036, Tel. 305 664 9814, www.floridastateparks.org/lignumvitaekey

Theater of the Sea. Der Meerespark bietet Delfin- und Seelöwen-Shows; Fahrten mit dem Glasbodenboot. Ganzjährig tgl., 84721 Overseas Hwy. (Mile Marker 84.5), Islamorada, FL 33036, Tel. 305 664 2431, www.theaterofthesea.com

Poolspaß unter Palmen auf Islamorada

Dieses heimelige Restaurant ist von den Farben der Karibik inspiriert.

ESSEN UND TRINKEN

Pierre's. Das elegante Restaurant kredenzt französische Küche mit floridianischem Touch. 81600 Overseas Hwy. (Mile Marker 81.5), Islamorada, FL 33036, Tel. 305 664 3225, www.moradabay.com

The Fish House Restaurant. Verspricht das Beste in Sachen Fisch & Co. 102401 Overseas Hwy., Key Largo, FL 33037, Tel. 305 451 4665, www.fishhouse.com

ÜBERNACHTEN

Guy Harvey Outpost Resort. Hübsches Hotel in karibischem Stil mit Privatstrand. 82100 Overseas Hwy. (Mile Marker 82.1, Oceanside), Islamorada, FL 33036, Tel. 305 664 2031, www.guyharveyoutpostislamorada.com

Kona Kai Resort. Gemütliche Cottages in ruhiger Abgeschiedenheit. 97802 Overseas Hwy., Key Largo, FL 33037, Tel. 305 852 7200, www.konakairesort.com

7 Middle Keys: Duck Key, Grassy Key, Marathon, Seven Mile Bridge
Mitten in der Mitte

Je weiter man auf dem Highway 1 nach Süden vordringt, desto kleiner werden die Inseln der Keys. Auf Craig Key, Fiesta Key und Long Key folgt Duck Key, auf dem es früher Salinen gab. Mit der nächsten Insel, Grassy Key, beginnt das Stadtgebiet von Marathon. Diese 10 600 Einwohner zählende Gemeinde erstreckt sich über insgesamt 13 Inseln. Hier beginnt die Seven Mile Bridge, ein Highlight der gesamten Strecke.

Die Geschichte von Duck Key beginnt mit einem Betrug: Unter spanischer Hoheit gelangte die unbewohnte Insel 1814 in den Besitz von Don Francisco Ferreira. Nachdem Florida 1821 an die Vereinigten Staaten abgetreten wurde, verkaufte Ferreira Duck Key gleich zweimal: 1823 an Solomon Snyder und 1824 mit einigen anderen Inseln an Isaac Cox. Der Ärger war unvermeidbar und dauerte bis ins Jahr 1899.

Sturm des Jahrhunderts

Anfang des 20. Jahrhunderts gab es auf Duck Key dann Meerwassersalinen zur Salzgewinnung. Doch die Besiedelung endete fürs erste mit dem »Labor Day«-Hurrikan von 1935, dem »Sturm des Jahrhunderts«, der alles hinwegfegte, auch die Bahntrasse nach Key West. In den 50er-Jahren kaufte der Rohstoff-Unternehmer Bryan Newkirk (1888–1966) die Insel und gestaltete sie für einige Millionen Dollar um: Mehrere Kilometer an Kanälen wurden gegra-

Wo immer Delfine auftauchen, lösen sie Freude und Entzücken aus.

ben und eine Marina gebaut. Im Norden entstand eine luxuriöse Ferienanlage, das heutige Hawk's Cay Resort.

Nach Duck Key ist die nächste größere Insel an der Perlenkette das zur Stadt Marathon gehörende Grassy Key. Hier liegt das berühmte Dolphin Research Center. Diese gemeinnützige Einrichtung hat das Ziel, die Meeressäuger zu erforschen. Die Mitarbeiter helfen darüber hinaus Delfinen und Walen, die in den Gewässern der Florida Keys in Not geraten sind, um sie später wieder auszuwildern. Der erste Eindruck des Dolphin Research Centers ist wie der vieler Delfinparks: Die Tiere führen Kunststücke vor, es gibt die Möglichkeit, mit Delfinen zu spielen oder mit ihnen zu schwimmen. Auf den zweiten Blick offenbart sich aber der wissenschaftliche Ansatz dieser Einrichtung: Alles geschieht hier spielerisch, ohne Zwang und mit Respekt für das Gegenüber.

Gewaltige Aufgabe

Weiter im Süden gilt Marathon, zusammen mit seinem Wahrzeichen, der Seven Mile Bridge, der längsten Segmentbrücke der Welt, als das Herz der Florida Keys und liegt etwa auf halbem Wege zwischen Key Largo im Norden und Key West. Um 1800 war Marathon die Heimat von Fischern aus New England, später, gegen Ende des 19. Jahrhunderts, siedelten hier vor allem Bauern von den Bahamas, und Anfang des 20. Jahrhunderts kamen Henry Flaglers Eisenbahnarbeiter. In Marathon wird die gewaltige Aufgabe deutlich, denen sich Ingenieure und Arbeiter gegenübersahen, als sie 1912 damit begannen, eine fast elf Kilometer lange Brücke über offenes Wasser zu bauen. Flagler schreckte das nicht: Seine Vision war es, die Florida Keys bis hin nach Key West durch eine Bahnlinie mit dem Festland zu verbinden.

Geheimtipp

DOPPELDECKERTOUREN

Die Keys aus der Vogelperspektive erkunden: Vom Marathon Airport starten Captain Brad Neat und Captain Evan Doumis zehnminütige bis einstündige Rundflüge über die faszinierende Welt aus Wasser und Inseln. Und bringen nicht nur Naturfreunde, sondern auch Fans historischer Fluggeräte ins Schwärmen. Denn geflogen wird mit einer Waco UPF-7 aus dem Jahr 1940, einem gelb-roten Doppeldecker mit offenem Cockpit für ein bis zwei Passagiere. Diese sitzen vorn, können ungehindert schauen und fotografieren, während der Pilot hinter ihnen das Flugzeug steuert und über Kopfhörer informiert. Billig ist das Vergnügen nicht (von 118 Dollar für zehn Minuten bis zu 660 Dollar für eine Stunde) – aber unvergesslich.

Overseas Aero Tours. Overseas Hwy. (abbiegen bei Mile Marker 52.3/Gulf Side Richtung Airport), Marathon, Tel. 305 304 0015, www.overseasaerotours.com

Nach der teilweisen Zerstörung durch den Hurrikan von 1935 wurde die Bahnlinie an die US-Regierung verkauft, die die Trasse, darunter auch die Seven Mile Bridge, als Straße für den Autoverkehr umbaute. Schienen wurden demontiert, weiß angestrichen und als Brückengeländer benutzt. Die heutige Seven Mile Bridge wurde 1982 in Betrieb genommen und verläuft südlich der alten Brücke, deren größter Teil noch erhalten ist und als Pier zum Angeln und Zufahrt zum Tropical Crane Point Hammock genutzt wird. Das Inselchen gilt als eine der bedeutendsten historischen und archäologischen Fundstätten in den Keys und ist zudem ein herrlicher tropischer Garten mit Naturpfaden.

Vor der Fahrt über die Seven Mile Bridge Richtung Lower Keys sollte man einen Besuch auf Pigeon Key einplanen; das Eiland ist vom Visitor Center am Ortsende Marathons aus erreichbar. Im kleinen Museum wird die Entstehungsgeschichte des imposanten Bauwerks dokumentiert. Wer genügend Puste hat, kann die Brücke auch im Laufschritt erkunden: Jeden April schließt die Brücke für einen Nachmittag für den *Seven Mile Bridge Run*, der seit 1982 exakt 1500 Jogger an den Start lässt.

Oben: Blick aus der Vogelperspektive auf die Seven Mile Bridge
Unten: Nichts als Wasser ringsum: Der Highway 1 führt bis Key West.

Infos und Adressen

SEHENSWÜRDIGKEITEN

Dolphin Research Center. Forschungsstation für in Not geratene Meeressäuger. Gelegenheit zum Schwimmen mit Delfinen. Tgl. 9–16.30 Uhr, 58901 Overseas Hwy. (Mile Marker 59), Grassy Key, FL 33050, Tel. 305 289 0002, www.dolphins.org

Florida Keys Aquarium Encounters. Besucher können mit bunten Riff-Fischen, wirbellosen Tieren, Rochen und sogar Haien auf Tuchfühlung gehen. Tgl. 9–17 Uhr, 11710 Overseas Hwy., Marathon, FL 33050, Tel. 305 407 3262, www.floridakeysaquariumencounters.com

Turtle Hospital. Hier werden verwundete Seeschildkröten gesund gepflegt und wieder in die Natur entlassen. Geführte Touren tgl. 10–16 Uhr, 2396 Overseas Hwy. (Mile Marker 48,5), Marathon, FL 33050, Tel. 305 743 2552, www.turtlehospital.org

ESSEN UND TRINKEN

Barracuda Grill. Frischer Fisch und Meeresfrüchte, einfallsreich zubereitet und kunstvoll präsentiert. 4290 Overseas Hwy., Marathon, FL 33050, Tel. 305 743 3314

Lazy Days South. Fangfrischer Fisch, vegetarische Pasta, Sandwiches, Steaks und mehr. 725 11th St. Ocean (Mile Marker 47.3), Marathon, FL 33050, Tel. 305 289 0839, www.lazydayssouth.com

Gegrillter Fisch mit Barbecue-Gemüse

Dolce far niente am malerischen Palmenstrand von Islamorada

ÜBERNACHTEN

Hawks Cay Resort & Villas. Luxusresort auf Duck Key. Gemälde und Fotografien lokaler Künstler zieren die Wände. 61 Hawks Cay Blvd., Duck Key, FL 33050, Tel. 305 743 7000, www.hawkscay.com

Tranquility Bay Resort. Träumen auf dem Balkon mit Blick aufs Meer in einem stilvollen Resort. Oder eine Runde Golf? 2600 Overseas Hwy., Marathon, FL 33050, Tel. 305 289 0888, www.tranquilitybay.com

8 Lower Keys: Big Pine, Looe Key, Sugarloaf Key, Boca Chica Key
Dem Abendrot entgegen

Weiße Boote spiegeln sich im Wasser, eine Möwe lässt sich träge auf den Wellen schaukeln. Die Lower Keys beginnen kurz hinter der berühmten Seven Mile Bridge, dort, wo die längste Brücke des Overseas Highways nach gut zehn Kilometern hoch über dem Meer wieder Inselboden unter die Füße bekommt. Inseln, geprägt von einer abwechslungsreichen Historie und mit einer noch immer ursprünglichen Natur.

Hinter der langgezogenen Seven Mile Bridge, die die Middle und Lower Keys verbindet, werden die Abstände zwischen den Inseln immer größer. Tiny Little Duck Key, das bei Mile Marker 40 am oberen Ende der Lower Keys liegt, ist berühmt für den Veterans Memorial Park. Seine Sandstrände und Picknickplätze machen es zu einem perfekten Zwischenstopp auf dem Weg nach Key West.

Fährt man zehn Meilen weiter nach Westen, Richtung Abendrot, gelangt man zum Naturschutzgebiet Ohio Key National Wildlife Refuge, das Besucher mit seiner Ursprünglichkeit verzaubert. Seit 1961 steht der noch weiter westlich gelegene Bahia Honda Key nahezu komplett als State Park unter Schutz. Sein vier Kilometer langer, weißer Sandstrand gilt als einer der schönsten Floridas. Auf dem nach einigen Meilen folgenden Scout Key, das früher West Summerland Key hieß, trainieren Boy Scouts wie Girl Scouts in zwei riesigen Pfadfinderlagern Jahr für Jahr für ihre guten Taten – allzeit bereit! Vor dem anschließenden

Mitte: Die seltenen *key deers* (Weißwedelhirsche) sind nur auf den Florida Keys beheimatet.
Unten: Der grüne Iguana auf Big Pine Key gehört zur Familie der Leguane.

Lower Keys

Big Pine Key könnte man von der U.S. 1 über eine kleine Brücke den No Name Key anfahren, auf dem 45 hübsche Häuser ohne Stromversorgung stehen. Hier lässt Solarenergie Kühlschränke und Fernseher laufen. Auf No Name Key sind die *key deers* zu Hause, eine nur auf den Florida Keys vorkommende und sehr selten gewordene Hirschgattung.

Durstige Reptilien

Auch Big Pine Key ist Heimat dieser gefährdeten Vierbeiner – und das Zuhause von 5000 Menschen, die nicht selten die wenig scheuen Zwergrehe beim Äsen in ihren Gärten antreffen. Leider gelegentlich auch auf der Straße. Deshalb sollten Autofahrer die strengen Tempolimits zugunsten der Rehe beachten. Wissenswertes über die Tiere erfahren Interessierte im National Key Deer Refuge (Visitor Center, 28950 Watson Blvd.), von dort starten auch geführte Wanderungen. Durstige Alligatoren und Leguane kann man am Frischwassertümpel Blue Hole (Key Deer Blvd., Mile Marker 30.5) in einer stillgelegten Tagebaumine beim überlebenswichtigen Trinken beobachten.

13 Kilometer vor der Küste Big Pine Keys liegt das Looe Key National Marine Sanctuary. Der Name erinnert an die *H. M. S. Looe*, einen britischen Dreimaster, der hier 1744 während eines Sturmes unterging. Heute ist dieser Unterwasser-Naturpark unter Tauchern ausgesprochen beliebt. Etwas weiter westlich wurde 1998 die *Adolphus Busch Senior*, ein ehemals 70 Meter langer Inselfrachter, versenkt. Heute tummeln sich rund um das künstliche Riff farbenprächtige Tropenfische und andere Meeresbewohner.

Auf Big Pine folgen die Torch Keys (Little, Middle und Big Torch Key) und wenig später Summerland

Geheimtipp

SELTENE KEY-BEWOHNER

Mit seinem kilometerlangen Sandstrand lädt der Bahia Honda State Park zum Baden und Schnorcheln ein. Das Wasser schimmert hellblau, türkis oder auch mal bräunlich von den Seegraswiesen, dem Unterwasser-Schlaraffenland für Manatis. Vom Calusa Beach aus kann man die alte Bahia-Honda-Brücke mit ihrem Stahlgerüst bewundern, ein Überbleibsel der Flagler-Eisenbahn. Am Südende der Insel findet man den Loggerhead Strand: Im Schutz einer Sandbank geht es hier ganz flach ins Wasser. Im Park gibt es drei Naturpfade, auf denen seltene Exemplare der heimischen Flora und Fauna entdeckt werden können, wie der schon ausgestorben geglaubte Schmetterling Miami-Bläuling oder die seltene Karettschildkröte.

Bahia Honda State Park.
Tgl. von 8 Uhr bis Sonnenuntergang, 36850 Overseas Hwy.,
Big Pine Key, FL 33043,
Tel. 305 872 2353,
www.floridastateparks.org/
bahiahonda

Key. Nur wenige Meilen weiter erreicht man Sugar-loaf Key mit seinem Great White Heron National Wildlife Refuge (Visitor Center, 28950 Watson Blvd.). Das Reservat wurde 1938 gegründet, um die vom Aussterben bedrohten Watvögel zu schützen. Sie wurden wegen ihrer Federn, die die Hüte der Damenwelt zierten, jahrzehntelang rücksichtslos bejagt. Heute kann man die schneeweißen Vögel wieder zahlreich in der Morgen- und Abenddämmerung bei der Futtersuche bewundern. Eine etwas seltsame Sehenswürdigkeit ist der denkmalgeschützte Perky Bat Tower. Erbaut 1929 von Richter Clyde Perky, sollte der Holzturm dabei helfen, die grassierende Mückenplage und die damit verbundene Malariagefahr einzudämmen. Perky nistete einen Schwarm Fledermäuse in dem Turm ein und hoffte, sie und ihre Nachfahren würden die Moskito-Population deutlich dezimieren. Leider scheiterte der Plan kläglich. Im Gegenteil – noch heute wird gemunkelt, die Moskitos hätten die Fledermäuse gefressen.

Der Overseas Highway, der südlichste Abschnitt des U.S. Highways 1, nähert sich langsam seinem Ende. In der Stadt Key West auf der gleichnamigen Insel markiert der Mile Marker 0 den südlichsten Punkt der Landmasse der USA.

Oben: Ein Silberreiher, leicht erkennbar an seinem schneeweißen Gefieder
Unten: Den Kampf gegen die Moskitos verlor auch der Perky Bat Tower auf Sugarloaf Key.

Infos und Adressen

ESSEN UND TRINKEN

Geiger Key Marina Smokehouse. Hier trifft man morgens auf frühstückende Fischer, bevor sie zum großen Fang ausfahren. Und wenn am Samstag Touristen und Einheimische zur »Steak-on-the-grill-night« herbeiströmen, gibt's Gerangel um Tisch und Bänke – und Lokalkolorit pur. 5 Geiger Rd. (Mile Marker 10), Boca Chica Key, FL 33040, Tel. 305 296 3553, www.geigerkeymarina.com

No Name Pub. Das Essen – Schwerpunkt Pizza – ist rustikal, aber nicht spektakulär. Das sind aber die Räume des namenlosen Lokals: Wände und Tresen sind mit rund 70 000 signierten Ein-Dollar-Noten bepflastert. Herzliche Atmosphäre. 30813 Watson Blvd. (Mile Marker 30), Big Pine Key, FL 33043, Tel. 305 872 9115, www.nonamepub.com

Vornehm geht's hier zwar nicht zu, dafür bieten viele Kneipen jede Menge Lokalkolorit.

ÜBERNACHTEN

Deer Run Bed & Breakfast. Ein entspannter Ort, im allerbesten Sinne »grün« und mit köstlichem vegetarischen Frühstück. 1997 Long Beach Rd., Big Pine Key, FL 33043, Tel. 305 872 2015, www.deerrunfloridabb.com

Little Palm Island Resort & Spa. Zahlreiche Prominente genießen die Ruhe, Naturnähe und Exklusivität dieses noblen Resorts. 28500 Overseas Hwy., Little Torch Key, FL 33042, Tel. 305 872 2524, www.littlepalmisland.com

EINKAUFEN

Mona Keys Jewelry. In ihren Schmuckstücken spiegeln sich die Farben der Sonne und des Meeres: Seit mehr als 30 Jahren kreiert Susan Moshier individuelle Preziosen aus Glas und Edelmetall sowie fantasievolle Meerestiere aus dem empfindlichen Material. (Mile Marker 25), Summerland Key, FL 33043, Tel. 810 923 9618, www.monakeys.com

Mit Dollarnoten bepflastert, der No Name Pub

9 Key West
Künstler, Wracks und wilde Hühner

Am Ende des Overseas Highways, dort, wo das Land endet und auf die endlose See trifft, fasziniert Key West mit seiner lockeren, freigeistigen Atmosphäre. Die südlichste Stadt der kontinentalen USA, die näher an Kuba liegt als an Miami, ist geprägt von palmengesäumten Straßen, jahrhundertealten Herrenhäusern, lebendigen Bars und relaxten Bewohnern, die sich selbst als »Conchs« (Schneckenmuscheln) bezeichnen.

Key West – das ist ein Lebensgefühl wie sonst nirgendwo in Florida. Die schmucken bunten Häuser mit ihren Veranden, Säulen und Holzschnitzereien, das Treiben in den Gassen und die ausgelassene Volksfestatmosphäre, die beim Sonnenuntergang am Mallory Square aufkommt, tragen zur entspannten Stimmung bei. Hier werden selbst die größten Hektiker in kurzer Zeit zu Müßiggängern.

Duval Street

Key West lebt von seinem Mythos: den genialen Schriftstellern, den schönen Frauen, dem Leben zwischen Hochseefischen, Hahnenkampf und Schreibtisch. Und dann das: Rummel, Fast Food, überteuerte Souvenirshops, schmuddelige Bars. Auf der Duval Street ist der Sehnsuchtsort zur Touristenfalle verkommen. Auch das legendäre Sloppy Joe's hat nichts mehr mit den Zeiten zu tun, als Ernest Hemingway dort nach ausgedehnten Angeltouren seinen Kummer ertränkte. Doch nur ein paar Straßenzüge weiter findet sich wieder pittoreskes Lokalkolorit.

Mitte: Blick über die nächtliche Duval Street mit der St. Paul's Episcopal Church in Key West
Unten: Erlaubt ist, was gefällt – schließlich sind wir ja nicht in Kansas.

Keimzelle für Kreative

Geheimtipp

Es heißt oft, dass diese drei mal sechs Kilometer messende Insel mehr talentierte Schriftsteller pro Kopf hervorgebracht hat als irgendeine andere amerikanische Stadt. Ernest Hemingway, Tennessee Williams, Elizabeth Bishop oder Robert Frost sind nur einige der Poeten, die Inspiration in der Inselstadt gefunden haben. Mehr als 100 Autoren leben heute ständig oder zeitweilig in Key West. Die Insel ist auch bekannt für ihre lebendige Szene bildender Künstler. Zahlreiche Galerien zeigen Exponate unterschiedlicher Stilrichtungen. Warum diese kreative Explosion? Aufgrund der Lage, des Klimas und der bewegten Geschichte war Key West schon immer ein Magnet für vielerlei Kulturen und Menschen. Das führte zu einem einzigartigen Gemisch von Architektur, Fantasie, Nonkonformismus und Inspiration. Und natürlich Lebensfreude. Nachts leuchten die Sterne über einer bunten Mischung aus Jazz-Clubs, Pianobars, Travestie-Shows und Saloons. Aufführungen in den lokalen Theatern überraschen mit Broadway-Qualität, und mit dem Key-West-Symphonieorchester treten internationale Solisten auf.

Reichste Stadt der USA

Dabei war der Start hier alles andere als künstlerisch inspiriert. Im 17. Jahrhundert legten Piraten einen Unterschlupf auf Key West an. Später kamen die sogenannten Wrecker, die sich auf das Bergen von Frachtschiffen spezialisierten, die vor der Küste auf Grund gelaufen waren. Immerhin: Dank dieses »Wirtschaftszweiges« avancierte Key West im 19. Jahrhundert zur reichsten Stadt der Vereinigten Staaten.

Heute ist die Insel Ziel für Künstler, New-Age-Anhänger und Homosexuelle. Und natürlich für Touristen, die neben dem tropischen Klima auch

GRÜNE OASE

Wer ursprüngliche Natur sucht, der findet sie an ungewohnter Stelle: Versteckt am Ende der Free School Lane in der historischen Altstadt von Key West liegt der Secret Garden, ein üppiger Mini-Regenwald. Die Künstlerin und Umweltaktivistin Nancy Forrester ließ 40 Jahre lang einen Dschungel auf ihrem Grundstück wuchern, in dem viele seltene und bedrohte Pflanzen wachsen. 150 verschiedene Palmenarten, Hunderte anderer exotischer Bäume, Früchte und Gewürzpflanzen, auch Orchideen und Bromelien, darüber hinaus mehr als 300 Arten von Regenwaldfarnen sind hier zu Hause. Bevölkert wird diese wildwüchsige, urige Flora zudem von einer großen Familie bunt schillernder Papageien.

Secret Garden. Ganzjährig tgl. 10–15 Uhr, 518 Elizabeth St., Key West, FL 33040, Tel. 305 294 0015, www.nancyforrester.com

In der Schooner Wharf Bar an der William Street gibt es jeden Abend Livemusik.

die besondere Atmosphäre schätzen. Mehr als vier Millionen Besucher kommen jährlich nach Key West. Gut für den Ort, aber manchmal droht der Rummel auch zu viel zu werden. Doch kleine verschwiegene Ecken, versteckte Gärten oder urige Bars, wo die Zeit seit den 30er-Jahren stehengeblieben zu sein scheint, als Ernest Hemingway hier Weltliteratur produzierte, gibt es noch immer in Key West. Und auch Straßen, auf denen Hühner und Katzen wild herumstreunen und hin und wieder von knatternden Mopeds in die leuchtenden Bougainvilleen gescheucht werden. Auch lauschige Hinterhöfe mit wild wuchernden Kokospalmen, Ylang-Ylang und Jacaranda sind zu finden.

Besucher begegnen Hemingways Key West, sobald sie den Mallory Square und die lärmende Partyzone der Duval Street verlassen haben. Dann findet man jene Oasen, denen Key West sein Image verdankt. Zum Beispiel Nancy Forresters Secret Garden, einen 4000 Quadratmeter großen Regenwald mit farbenprächtigen Papageien an der Elizabeth Street und Resultat eines unermüdlichen Protestes gegen die Betonierung der Insel.

Oben: Straßenszene in einem ruhigen Teil von Key West
Unten: Hobbykünstler suchen Inspiration im Museum of Art and History.

Rundgang Key West

Ⓐ Key West Cemetery – Der Friedhof von Key West mit humorigen Grabsteininschriften. 701 Passover Lane, Tel. 305 292 8177

Ⓑ Duval Street – Touristisches Zentrum von Key West mit zahlreichen Restaurants, Kneipen und Museen.

Ⓒ Ernest Hemingway Home & Museum – Früherer Wohnsitz des weltberühmten Schriftstellers. 907 Whitehead St., Tel. 305 294 1136, www.hemingwayhome.com

Ⓓ Lighthouse Museum – Historischer Leuchtturm. 938 Whitehead St., Tel. 305 294 0012, www.kwahs.org/visit/lighthouse-keepers-quarters

Ⓔ Key West Butterfly & Nature Conservatory – Mehr als 70 Schmetterlingsarten in einem üppigen Tropenparadies. 1316 Duval St, Tel. 305 296 2988, www.keywestbutterfly.com

Ⓕ Southernmost Point – Südlichster Punkt der kontinentalen USA am Ende der Whitehead Street

Ⓖ Fort Zachary Taylor State Historic Park – Ehemaliger Militärstützpunkt. 300 Truman Annex, Tel. 305 295 0037, www.fortzacharytaylor.com

Ⓗ Little White House – Früher Präsident Harry S. Trumans Winterresidenz. 111 Front St., Tel. 305 294 9911, www.trumanlittlewhitehouse.com

Ⓘ Mel Fishers Maritime Heritage Society Museum – Schätze aus gesunkenen Schiffen. 200 Greene St., Tel. 305 294 2633, www.melfisher.org

Ⓙ Key West Shipwreck Treasures Museum – Informiert über die Zeit, als die Einwohner gesunkene Schiffe plünderten. 1 Whitehead St., Tel. 305 292 8990, www.keywestshipwreck.com

Ⓚ Mallory Square – Hier wird abends gefeiert.

Geheimtipp

RUM UND COCA-COLA

Rum aus Key West? Na klar! Besitzer Paul Menta führt Interessierte persönlich durch seine Destillerie, natürlich kann man am Ende der Tour die hochprozentigen Tropfen auch verkosten. Skurrile Geschichten über die ru(h)mreiche Vergangenheit der Florida Keys gehören dabei ebenfalls zum Programm. Die Key West First Legal Rum Distillery, so der offizielle Name, ist in einer ehemaligen Coca-Cola-Fabrik untergebracht, in der sich zuvor ein Saloon aus der Zeit vor der Prohibition befand. Bereits 1900 war dieser als Jack's Saloon bekannt. Zu den Spezialitäten der Destillerie gehören der Vanilla Rum & Coke Drink ebenso wie lokale Delikatessen, die im angrenzenden Laden verkauft werden.

Key West First Legal Rum Distillery. Mo–Fr 11 Uhr bis Sonnenuntergang, Sa, So ab 12 Uhr, 105 Simonton St., Key West, FL 33040, Tel. 305 294 1441, www.keywestlegalrum.com

Das Ende des Tages zelebriert man am besten mit einem Sundowner.

Essen und trinken wie einst Hemingway, das können Urlauber im Bahama Village, dem historischen Viertel. Hier gibt es frischen Kokoskuchen in The Art of Baking by Henrietta, einer kleinen Bäckerei an der Petronia Street. Und Orangen-Key-Lime-Marmelade zum Mit-nach-Hause-nehmen. Oder Shrimps und *Key Lime Pie,* die berühmte Limettentorte, im Restaurant Blue Heaven, wo Hemingway einst Hahnenkämpfen zusah und Katzen und Hühner bis heute zum charmant-verlotterten Inventar gehören.

Bedingungslose Kapitulation

Dass die Alteingesessenen ein ganz besonderer Geist vereint, haben sie am 23. April 1982 bewiesen. Damals erklärten die Bewohner der Florida Keys für kurze Zeit symbolisch ihre Unabhängigkeit von den USA und riefen die Conch Republic aus. Protestieren wollten sie damit gegen Straßenverkehrskontrollen der US-Behörden. Innerhalb von 60 Sekunden kapitulierten die Inselbewohner dann aber schon wieder bedingungslos – und forderten eine Milliarde US-Dollar finanzielle Wiederaufbauhilfe. Die offizielle Abspaltung war gescheitert, das Geld aus Washington lässt erwartungsgemäß bis heute auf sich warten, doch die Kontrollstelle verschwand. Heute feiern Einheimische und Besucher jeden Jahrestag des Aufstands mit einem ausgelassenen, bunten Programm. Zehn Tage lang ist hier dann alles erlaubt, was schrill und originell ist, inklusive der berühmt-berüchtigten Dragqueens von Key West, die auf ihren High Heels einen Spaß-Parcours meistern.

Neben dem Bummel durch verschwiegenere und weniger herausgeputzte Teile des Ortes gibt es natürlich auch komfortablere Möglichkeiten, das Flair und den Charme von Key West zu erleben und zu genießen. Bimmelbähnchen wie *Old Town*

Key West

Trolley Fleet oder der *Conch Tour Train* etwa nehmen Besucher mit auf eine informative und zugleich vergnügliche Zeitreise zu den Highlights der Stadt. Die im Stil der Jahrhundertwende ausgestatteten Wagen passieren Sehenswürdigkeiten, gespickt mit interessanten und skurrilen Anekdoten aus der Geschichte des Ortes. Und die hat es in sich: 1819 fiel Key West mit dem Florida-Territorium an die USA. 1845 begann die Armee mit dem Bau von Fort Zachary Taylor, das im Sezessionskrieg ein wichtiger Stützpunkt der Marine der Nordstaaten war und bis 1947 als Küstenbefestigung diente. 1912 wurde Key West als letzte und südlichste Insel an das Eisenbahnnetz der Florida East Coast Railway angeschlossen. Schon zuvor war das Pro-Kopf-Einkommen durch die Ausbeutung von Schiffswracks, den Handel mit Schwämmen sowie die Zigarrenproduktion das höchste ganz Floridas. Durch die Eisenbahnanbindung ans Festland wurde Key West zudem ein wichtiger Hafen für das nur 145 Kilometer entfernt liegende Kuba.

Der Börsenkrach und der Abzug der Zigarrenproduktion nach Tampa führten Key West 1930 in eine tiefe Krise. Diese wurde dadurch verstärkt, dass 1935 etliche der Eisenbahnbrücken durch einen Hurrikan zerstört wurden und der Wiederanschluss an den »Rest« des Landes erst 1938 als Verlängerung des U.S. Highways No. 1 abgeschlossen werden konnte. Während der Kubakrise 1962 floss wieder verstärkt Geld nach Key West – die verfallenen Gebäude konnten restauriert werden. Dies machte die Insel für den Tourismus attraktiv, nun eine beständig sprudelnde Haupteinnahmequelle.

Hemingways Miezen

Natürlich muss jeder Besucher heute ein Foto vom Southernmost Point mit nach Hause nehmen: jener taillendicken Boje, die den südlichsten Punkt

Oben: Key West kann auch ganz bequem mit der Bimmelbahn, dem *Conch Train*, erkundet werden.
Mitte: Jeder Mensch ist ein Künstler – und auf der Duval Street findet er auch sein Publikum.
Unten: Die bunte und lärmende Flaniermeile hat Fans und Kritiker.

der Insel und damit des nordamerikanischen Kontinents markiert. Nicht versäumen darf man auch das berühmte Hemingway Home and Museum, jenes Haus, in dem Ernest von 1931 bis 1938 und nochmals im Jahr 1955 lebte – und im ersten Swimmingpool der Insel planschte. Hemingway war ein großer Katzenliebhaber und die Nachkommen seiner Miezen – zurzeit sind es über 50 Tiere – leben noch heute auf dem Gelände.

Auch das Mel Fisher Maritime Heritage Society Museum ist einen Besuch wert. Key Wests legendärer Schatzsucher Mel Fisher, der 1998 verstarb, barg den Schatz der *Nuestra Señora de Atocha,* einer spanischen Galeone, die 1622 in einem Hurrikan 70 Kilometer vor Key West gesunken war. Das gefundene Gold und Silber hatte einen Wert von über 400 Millionen Dollar. Fisher, der 16 Jahre seines Lebens damit verbracht hatte, das Wrack zu suchen, gründete nach der Bergung 1985 das Museum. Darin können Besucher Teile der Reichtümer sehen, berühren und sogar kaufen. Die Dauerausstellung umfasst Kanonen, kleinere Waffen, Silber- und Goldbarren sowie Münzen, Smaragde und andere Kostbarkeiten aus den Wracks der *Nuestra Señora de Atocha,* ihres Schwesterschiffs *Santa Margarita* sowie des englischen Sklaven- und Handelsschiffes *Henrietta Marie.*

Oben: Guter Überblick – Pelikane auf einem Hafengebäude
Unten: Hier sind die USA zu Ende, und nach Kuba ist es nicht weit.

Von Piraten, Zigarren und bunten Fischen

Mehr über die Geschichte von Key West, von Piraterie über Schiffsplünderei bis zur Zigarrenfabrikation, lernt man im East Martello Tower Museum. Das Audubon House, das dem Vogelkundler und Maler John James Audubon gehörte, zählt zu den schönsten Villen auf Key West. Auf einer Tour durch das restaurierte Gebäude und den tropischen Garten erfahren Besucher, wie wohlhabende Bürger von Key West im 19. Jahrhundert lebten. Vom Key West Shipwreck Historeum hat man außerdem einen grandiosen Ausblick auf die Altstadt und den Hafen. Gleich nebenan liegt das historische Key West Aquarium, gegründet im Jahr 1934. Es war das erste Freiluft-Aquarium in den Vereinigten Staaten. Heute ist das Herz ein rund 190 000 Liter Wasser fassendes Becken mit einer Mangrovenlandschaft, in der einheimische tropische Fische, Hochseefische, Schildkröten und auch Küstenvögel leben. Die im *touch tank* lebenden Meeresbewohner wie Seesterne, Krabben oder Seegurken darf man auch anfassen.

Fangfrische Beute

Wer am Schluss seines Besuches von Key West nicht nur Fische anschauen, sondern selbige auch am Haken zappeln haben will, findet als Petrijünger ebenfalls sein Glück. Erfahrene Angler zeigen Gästen bei Touren die besten und auch die weniger frequentierten Angelplätze. In den Jachthäfen werden Segeltrips, Schnorcheltouren und Fahrten aufs Meer mit Glasbodenbooten angeboten. Ausflugsboote zum Tiefseeangeln legen von der City Marina nahe Garrison Bight und Roosevelt Boulevard ab. Und am Abend lässt man sich den eigenen Fang in einem der Fischrestaurants am Hafen lecker zubereiten.

Nicht verpassen

SUNSET AM MALLORY SQUARE

Ein Geheimtipp ist der Sonnenuntergang in Key West natürlich nicht. Und am Mallory Square schon mal gar nicht. Aber abschrecken lassen sollte man sich von manchen Warnungen, der abendliche Event erinnere »doch wohl eher an einen billigen Rummelplatz«, auf keinen Fall. Sondern wenigstens einmal eintauchen in die Atmosphäre, wenn – je nach Saison zwischen 18 und 20 Uhr – Feuerschlucker, Drahtseilartisten und Tierdompteure versuchen, die Aufmerksamkeit vom Hauptakteur abzulenken: dem feurigen Sonnenuntergang über dem Golf von Mexiko. Dann verwandelt sich der Pier in ein Straßenfest, und Einheimische, Touristen, Gestrandete und Hippies machen mit. Händchenhaltend den eher romantischen Aspekt des Naturschauspiels genießen kann man ja immer noch an anderen Urlaubsabenden. Irgendwo an einem der vielen einsameren Strände des Sunshine States.

Infos und Adressen

SEHENSWÜRDIGKEITEN

Audubon House and Tropical Garden. Historisches Gebäude mit üppigem Garten. 205 Whitehead St., Key West, FL 33040, Tel. 305 294 2116, www.audubonhouse.com

Ernest Hemingway Home & Museum. Ein Key-West-Besuch, ohne im ehemaligen Wohnsitz des großen Literaten vorbeizuschauen? Undenkbar. Zu sehen sind Original-Möbel und private Antiquitäten. 907 Whitehead St., Key West, FL 33040, Tel. 305 294 1136, www.hemingwayhome.com

Hemingway House: früher Wohnhaus, heute Museum

ESSEN UND TRINKEN

Alonzo & Berlin's Lobster House. Neben den schaukelnden Booten sitzen und einen leckeren Mango-Lobster-Salat essen. Perfekt! 700 Front St., Key West, FL 33040, Tel. 305 294 5880, www.aandblobsterhouse.com

Azur Restaurant. Großartige Frühstückskombinationen, mittags Sandwiches und Pizzen, abends kreative Fleisch- und Fischgerichte. 425 Grinnell St., Key West, FL 33040, Tel. 305 292 2987, www.azurkeywest.com

Blue Heaven. Karibische Küche, Meeresfrüchte und Vegetarisches sind hier Chef Dans Spezialitäten. In historischen Räumen, die schon eine Tanzhalle, ein Bordell, eine Billardhalle, Eiscafé, Theater sowie Box- und Hahnenkämpfe beherbergten. 729 Thomas St., Key West, FL 33040, Tel. 305 296 8666, www.blueheavenkw.com

El Siboney. Truheliges kubanisches Restaurant, mit moderaten Preisen und beliebter Küche mit viel Fisch, Fleisch, Reis, Bohnen und gebackenen Bananen. 900 Catherine St., Key West, FL 33040, Tel. 305 296 4184, www.elsiboneyrestaurant.com

Louies Backyard. Das Restaurant ist schick, man kann aber auch entspannt auf der großen Holzterrasse sitzen, ein Bier trinken und aufs Meer schauen, das direkt unter einem rauscht. 700 Waddell Ave., Key West, FL 33040, Tel. 305 294 1061, www.louiesbackyard.com

Martin's. Das Edelrestaurant mit deutschen Besitzern verwöhnt mit hervorragender Küche und beweist, dass die Partymeile Duval Street auch eine elegantere Seite hat. 917 Duval St., Key West, FL 33040, Tel. 305 295 0111, www.martinskeywest.com

Turtle Kraals. Kubanisch inspirierte und karibisch ausgerichtete Küche mit Schwerpunkt Meeresfrüchte direkt am Wasser im historischen Hafen. 231 Margaret St., Key West, FL 33040, Tel. 305 294 2640, www.turtlekraals.com

ÜBERNACHTEN

Ambrosia. Sehr schönes B & B mit zwei Pools. Die Zimmer verteilen sich auf sechs Häuser, das Frühstück wird im Innenhof serviert. 622 Fleming St., FL 33040, Tel. 305 296 9838, www.ambrosiakeywest.com

Eden House. Hängematten, Hollywoodschaukeln, ein rauschendes Bächlein, in dem sich

Fröhliche Tischrunde mit kubanischen Einwanderern

Schildkröten tummeln – man möchte nie mehr weg. 1015 Fleming St., Key West, FL 33040, Tel. 305 296 6868, www.edenhouse.com

Island City House. Viktorianische Häuser und ein verwunschener Garten, in dem auf einem Kutschenwagen das Frühstück aufgestellt wird. 411 William St., Key West, FL 33040, Tel. 305 294 5702, www.islandcityhouse.com

Marrero's Guest Mansion. Stuck, schnörkelige alte Möbel, gemütliche Zimmer, ruhige, aber zentrale Lage, schöner Pool. 410 Fleming St., Key West, FL 33040, Tel. 305 294 6977, www.marreros.com

The Gardens Hotel. Luxus im tropischen Grü-nen. Neben 17 Suiten offeriert das Hotel seit Kurzem auch Cottages für längere Aufenthalte. Und einen Lagoon-Pool im Garten. 526 Angela St., Key West, FL 33040, Tel. 305 294 2661, www.gardenshotel.com

The Marquesa Hotel. Wunderschöne, schnee-weiße Gebäude mit grünem Garten und Pool und feinen, hellen Möbeln im Innern. 600 Fleming St., Key West, FL 33040, Tel. 305 292 1919, www.marquesa.com

The Southernmost House. Südlicher geht's nicht: Direkt am Strand liegt das historische Hotel am Ende der quirligen Partymeile. 1400 Duval St., Key West, FL 33040, Tel. 800 327 8340, www.southernmosthouse.com

TOUREN UND AUSFLÜGE

Barefoot Billy's. Hier können Besucher die Sportart Flyboarding testen – mit dem Gefühl von Freiheit und Schwerelosigkeit über der Wasseroberfläche. Tel. 305 900 3088, www.barefootbillys.com

Blue Planet Kayak Tours. Auf geführten Kajaktouren lernt man die einzigartige Welt der Mangroven kennen. Treffpunkt zur sanften Ökotour: Fort East Martello Museum & Gardens, Tel. 305 809 8110, www.blue-planet-kayak.com

Butterfly & Nature Conservatory. Besuch bei Tausenden von Schmetterlingen in jeder Entwicklungsphase und in allen Farben. 1316 Duval St., Key West, FL 33040, Tel. 305 296 2988, www.keywestbutterfly.com

Dancing Dolphin Spirits Charters. Teil-nehmer begegnen Delfinen im offenen Meer und unternehmen einen Schnorchelausflug am Riff. Start an der Murray Marina (Mile Marker 5), Tel. 305 304 7562, www.captainvictoria.com

Eaton Bikes. Hier werden Fahrradtouren durch die von viktorianischen Häusern gesäumten Gassen angeboten. 830 Eaton St., Key West, FL 33040, Tel. 305 294 8188, www.eatonbikes.com

Florida Keys Eco-Discovery Center. Multimedia-Präsentationen und ein Aquarium geben Einblicke in das Leben unter Wasser. 35 East Quay Rd., Key West, FL 33040, Tel. 305 809 4750, www.floridakeys.noaa.gov

Fury Water Adventures. Anbieter von Actionprogrammen, u. a. »Ultimate Adven-ture« mit Parasailing, Jetski und Kajakfahren sowie Schnorcheln. Tel. 888 976 0899, www.furycat.com

Dry Tortugas National Park
Dry Tortugas ○ **10**

10 Dry Tortugas National Park
Auf Sand gebaut

Winzige Inseln, verstreut im Golf von Mexiko, 70 Meilen westlich von Key West. Die schmalen Sandbänke sind im Moment zu siebt. Doch wenn die Hurrikane über sie hinwegfegen, versinken sie zuweilen in den tosenden Fluten. Nur Fort Jefferson trotzt allen Unbilden. Die mächtige Festung thront seit über 150 Jahren majestätisch über der scheinbaren Unendlichkeit des türkisfarbenen Meeres.

Die meisten der Besucher des Dry Tortugas National Park kommen für einen Tagesausflug von Key West. Doch die ganz großen Südsee-momente bleiben hier den Campern vorbehalten: Wenn die Fähren am späten Nachmittag wieder ablegen und die Wasserflugzeuge gestartet sind, genießen sie perfekte Sonnenuntergänge und einen atemberaubenden Sternenhimmel.

Arche Noah mitten im Ozean

Ein Archipel mit Fischreichtum: Mächtige Zacken-barsche, Stachelrochen, pfeilschnelle Barrakudas und silbrig schimmernde Tarpons tummeln sich im Meer. Über den Inseln kreisen Seemöwen, Wan-derfalken, Meerschwalben, Tölpel und der gabel-schwänzige Fregattvogel. Die Dry Tortugas bieten über 250 Pflanzen- und Tierarten eine Heimat.

Als Erster landete der spanische Seefahrer Ponce de León im Jahr 1513 auf den abgelegenen Sand- und Koralleninseln. Und erkannte den Wert seiner Entdeckung vor allem in der Lieferung von Pro-viant – in Form hier lebender Riesenschildkröten.

Mitte: Fort Jefferson im Natio-nalpark Dry Tortugas aus der Vogelperspektive
Unten: Das mächtige Fort diente während des Amerikanischen Bürgerkrieges als Gefängnis.

Dry Tortugas National Park

Dutzende Tiere verfrachtete die Mannschaft in den Stauräumen der Schiffe.

Fast 350 Jahre dauerte es anschließend, bis das amerikanische Militär auf den Inseln einen Außenposten errichtete, um den Golf von Mexiko zu sichern und die eigene Küste vor Piraten zu schützen. Bis 1861 wurden 16 Millionen Ziegelsteine für Fort Jefferson vom Festland herübertransportiert. Bald bedeckte das mächtige Sechseck der Festung mit ihren 14 Meter hohen Mauern Garden Key Island fast ganz. Doch die Architekten hatten übersehen, dass die Festung statt auf festem Korallenstein auf Sand und Findlingen fußte. Risse im Fundament und absinkende Mauern waren die Folge, die Trutzburg im Meer praktisch wertlos.

In den letzten Jahren des Sezessionskriegs (1861–1865) wurde Fort Jefferson als Gefangenenlager genutzt. Prominenteste Insassen waren zeitweise vier Männer, denen ein Mordanschlag auf Präsident Lincoln zur Last gelegt wurde. Als Festung hatte das Fort freilich ein für allemal ausgedient. Ohne je Zeuge von Kampfhandlungen geworden zu sein, funktionierte man den mächtigen Bau Ende des 19. Jahrhunderts in ein Kohlelager um und nutzte ihn schließlich wieder als Gefängnis. Doch dann gelang es einem Gefangenen, auf einer Planke nach Loggerhead Island hinüberzuschwimmen, das Boot des Leuchtturmwärters zu stehlen und die 120 Kilometer nach Kuba zu rudern. Das Ende des Forts auch als Hochsicherheitstrakt.

Präsident Franklin D. Roosevelt erklärte das Gebäude und seine umgebenden Gewässer 1935 zum nationalen Denkmal. 1992 wurde das Gebiet zum Dry Tortugas National Park erklärt, um sowohl das naturbezogene als auch das historische Erbe der Inseln zu schützen. Heute sind die Dry Tortugas vor allem als Tauch- und Schnorchelrevier beliebt.

Infos und Adressen

ANREISE

Die Dry Tortugas sind nur mit der Fähre, dem Ausflugsboot oder per Wasserflugzeug von Key West aus zu erreichen. Soweit es das Wetter erlaubt, verkehren die Fähren täglich, die Fahrzeit beträgt rund 2 Std. Die Touren beinhalten meistens Ausrüstungen zum Schnorcheln oder Fischen und eine Führung durch das Fort.

Key West Seaplane Adventures.
Wasserflugzeug, Infos zu Preisen und Reservierung unter Tel. 305 293 9300, www.keywestseaplanecharters.com

Yankee Freedom II.
Tgl. Fährverbindung von Key West, Tel. 305 294 7009, www.drytortugas.com

CAMPING

Reservieren ist nicht möglich: Wer zuerst kommt, ergattert einen der Plätze. Es gibt nur Toiletten und keine Duschen. Alles, was man zum Aufenthalt braucht, muss mitgebracht werden, einschließlich Trinkwasser.

INFORMATION

Dry Tortugas National Park.
P. O. Box 6208, Key West, FL 33041, Tel. 305 242 2700, www.nps.gov/drto

Farbenprächtige Unterwasserwelt

EVER-GLADES & BIG CYPRESS NATIONAL PRESERVE

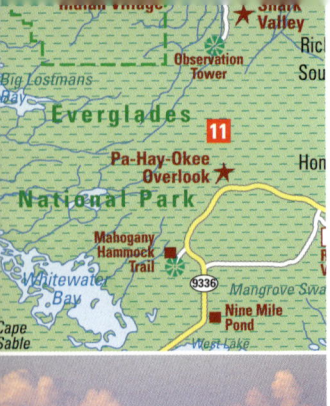

11 Everglades National Park
Träger Fluss als Naturerbe

Die Indianer nannten das riesige Feucht-gebiet Pa-hay-okee, »Fluss aus Gras«. Tatsächlich sind die Everglades kein Sumpf, sondern ein träge dahinfließender Fluss, dessen Strömung man mit bloßem Auge kaum wahrnimmt. Sie erstrecken sich auf über 6000 Quadratkilometern und reichen vom Lake Okeechobee im Norden bis an die äußerste Südspitze der Florida-Halbinsel. Etwa die Hälfte der Fläche bildet heute den Nationalpark.

Wer sie einmal gesehen hat, weiß, was für ein kostbarer Schatz die Everglades sind. Hier ist man Gast in einem sensiblen Gleichgewicht außer-

GUT ZU WISSEN

MINI-VAMPIRE

In der Regenzeit von Mai bis Oktober ist es in den Everglades sehr feucht und heiß, weite Teile des Parks sind überflutet – ideale Bedingungen für die Brut von Abermilliarden Mücken. Ungestochen kommt kaum ein Besucher davon. Man sollte daher unbedingt langärmelige Hemden und lange Hosen tragen. Schutz bietet das im Visitor Center erhältliche Mückenabwehrmittel *Buzz Away*, mit dem man die verbleibenden, frei zugänglichen Kör-perstellen einreibt. Von aus Europa mitgebrachten Abwehrmitteln hingegen fühlen sich die Blutsauger geradezu angezogen. In der Trockenzeit (Dezember bis April) verschwinden die Moskitos zwar nicht ganz, sind aber in geringerer Zahl vertreten und »nur noch« in der Dämmerung aktiv.

Vorangehende Doppelseite:
Ein Silberreiher in den Everglades
Mitte: König der Lüfte: ein Adler in seinem Horst
Unten: Alligatoren sind gut ge-tarnt und bei Bedarf blitzschnell.

gewöhnlicher Flora und Fauna. Und wird zum leidenschaftlichen Voyeur: beim Betrachten der verschiedenen Vogelarten oder bei der respektvollen Annäherung an schwerfällig durchs Wasser gleitende Alligatoren. Man spürt die ungezähmte Kraft der Natur bei Wanderungen durch den Sumpf oder Bootsfahrten durch das unüberschaubare Netz an Wasserwegen. Die Luft ist feuchtwarm, die Umgebung satt und reich an Grün- und Brauntönen. Kein Zivilisationsgeräusch im Ohr, dafür eine schier endlose Ebene vor Augen.

Die Ureinwohner

Jahrhundertelang lebte das mächtige Volk der Calusa in den Everglades. Sie bildeten theokratisch organisierte Stämme, verehrten die Sonne als oberste Gottheit, lebten in Lehmhütten und ernährten sich von Schalentieren, Fischen und Pflanzen. 1513 kamen sie erstmals mit Europäern, spanischen Schatzsuchern und Sklavenhändlern, in Berührung. Die Calusa und andere Indianerstämme Südfloridas vermochten längere Zeit zu verhindern, dass Weiße in ihrem Gebiet Fuß fassten. Als Florida 1763 von Spanien an Großbritannien überging, war der Widerstand gebrochen. Ansteckende, aus Europa importierte Krankheiten und Kriege gegen die von den Engländern aus den Südstaaten auf die Florida-Halbinsel abgedrängten Cree hatten die Calusa erheblich geschwächt. Die Cree, die Calusa und die seit 1814 ebenfalls in Südflorida ansässi-

Oben: Morgenstimmung im Big Cypress Swamp
Mitte: Das wendige Zwergsultanshuhn balanciert über Seerosenblätter und klettert im Geäst der Büsche.
Unten: Als Künstler sieht sich Leroy (Henehayo) Osceola in der Tradition der Seminole-Indianer.

**FORMEL 1
IM SUMPF**

Geheimtipp

Airboat-Fahrten sind im Nationalpark der Everglades verboten, weil sie ökologisch bedenklich sind. Wer auf diese gleichwohl nicht verzichten möchte, findet entsprechende Anbieter – häufig indianischer Herkunft – in den Gebieten rund um den Nationalpark, zum Beispiel im Miccosukee Indian Village. Zur Tierbeobachtung sind diese Fahrten nicht gerade geeignet, sie haben ihren Reiz lediglich für Freunde rasanten Tempos. Mit ohrenbetäubendem Lärm jagen die Boote über die Grasflächen, sodass selbst Vögel flüchten. Die wenigen Stopps, bei denen der Motor gedrosselt oder abgestellt wird, ermöglichen lediglich das Erspähen von Alligatoren. Naturnäher sind da geführte Kanu- und Kajaktouren durch die Everglades, die in den Orten Chokoloskee, Ochopee und Everglades City starten und eine behutsamere Annäherung an die Tierwelt bieten.

gen Muscogee wurden später unter dem Begriff »Seminolen« zusammengefasst.

Weiße Siedler, die in immer größerer Zahl nach Südflorida kamen, versuchten, die Seminolen vollständig aus Florida zu vertreiben und sie in Reservate westlich des Mississippi abzuschieben. Dies führte zu den Seminolen-Kriegen, in denen viele weiße Soldaten und noch mehr Indianer getötet wurden. Unabhängig von den Seminolen fristete der Stamm der Miccosukee ein noch abgeschiedeneres Dasein in den Tiefen der Everglades. Heute betreiben die Stammesmitglieder ein interessantes Freilichtmuseum und bieten Airboat- und Kanufahrten an. Neben diesen eher naturnahen Aktivitäten sichert heute vor allem ein einträglicher Geschäftszweig die Existenz des Stammes: Neben den Seminolen besitzen die Miccosukees eine der begehrten Casino-Lizenzen und betreiben das Miccosukee Resort & Gaming am Rande der Everglades.

Den Sumpf nutzbar machen

Schon 1850 plante man, Entwässerungsgräben durch die Sumpflandschaft zu ziehen, um das Land nutzbar zu machen. Die Arbeiten wurden erst mit dem Ende des Bürgerkriegs 1865 fortgesetzt. Gouverneur Napoleon Bonaparte Broward (1857–1910) wollte sein Wahlversprechen einlösen und aus dem »nutzlosen Sumpf« ein fruchtbares Land schaffen. So ließ er schnurgerade Kanäle durch die Everglades schaufeln. Ein Eingriff in die Natur, den sogar Präsident Theodore Roosevelt finanziell und höchstpersönlich unterstützte. Es entstanden Viehweiden und Felder mit Zitrusfrüchten und Zuckerrohr. Broward ließ Zypressen und Kiefern fällen, um das Holz zu nutzen und zudem Reiher und Rosa Löffler jagen, um mit ihren Federn Damenhüte zu schmücken oder Ventilatorflügel herzustellen.

Rundgang Everglades National Park

Grundsätzlich bieten sich zahlreiche Wanderungen an. Das Gebiet verfügt über ein gut ausgebautes Wegenetz. Neben den klassischen Wandertouren kann man sich auch für kombinierte Treks entscheiden. Im Everglades-Nationalpark findet man zahlreiche Seen und Flüsse, die mit dem Kanu oder Kajak erkundet werden können. Überwiegend befinden sich diese im Inneren des Parks.

Professionelle Touren mit einem erfahrenen Guide bieten sich für Besucher an, die bisher noch keine Erfahrungen gesammelt haben. Die beste Reisezeit für einen Trek durch die Everglades erstreckt sich von Dezember bis März. In dieser Zeit herrscht ein angenehmes Klima, und es sind nur wenige Mücken zu finden. Allerdings muss man sich in dieser Zeit auch auf eine gewisse Präsenz anderer Naturfreunde einstellen.

Für den Park gibt es mehrere Eingänge und fünf Besucherzentren.

Ⓐ Gulf Coast Visitor Center – Südlich von Everglades City, Mitte April–Mitte Nov. tgl. 9–16.30 Uhr, Mitte Nov.–Mitte April tgl. 8–16.30 Uhr, 815 Oyster Bar Lane, Everglades City, FL 34139, Tel. 239 695 3311, www.nps. gov/ever/planyourvisit/gcdirections.htm

Ⓑ Shark Valley Visitor Center – Auf dem Hwy. 41 (Tamiami Trail), 48 km westlich des Florida Turnpike. Tgl. geöffnet, Öffnungszeiten variieren je nach Jahreszeit, 36000 Southwest 8th St., Miami, FL 33194, Tel. 305 221 8776, www.nps.gov/ever/planyourvisit/svdirections. htm

Ⓒ Ernest F. Coe Visitor Center – Kurz vor dem Haupteingang des Parks. Dez.–April tgl. 8–17 Uhr, Mai–Nov. 9–17 Uhr. Informationen und Ausstellungen: 40001 State Rd. 9336, Homestead, FL 33034, Tel. 305 242 7700, www. nps.gov/ever/planyourvisit/coedirections.htm

Ⓓ Royal-Palm-Besucherzentrum – 6 km hinter dem Ernest-Coe-Besucherzentrum, tgl. geöffnet

Ⓔ Flamingo Visitor Center – 61 km nach dem Ernest-Coe-Besucherzentrum. Ausstellungen, Informationen und Wilderness Permits. Von Dez.–März tgl. und in den anderen Monaten des Jahres zeitweise besetzt. 40001 State Rd. 9336, Homestead, FL 33034, Tel. 239 695 2945, www.nps.gov/ever/planyourvisit/flamdirections. htm

Ⓕ Flamingo Marina – Die Marina verfügt über ein kleines Geschäft, eine Tankstelle, bietet Bootstouren an und vermietet Hausboote, Kanus, Kajaks und Fahrräder. Informationen und Reservierungen: www.evergladesnational parkboattoursflamingo.com

Ⓖ Chekika Eingang – An der State Rd. 997 gelegen (Krome Ave.), ungefähr 24 km südlich des U.S. 41. Geöffnet tagsüber von Mitte Dezember bis März

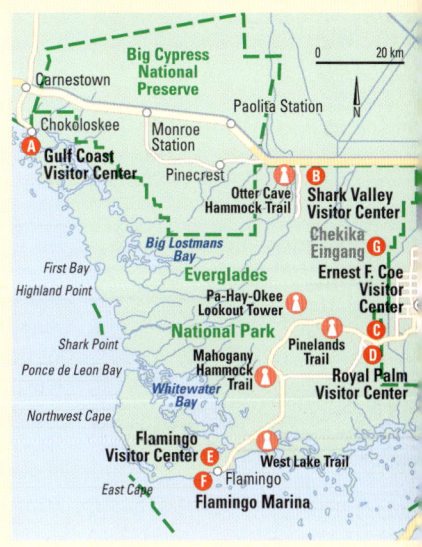

GANZ AM RANDE

Am südwestlichen Rand der Everglades liegt die idyllische Kleinstadt Everglades City. Dieser verschlafene Handelsposten mutierte zu Zeiten des Landentwicklers Barron Gift Collier zu einer lebhaften Pionierstadt und ist heute als »Gateway to the 10 000 Islands« Ausgangspunkt, um die Inselwelt der Everglades zu erkunden. Sehenswert: das kleine Museum of the Everglades (105 Broadway Ave. West) mit einem ersten Eindruck von der Geschichte der Region. Gleich nebenan lohnt der alte Rod and Gun Club einen Besuch. Das Hotel aus den 20er-Jahren war einst Treffpunkt der »oberen Zehntausend«, auf der Veranda am Wasser saßen schon Präsident Franklin D. Roosevelt und John Wayne. Ein paar Kilometer weiter, in Chokoloskee, eröffnete Ted Smallwood 1906 seinen Store (360 Mamie St.), der später auch als Postamt und Bank diente und 1982 geschlossen wurde.

Geheimtipp

Es begann ein langsames Sterben in den Everglades. Das ökologische System geriet aus der Balance. In den Jahren 1926 und 1928 rasten Hurrikane über Florida und ließen das Land in den Fluten versinken. Die Rettung sei, so glaubte man, den 1800 Quadratkilometer großen Okeechobee-See, das Herzstück der Everglades, einzudämmen. Dadurch geriet die Wasserversorgung der Everglades nun aber endgültig in Gefahr. Die Existenz des Sumpfgebietes war aufs Äußerste bedroht. Der Bau des Dammes Tamiami Trail von Miami nach Tampa war inzwischen beschlossene Sache. Diese riesige Ost-West-Barriere trennte den gesamten Süden von den natürlichen Versorgungsadern ab. Eine weitere Katastrophe folgte: 1947 überfluteten Wirbelstürme halb Florida.

Eines wurde klar: Mitschuld an dieser Überflutung trug das unkontrollierte Eindeichen und Kanalisieren. Eine bessere technische Lösung musste her. Jetzt sollten die Städte mit einem Dammprogramm versehen werden. Naturschützer wie die streitbare Marjory Stoneman Douglas (1890–1998), Autorin des Buchs *River of Grass*, waren anderer Meinung. Sie kämpften unerbittlich für ihre Erkenntnisse über den Zusammenhang von Klima, Wasserkreislauf und Landwirtschaft. Der Kampf zahlte sich aus: Die Verantwortlichen erkannten die Notwendigkeit, ein bestimmtes Gebiet der natürlichen Überflutung zu »opfern«. US-Präsident Harry S. Truman erklärte 1947 schließlich ein 5667 Quadratkilometer großes Gebiet an der Südküste zum Nationalpark: den Everglades National Park. 1974 kamen noch 2900 Quadratkilometer große Feucht- und Waldgebiete des Big Cypress Swamp im Nordwesten dazu, und 1982 erklärte die UNESCO den Everglades-Nationalpark zum Welt-Naturerbe und Internationalen Biosphären-Reservat. Seit den 90er-Jahren nahmen Pläne zur Wiederherstellung der Strömungsverhältnisse konkrete Gestalt an. Im Juni 2008 kaufte der Staat Florida schließlich für 1,75 Milliarden Dollar Flächen südlich des Lake Okeechobee, die wieder renaturiert werden und als Wasserrückhaltegebiete dienen sollen.

Undurchdringliches Unterholz

Es gibt eine Reihe gut ausgebauter Wege im Park, auf denen man die Natur beobachten kann. Besonders berühmt für ihren Tierreichtum sind das Shark Valley und der Anhinga Trail. Im Park teilen sich Panther, Hochwild, Waschbären, Schlangen, Manatis, Spinnen, Schildkröten und Flamingos das Territorium mit über 350 Vogelarten. Charakteristische Pflanzen sind Sumpfzypressen, Farne, Lianen, Orchideen und Bromelien. Hier und da finden sich sogenannte Hammocks – Hartholz-Bauminseln mit Mahagonibäumen, Eichen und Magnolien.

Alligatoren sind im gesamten Gebiet verbreitet, doch meiden sie Salzwasser und machen auch um Menschen einen großen Bogen – es sei denn, sie fühlen sich bedroht. Krokodile hingegen leben in Küstennähe und im Salzwasser. Die größeren Tiere sind viel aggressiver als Alligatoren und unbedingt zu meiden.

Oben: In Kajaks und mit Tourführer geht es sicher durch die Weiten der Everglades.
Mitte: Keine Stars, aber Stripes – Gehäuse einer Meeresschnecke
Unten: Captain Jason Sine auf Chokoloskee Island

Infos und Adressen

SEHENSWÜRDIGKEITEN

Miccosukee Indian Village. Direkt am Tamiami Trail (U.S. 41) beginnt das Reservat der Miccosukee-Indianer, in dem heutzutage mehrere Tausend Mitglieder leben. Das Village ist ein Freilichtmuseum, in dem Besucher die Bräuche, Kultur und Küche der Seminolen kennenlernen können. Täglich gibt es neben kunsthandwerklichen Vorführungen auch »Ringkämpfe« mit Alligatoren. www.miccosukee.com

ESSEN UND TRINKEN

Camellia Street Grill. Direkt am Wasser liegt das Restaurant, das gute Hausmannskost mit dem Schwerpunkt »frisch aus dem Wasser« zu vernünftigen Preisen serviert– wird auch von den Einheimischen sehr geschätzt. 208 Camellia St., Everglades City, FL 34139, Tel. 239 695 2003

Havana Café. Kleinigkeiten wie Milchkaffee oder *Key Lime Pie*. Aber auch frischen Fisch oder Paella sowie andere maritime Spezialitäten. 191 Smallwood Dr., Chokoloskee, FL 34138, Tel. 239 695 2214, www.myhavanacafe.com

Sweet Mayberry's Café and Gifts. Entzückende Eisdiele mit einer köstlichen Auswahl an Kaffeespezialitäten, Sandwiches und selbst-

Was trinkt man eigentlich zu Alligator-Schwanz?

gemachtem Eis. 207 West Broadway, Everglades City, FL 34149, Tel. 239 695 0092

The Oyster House Restaurant. Im rustikalen Ambiente einer trophäengefüllten Jagdhütte erwartet vor allem Liebhaber von Meeresfrüchten eine gute Auswahl. Auch Alligator steht auf der Speisekarte. 901 South Copeland Ave., Everglades City, FL 34139, Tel. 239 695 2073, www.oysterhouserestaurant.com

Triad Seafood Market & Café. Direkt am Wasser und beliebt für seine *Stone Crabs*. Empfehlenswert: Vor allem vor einem »All-you-can-eat«-Besuch anrufen und nach dem jüngsten Fang fragen. 401 School Dr., Everglades City, FL 34139, Tel. 239 695 0722, www.triadseafoodmarketcafe.com

ÜBERNACHTEN

Camping. Campingplätze gibt es in Long Pine Key und Flamingo (Nutzung gegen Gebühr). Sie werden an die Interessenten nach Ankunft und Verfügbarkeit vergeben. Camping im Sommer kann aufgrund der intensiven Hitze, des Regens und der Stechinsekten sehr unangenehm werden.

Wer wild campen will: Die meisten Orte in der Parkwildnis sind nur per Boot oder Kanu erreichbar. Für Camping über Nacht ist eine Erlaubnis *(wilderness permit)* erforderlich; diese kann man persönlich in den Gulf-Coast- und Flamingo-Besucherzentren erwerben. Gebühren werden von November bis April erhoben.

Everglades City Rod and Gun Club. Direkt am Barron River: rustikale Unterkünfte in historischen Gebäuden, die dem Unternehmer Barron Collier (1873–1939) gehörten und in denen schon Präsidenten und Showgrößen nächtigten. 200 Riverside Dr., Everglades City, FL 34139, Tel. 239 695 2101

Flamingo Lodge/Eco Tent. Einfache Plattformen mit fest installiertem Zelt und Platz für

bis zu vier Personen. Reservierungen unter
Tel. 239 695 0124 oder am Eingang des
Flamingo Campgrounds, www.nps.gov/ever/
planyourvisit/flamingo-eco-tent.htm

Glades Haven Cozy Cabins. Urige Holz-
häuschen in verschiedenen Größen mit
mückensicheren Veranden. 801 Copeland Ave.,
Everglades City, FL 34139, Tel. 239 695 2082,
www.gladeshaven.com

Ivey House. Der Gast hat die Wahl: Hier kann
er entweder im The Inn, dem Haupthaus, wohnen, in der 1920 erbauten The Lodge, im kleinen, gemütlichen The Cottage oder mit seiner
großen Familie im rustikalen The Homestead
(mit drei Schlafzimmern). 107 Camellia St.,
Everglades City, FL 34139, Tel. 239 695 3299,
www.iveyhouse.com

SPAZIERGÄNGE

Man erlebt die Vielfalt der Lebensräume in den
Everglades auf mehreren kurzen, behinderten-
gerechten Wegen, ausgehend von Parkplätzen
entlang der Main Park Road vom Ernest F. Coe
Visitor Center nach Flamingo.

Anhinga Trail – Dieser 1,3 km lange Rundweg, der nach dem gleichnamigen Vogel
(Schlangenhalsvogel) benannt ist, bietet eine
der besten Gelegenheiten, wilde Tiere, einschließlich Alligatoren und Vögeln, ganz aus
der Nähe zu sehen.

Bobcat Boardwalk und Otter Cave – Zwei
kurze, einfache Spazierwege, die in der Nähe
des Shark-Valley-Besucherzentrums beginnen.
Auf der 24 km langen Tram Road können
Sie wandern oder diese Strecke mit dem Fahrrad zurücklegen; sie bietet sich bestens für
das Beobachten von Vögeln, Alligatoren und
anderer Tiere in freier Wildbahn an. Eine
Fahrradvermietung befindet sich in der Nähe
des Besucherzentrums.

Nervenkitzel: Ringkampf mit Reptil im Miccosukee Indian Village

Gumbo Limbo Trail – Ein 600 m langer Rundweg, der sich durch einen dichten, tropischen
Dschungel windet. Hier trifft man auf eine der
typischen Hammock-Bauminseln aus Königspalmen, Gumbo-Limbo-Bäumen, Eichen,
Schlingpflanzen, Orchideen und Farnen.

Mahogany Hammock Trail – Der 600 m lange
Spaziergang auf einem Holzsteg führt durch ein
dschungelartiges Dickicht tropischer Hölzer.

Pa-hay-okee Overlook – Über einen 300 m langen Spazierweg erreicht man eine Aussichtsplattform, die einen Blick auf die ausgedehnte
Süßwasser-Mergelprärie der Everglades bietet.

Pinelands Trail – Ein 600 m langer Rundweg
durch einen subtropischen Pinienwald. Dies
ist der botanisch vielfältigste Lebensraum in
Südflorida.

West Lake – Durch einen Wald aus vier verschiedenen Mangrovenarten am Ufer des
Brackwassersees führt ein 600 m langer Pfad.

12 Big Cypress National Preserve
Schutzschirm für Panther und Bär

Das Big Cypress National Preserve liegt zwischen dem streng geschützten Everglades National Park und landwirtschaftlich genutzten Flächen im Umland. Das Areal genießt nicht den Status eines Nationalparks, sondern gilt als Schutzgebiet, in dem gejagt werden darf und wildes Campieren erlaubt ist. In punkto Flora und Fauna steht das Preserve den Everglades aber in nichts nach.

Ein Naturschutzgebiet, an dem man tunlichst nicht vorbei fahren sollte, auch wenn es einen weniger bekannten Namen hat als die Everglades, der große Nachbar im Süden. Aber es ist ein Areal mit außergewöhnlichem Artenreichtum und allein deshalb einen Besuch wert. Der Tamiami Trail bildet die Grenze zu den Everglades. Hier findet man eines der vielfältigsten Ökosysteme Südfloridas. Sümpfe wechseln sich ab mit Grasland, Kiefernwäldern, Mangroven und den sogenannten Hardwood Hammocks, kleinen Anhöhen mit Hartholz-Bäumen und verschiedenen Arten von Zypressen. Kein Wunder, dass sich Tiere wie der Florida-Panther in dieser Landschaft ausgesprochen wohlfühlen. Die anpassungsfähige Raubkatze, eine Unterart des Pumas, galt vor zwei Jahrzehnten in Florida als fast ausgestorben, Inzucht gefährdete zudem den Fortbestand. Doch die Biologen wussten Rat: Durch den vorübergehenden Import einiger Artgenossen aus Texas sicherte man die Bestände und gab der Großkatze die Chance zu einem Neuanfang. Heute schätzen Experten, dass sich die Population in den

Mitte: Ein bildschönes Wappentier und vom Aussterben bedroht: der Florida-Panther
Unten: Farne, Bäume, Orchideen – die Artenvielfalt begeistert nicht nur Botaniker.

Big Cypress Preserve NP

Parks und Reservaten Floridas auf
150 Exemplare erholt hat. Über den Berg
ist dieses Wappentier Floridas damit aber
noch längst nicht.

Begehrte Reiherfedern

Vor der Ankunft der Europäer war das Gebiet von
Miccosukee- und Seminolen-Indianern besiedelt.
Von den ersten weißen Siedlern wurden Reiher,
deren prachtvolle Federn bei Hutmachern in New
York und Paris sehr begehrt waren, sowie Krokodile und Alligatoren gejagt, bis sie fast ausgerottet
waren. Die Holzindustrie fällte zudem die Sumpfzypressen des Primärwaldes der Gegend. Auf gero-
deten Flächen wurde Ackerbau betrieben.

Im Jahr 1943 stieß die Humble Oil Company (spä-
ter Exxon) nach Jahrzehnten erfolgloser Bohr-
versuche im Big Cypress National Preserve auf Öl.
Rund 20 Barrels pro Tag förderte die Quelle – für
Naturschützer nicht genug, um eine dauerhafte
Erschließung zu rechtfertigen. 20 Jahre später
sorgte die geplante Verlegung des Flughafens
Miami dafür, dass sich eine Protestallianz aus
Indianern, Jägern und Umweltaktivisten formierte.
Mit Erfolg: Das Bauprojekt wurde gekippt, das
Schutzgebiet im Oktober 1974 mit einer Größe
von 291 000 Hektar offiziell eingeweiht. Wie in
den Everglades wurden auch im Big Cypress
National Preserve zur Verbesserung des Wasser-
haushalts Abschnitte des U.S. Highways 41 als
Brücken aufgeständert, denn bis dahin verhin-
derte der künstlich aufgeschüttete Damm der
auch als Tamiami Trail bekannten Straße den
natürlichen Abfluss des Oberflächenwassers vom
Lake Okeechobee Richtung Süden.

Tatsächlich weist das Gebiet eine höhere Artenvielfalt auf als die Everglades. In den Mangroven-

Geheimtipp

GEISTER-ORCHIDEEN

Westlich des Big Cypress
National Preserve liegt der
Fakahatchee Strand Preserve
State Park. Der »Amazonas Nordamerikas« gilt als letzter verblie-
bener Urwald der USA, über einen
Holzsteg können Besucher ihn
bequem erobern. In der Stammes-
sprache der Seminolen bedeutet
Fakahatchee »schlammiges Wasser«. Ein ideales Gebiet für Bromelien und wunderschöne Orchideen:
Unter den mehr als 40 Arten wächst
hier die seltene *Ghost Orchid*, bekannt geworden durch Susan Orleans' Roman *Der Orchideendieb*.

**Fakahatchee Strand Preserve
State Park.** Von der State Rd. 41,
Ausfahrt 80/SR 29, 8 Uhr bis Son-
nenuntergang, geführte Swamp-
Walks an drei Samstagen/Monat
(Nov.–April), 137 Coastline Dr.,
Copeland, FL 34137, Tel. 239
695 4593, www.floridastateparks.
org/fakahatcheestrand

wäldern blühen seltene Orchideen, in den trüben Tümpeln tummeln sich Alligatoren, Wassermokassinotter und Diamant-Klapperschlangen, die bis zu 2,50 Meter lang werden können. Reiher waten am Ufer, der Schlangenhalsvogel Anhinga trocknet mit gespreizten Flügeln auf einem Ast sitzend sein Gefieder. Hier und da tappt ein Florida-Schwarzbär durchs Dickicht. Und gelegentlich mischen sich Rotluchs, die Ost-Indigonatter und der Kanadakranich unter die Sumpfbewohner. Am südwestlichen Rand des Parks, in der Gemeinde Ochopee, zwängen sich Besucher ins kleinste Postamt der USA. In den 50er-Jahren wurde ein winziger Werkzeugschuppen umgebaut, weiß angestrichen und mit einem Briefkasten und Fahnenmast versehen, an dem nun das Sternenbanner prangt – fertig war die neue Poststation. Wegen des besonderen Stempels zieht die Attraktion im Miniaturformat viele Touristen an (Öffnungszeiten beachten!).

Wer das Big Cypress National Preserve zu Fuß erobern will, sollte sich besonders in den regenreichen Sommermonaten (so er oder sie sich angesichts der Mückenplage überhaupt in die Gegend traut) auf überflutete Pfade und matschiges Terrain einstellen.

Oben: Wenn man Glück hat, kann man im Big Cypress National Preserve auch einen Florida-Schwarzbären sehen.
Unten: 1953 öffnete das kleinste Postamt der USA in Ochopee.

Infos und Adressen

ESSEN UND TRINKEN

Joanie's Blue Crab Cafe. Hier gibt es die besten frittierten Alligatoren-Nuggets und *Crabcakes* ganz Floridas. 39395 Tamiami Trail East, Ochopee, FL 34141, Tel. 239 695 2682, www.joaniesbluecrabcafe.com

ÜBERNACHTEN

Es gibt verschiedene Campingplätze im Big Cypress National Preserve:
Bear Island Campground – ganzjährig
Burns Lake Campground – 1. Sept.–6. Jan.
Midway Campground – ganzjährig
Mitchell's Landing Campground – ganzjährig
Monument Lake Campground –
1. Sept.–15. April
Pinecrest Campground – ganzjährig

AKTIVITÄTEN

Geführte Touren. Es werden verschiedene Touren von den Big-Cypress-Rangern und ehrenamtlichen Helfern durchgeführt. Eine Liste findet man im Besucherzentrum.

Touren mit dem Auto. Zwei Scenic Tours werden angeboten: Die Tour Loop Road (ca. 44 km) führt durch Zypressenwälder, die Tour Turner River/Wagonwheel/Birdon Roads Loop (ca. 28 km) durch offene Prärie. Infomaterial ist im Besucherzentrum erhältlich.

Wandern. In der feuchten Jahreszeit muss jeder Wanderer auf besondere Umstände eingestellt sein, z. B. überflutete Abschnitte. Drei markierte Wege: Loop Road – Hwy. 41 (ca. 10 km), Hwy. 41 – Interstate 75 (ca. 45 km) und Interstate 75 – Preserve North Boundary (ca. 13 km). Informationen und Karten gibt es im Besucherzentrum.

INFORMATION

Oasis Visitor Center and General Preserve Information. Tgl. 9–16.30 Uhr, zum Anmelden von Off-Road-Fahrzeugen tgl. 8.30–15 Uhr, 33100 Tamiami Trail East, Ochopee, FL 34141, Tel. 239 695 1201, www.nps.gov/bicy

Im Visitor Center gibt's Informationen, Karten und viele Tipps für Exkursionen und Touren.

FLORIDAS FAUNA:
Was kreucht und fleucht denn da?

Hübsch anzusehen, aber nicht überall gern gesehen: der *Racoon* (Waschbär)

Ob in freier Wildbahn, den Sümpfen oder gut beschützt in großen Parks: Hier lernt jeder Tierliebhaber interessante Spezies kennen. Neben bekannten »Wappentieren« wie dem gemütlichen Manati, dem bedrohten Florida-Panther, den tollpatschigen Pelikanen, dem gefräßigen Alligator oder den eleganten Delfinen tummeln sich noch viele andere bemerkenswerte Kreaturen in Unterholz und Tümpeln.

Mit ihrer gedrungenen Gestalt und dem dichten Fell wirken *Racoons* eher plump. In Florida ist der Waschbär hauptsächlich in bewaldetem Gelände in der Nähe von Gewässern anzutreffen. Doch der pelzige Geselle hat sich gut auf die Zivilisation eingestellt: In manchen Siedlungen durchkämmen Waschbären auf der Suche nach Nahrung regelmäßig sämtliche (nicht fest verschlossenen) Mülltonnen.

Gefiederte Beautys

Was wären Postkarten aus Florida ohne die grazilen pink- oder orangefarbenen Flamingos? In der Tat ist es aber wahr-

scheinlicher, einen Flamingo aus Kunststoff in einem Vorgarten zu sehen als in freier Wildbahn. Immerhin: Man kann die Stelzvögel in staatlichen Parks, Wildgehegen und Zoos bewundern.

In manchen Orten, wo die größte Population der in Erdlöchern brütenden Kaninchenkauze *(Burrowing Owls)* beheimatet ist, können die nachtaktiven Jäger schon mal ganze Bauvorhaben stoppen. So bedarf es einer Genehmigung durch die Florida Fish and Wildlife Conservation Commission, um in der Nähe von Eulennestern bauen zu dürfen. In Florida sind neben dem Kaninchenkauz vier weitere Eulenarten beheimatet: *Great Horned Owl* (Virginia-Uhu), *Barn Owl* (Schleiereule), *Screech Owl* (Käuzchen) und *Barred Owl* (Streifenkauz).

Gepanzerte Gesellen

Sie hausen in Floridas Sümpfen und haben sich inzwischen auch gut in den künstlichen Seen der Condo-Anlagen und *Gated Communities* eingelebt: Die Florida Langhals-Schmuckschildkröte oder *Chicken Turtle* etwa mit ihrem langen, gestreiften Hals. Oder die Florida-Rotbauch-Schmuckschildkröte oder *Box Turtle*, deren Bauch gelb leuchtet. Der Rückenpanzer der Peninsula-Schmuckschildkröte ist gleichmäßig gewölbt. Die meisten Legenden ranken sich freilich

um die Florida-Schnappschildkröte *(Snapping Turtle)* mit ihrem massigen Kopf, dem langen Hals und kräftigen Gliedmaßen. Ein ausgewachsenes Exemplar kann mit seiner Kiefermuskulatur tatsächlich einen Besenstiel durchbeißen.

Hört man nachts vor dem Fenster Geräusche, ist es möglich, dass es sich um ein durchs Unterholz streifendes Gürteltier handelt. *Armadillos* sehen aus wie kleine Dinosaurier, gehören aber zu den Säugetieren. Eigentlich sind sie nachtaktiv, man kann sie zuweilen auch am Tage sehen. Der spanische Name *Armadillo* bedeutet »Bewaffnete« oder auch »Gepanzerte«. Diese Bezeichnung verdanken die bis zu sechs Kilogramm schweren Tiere ihrem Hautknochenpanzer.

Nicht gern gesehen sind einige tierische Zuwanderer. Besonders die Python bereitet den Ökologen Sorgen. Die ursprünglich aus Asien stammende Würgeschlange hat sich in den Everglades breitgemacht und große Teile der Säugetier-Populationen aufgefressen. Im subtropischen Klima fühlt sich auch der kubanische Baumfrosch wohl. In den 60er-Jahren wurden die ersten wild lebenden Leguane beobachtet. Obwohl sie nicht gefährlich sind und auch das Ökosystem nicht drastisch beeinflussen, sind die hungrigen Vegetarier doch vor allem Landschaftsgärtnern ein Dorn im Auge.

13 Biscayne National Park
Schutz für Koralle & Co.

Die Geschichte des Biscayne National Park begann am 18. Oktober 1968. Damals wurde auf Anweisung von Präsident Lyndon B. Johnson das sogenannte Biscayne National Monument eingerichtet – der Grundstein für die Anerkennung als schutzwürdiges Gebiet war gelegt. Am 28. Juni 1980 wurde das Areal dann offiziell zum Nationalpark erklärt. Ein Schutzgebiet, das zu 95 Prozent aus Wasserfläche besteht.

Ein Unterwasserparadies, das nur schwer zu erreichen ist. Der weitgehend unerschlossene Nationalpark ist nur per Boot zugänglich. Wer keines besitzt, kann sich eines außerhalb des Parks in Homestead oder Miami mieten und herantransportieren. Weder die Parkverwaltung noch private Unternehmen führen Boots- oder Tauchausflüge durch. Wer aber ein Boot hat, dem stehen alle Möglichkeiten offen: Schwimmen, Tauchen, Angeln, Beobachten von Tieren und Pflanzen und nicht zuletzt das Campen auf der Insel Elliott mit dem einzigen Zeltplatz des Nationalparks.

Auf einer Fläche von 750 Quadratkilometern befindet sich eines der spektakulärsten Tauch- und Schnorchelgebiete der USA. Hier hat das vorgelagerte Korallenriff, das sich über die gesamte Südküste Floridas erstreckt, seinen ursprünglichen Zustand bewahren können. Nach dem Great Barrier Reef in Australien und dem Riff vor der Küste von Belize ist es das drittgrößte der Welt – und das, obwohl es noch in den 50er-Jahren von Tauchern mit Hämmern und Dynamit attackiert wurde, um Souvenirs für Touristen zu »ernten«.

Der Biscayne National Park: ein Unterwasserparadies für Taucher und Schnorchler

Biscayne National Park

Der Biscayne National Park besteht aus einer Kette von 25 bewaldeten Inseln. Unter der Wasseroberfläche bilden Dutzende von Korallenarten gemeinsam mit vielen anderen Meerestieren und -pflanzen eine farbenprächtige Welt. Einige Inseln werden von dichten Mangrovenwäldern eingeschlossen. Während auf dem Festland vom ursprünglichen tropischen Hartholz dieser Region kaum etwas erhalten geblieben ist, wachsen auf der Insel Sands Key im Norden des Parks noch Mahagonibäume. Die seltenen Nutzhölzer waren lange Zeit bevorzugtes Material der Schiffsbauer und wurden fast vollständig abgeholzt. Im Süden des Parks liegt die Insel Old Rhodes Key mit subtropischem Baumbestand. Hier tummeln sich Waschbären, Opossums, Sumpfhasen und Baumhörnchen. Jedes Jahr kommen Lederrückenschildkröten zur Eiablage in den Park.

Tiere mit Pflanzennamen

Natürlich aber kommen die meisten Besucher zum Schnorcheln und Tauchen hierher. Die Riffe bestehen zum größten Teil aus Korallen. Für diese empfindlichen Meerestiere sind einige Voraussetzungen lebenswichtig: Sie benötigen bewegtes Salzwasser in einem Flachmeer von höchstens 60 Metern Tiefe, eine Wassertemperatur von mindestens 20 °C und festen Meeresgrund. In der Bucht von Biscayne liegen in zwölf Meter Tiefe alte Riffe, auf denen sich in den letzten Jahrzehnten neue Korallen gebildet haben. Östlich von ihnen fällt der Meeresboden um mehrere hundert Meter steil ab. Korallen sind Tiere, auch wenn sie irrtümlicherweise Pflanzennamen tragen. Seeanemonen, Seerosen und -dahlien sind nur einige der vielen Arten, die mit ihren Riffen den Lebensraum zahlloser Meeresbewohner bilden. Hier leben Schwämme, Schnecken, Quallen, Muscheln, Krebse, Tinten- und Korallenfische, Haie und Barracudas.

Infos und Adressen

AKTIVITÄTEN

Angeln. Für das Angeln im Salzwasser ist keine Lizenz erforderlich, es gelten die Angelvorschriften Floridas. Park-Ranger geben Auskunft über Angelstellen. Langusten dürfen im Nationalpark nicht gefangen werden.

Schwimmen. Beim Schwimmen bei den scharfkantigen Korallenriffen ist wegen der Verletzungsgefahr besondere Vorsicht geboten.

Tauchen. Geeignete Stellen zum Tauchen an Korallenriffen und Schiffswracks sind durch Bojen gekennzeichnet, an denen man die Boote festbinden kann. Ergiebige Tauchgebiete sind Kanäle und Schneisen zwischen den Inseln und im Bereich westlich der Old Rhode Key.

Wandern. Auf der Insel Elliott ist ein 13 km langer Wanderweg angelegt worden, der am Zeltplatz beginnt. Insektenmittel nicht vergessen!

INFORMATION
Biscayne National Park.
9700 SW 328th St., Homestead, FL 33033, Tel. 305 230 1144, www.nps.gov/bisc

Nationalpark-Ranger im Einsatz

DIE GOLFKÜSTE

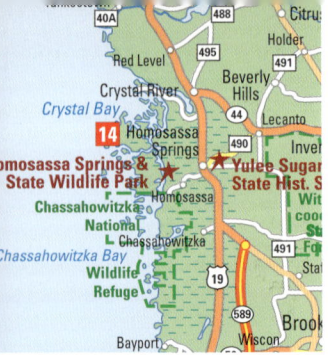

14 Crystal River, Homosassa Springs
Bei Manatis zu Hause

Das Gebiet um Crystal River und Homosassa Springs ist geprägt von unberührter Natur, lagunenartigen Wasserwegen und zahlreichen Quellen, die mit konstanter Temperatur von 22 Grad Celsius aus dem porösen Untergrund sprudeln. Durch die Vermischung von Süß- und Salzwasser findet man hier eine reichhaltige Unterwasserwelt vor – unter anderem urzeitlich anmutende Manatis, die heimlichen Stars der Gegend.

Sie wiegen fast eine halbe Tonne, sind mit den Elefanten verwandt und eigentlich keine Schönheiten. Aber wenn sie auftauchen, fliegen ihnen die Herzen zu: Manatis. Die sympathischen Seekühe schätzen warmes Wasser und ziehen sich in den Wintermonaten aus dem Golf von Mexiko in die angenehmeren, von warmen Quellen gespeisten Flüsse wie den Crystal River zurück. Manatis schwimmen langsam und lassen sich am liebsten treiben. Ausgewachsene Seekühe kommen etwa alle ein bis fünf Minuten an die Wasseroberfläche, um zu atmen. Sie ernähren sich vorwiegend von Seegras, Algen und Blättern von Mangrovenbäumen. Ihr Bestand gilt weltweit als gefährdet. Dort, wo die Tiere auf Schiffsverkehr treffen, sind Kollisionen häufig. Aus diesem Grund wird in Florida an vielen Orten, wo die Dickhäuter anzutreffen sind, Rücksicht auf sie genommen. Der Unterlauf des Crystal Rivers gehört zu den 22 floridianischen Schutzzonen dieser Pflanzenfresser. Dabei gelten drei Stufen, die beschildert sind: *Idle Speed Manatee Area* – vom 1. Oktober bis 31. März darf hier nur im Schritttempo und mit gedrosseltem Motor

Vorangehende Doppelseite:
Ungleiche »Kollegen« am Madeira Beach nahe Clearwater
Mitte: Refugium für unzählige Tier- und Pflanzenarten
Unten: Im Winter schätzen Manatis die warmen Süßwasserquellen des Crystal Rivers.

gefahren werden. *Slow Speed Manatee Area* – ebenfalls vom 1. Oktober bis 31. März muss man sehr langsam fahren. *Manatee Sanctuary* – hier sind Bootsfahrten, Schwimmen und Tauchen untersagt.

Freundliche Giganten

Eine günstige Zeit für die Fotojagd auf Manatis ist am Crystal River der frühe Morgen. Oft sieht man Muttertiere mit ihren Kälbern dort im kristallklaren Wasser. Entlang der Maine Street von Crystal River findet man etliche Hinweisschilder für Touren auf dem Fluss und Tauch-Shops, die Exkursionen zu den *gentle giants* anbieten. Von dreistündigen Schnorcheltouren bis zu individuellen Ausflügen mit und ohne Guide reicht das Angebot. Wer einfach nur mit den Manatis schwimmen möchte, kann dies hier ebenfalls tun.

Nördlich des Ortes liegt die Crystal River State Archaeological Site, wo man »Indian Mounds« besichtigen kann. Zwischen 200 vor und 1400 nach Christus lebten hier Indianer, die einen 70 Meter hohen Tempelhügel hinterließen. Von der Anhöhe hat man einen herrlichen Blick über Landschaft und Fluss. Im Visitor Center kann man indianische Artefakte besichtigen.

Eine halbe Stunde südlich von Crystal River erreicht man den Homosassa Springs Wildlife State Park. Rund 180 000 Liter kristallklares Wasser pro Minute schießen hier aus 14 Meter Tiefe empor und in den Homosassa River, der in den Golf von Mexiko mündet. Der Park verfügt über zwei Eingänge, der Haupteingang an der U.S. 19 ist meist überlaufen, besser den ruhigen West Entrance am Fishbowl Drive nehmen. Von hier aus gelangt man auch schneller zu den Attraktionen. Erster Anlaufpunkt ist ein großes Bassin, in dem zahlreiche Manatis überwintern.

Infos und Adressen

SEHENSWÜRDIGKEITEN
Crystal River Preserve State Park. Von 8 Uhr bis Sonnenuntergang, 3266 North Sailboat Ave., Crystal River, FL 34428, Tel. 352 563 0450, www.florida stateparks.org/crystalriverpreserve

ESSEN UND TRINKEN
Neon Leon's Zydeco Steakhouse. Das Essen ist ebenso scharf gewürzt wie gut. Livemusik an vielen Abenden – der ehemalige Besitzer Leon Wilkeson war schließlich Bassist der Rockband Lynyrd Skynrd. 10350 West Yulee Dr., Homosassa, FL 34448, Tel. 352 621 3663

ÜBERNACHTEN
Homosassa River Resort. Ein idyllisches Stück Old Florida direkt am Fluss mit viel Atmosphäre. 5297 South Cherokee Way, Homosassa, FL 34448, Tel. 352 628 2474, www.riversideresorts.com

AKTIVITÄTEN
Manatee Tour and Dive. Manati-Touren, Tauchgänge, Boots- und Kanuverleih. 267 Northwest 3rd St., Crystal River, FL 34428, Tel. 352 795 1333, www.manateetouranddive.com

Urig: das Homosassa River Resort

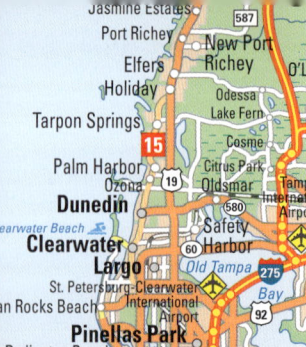

15 Tarpon Springs, Dunedin, Clearwater
Schwammige Welthauptstadt

Der Ort mit dem höchsten Anteil an Griechen in den gesamten USA. Ein Nachbarort mit schottischem Namen und jährlichen Highland Games, bei denen heimatverbundene Einwohner in Kilts ihre Herkunft feiern. Und eine Stadt, die einen der feinstsandigen Strände des Bundesstaates besitzt, an dem das größte Speedboot der Welt entlangbrettert. Die Treasure Coast ist fürwahr ein facettenreicher Landstrich.

Bei Zeus, hier ist ja alles griechisch! Diesen Eindruck hat, wer in den kleinen Ort Tarpon Springs kommt. Denn rund die Hälfte der 24 000 Einwohner hat griechische Wurzeln. Im Schatten sitzen alte Männer, trinken ihren aufgebrühten Kaffee und spielen Karten. Die Häuserfassaden an der Promenade leuchten weiß und hellblau, kantige Schriftzeichen prangen über den diversen Souvenirshops, die neben Schwämmen auch Nachbildungen der Akropolis aus Plastik anbieten. Im Hafen lockt die Hellas Bakery mit allerlei Süßspeisen – zum Beispiel dem überirdisch köstlichen Baklava. Und schließlich der Mittelpunkt allen griechischen Lebens: die orthodoxe Kirche.

Als in den 1890er-Jahren hier vor der Küste Naturschwammbänke entdeckt wurden, brachte ein Händler aus New York 500 Männer aus Griechenland in die Stadt nach Florida. Es hieß, sie trauten sich auch in tiefe Gewässer, wo die besseren Schwämme zu ernten waren. So wurde Tarpon Springs Anfang des 20. Jahrhunderts zur Welthauptstadt der Schwammfischerei. Jeder zweite Naturschwamm, den man in Europa kaufen konnte,

Mitte: Am Anfang war der Schwamm, und der wird nach wie vor in zahlreichen Shops und Souvenirläden angeboten.
Unten: Fischerboote im malerischen Hafen von Tarpon Springs

Infos und Adressen

kam aus dem kleinen Ort in Florida. Die Käufer eröffneten 1907 eine Schwammbörse, zweimal wöchentlich fand eine Auktion statt. Nachdem in den 30er- und 40er-Jahren die Schwämme von Krankheiten befallen wurden, brach die Industrie zusammen. Doch in den 1980ern wurden neue Schwammkolonien entdeckt, und Tarpon Springs gelangte wieder zu Bedeutung am internationalen Markt für Naturschwämme.

Am Dodecanese Boulevard liegt das Tarpon Springs Aquarium, wo man Haie und Rochen besichtigen kann. Außerdem lockt dort das Sponge-O-Rama, ein »Kitsch-Theater« mit Museum.

Ruheplatz mit Poststempel

Weiter südlich liegt das 1870 gegründete Dunedin. Zu seinem Namen kam der Ort, als zwei schottische Kaufleute einen Gemischtwarenladen eröffneten und bei der Regierung um die Lizenz für ein Postamt baten – in der Hoffnung auf zusätzliche Kunden. Der Antrag wurde genehmigt, die Siedlung daraufhin Dunedin (gälisch: »Ruheplatz«) genannt. Eine Welle von schottischen Siedlern folgte. Heute feiert der Ort sein geschichtliches Erbe alljährlich mit den *Highland Games*. Dunedin besitzt einen schönen Strand und zwei einzigartige Inseln: Honeymoon Island und Caladesi Island. Bei Clearwater, weiter im Süden, erstreckt sich einer der feinstsandigen Strände Floridas. Wer will, kann mit der *Sea Screamer,* dem größten Speedboat der Welt, eine Rundfahrt entlang der Küste von Clearwater Beach unternehmen. Im ersten Abschnitt der Fahrt geht es in beschaulichem Tempo entlang der Küste von Clearwater Beach mit ihren Villen, danach fährt das Schiff hinaus aufs offene Meer zum Delfine-Beobachten. Und zurück in den Hafen brettert die *Sea Screamer* dann mit Höchstgeschwindigkeit.

SEHENSWÜRDIGKEITEN
Marine Aquarium. Forschungs- und Rehabilitationszentrum für Meeresbewohner. Mo–Sa 9–16 Uhr, So 11–16 Uhr, 249 Windward Passage, Clearwater, FL 33767, Tel. 727 441 1790, www.seewinter.com

Sponge-O-Rama. Überblick über die Entwicklung der Schwammindustrie. Tgl. 10–17 Uhr, 510 Dodecanese Blvd., Tarpon Springs, FL 34689, Tel. 727 943 2164, www.spongeorama.com

The Dunedin Museum. Original-Bahnhofsstation der *Orange Belt Railroad* von 1889. Di–Sa 10–16 Uhr, 349 Main St., Dunedin, FL 34697, Tel. 727 736 1176, www.dunedinmuseum.org

ESSEN UND TRINKEN
Hellas Bakery & Restaurant. Man glaubt, man sei am Mittelmeer … 785 Dodecanese Blvd., Tarpon Springs, FL 34689, Tel. 727 943 2400, www.hellasbakery.com

ÜBERNACHTEN
Innisbrook Resort and Golf Club. Das Resort bietet vier Championship-Golfplätze sowie eine Golfschule. 36750 U.S. Hwy. 19 North, Palm Harbor, FL 34683, Tel. 727 942 2000, www.innisbrookgolfresort.com

16 Tampa
Am Anfang war der Tabakqualm

Eine Stadt platzt aus allen Nähten: Der Großraum Tampa zählt nach Jahren explosiven Wachstums inzwischen mehr als 2,7 Millionen Einwohner und ist damit eine der größten Metropolen im Süden der USA. Neben einem breiten Kulturangebot und jeder Menge Industrie und Finanzwirtschaft ist Tampa aber auch ein Ort für Besinnung und Erholung in unberührter Natur.

Die Geschichte Tampas begann mit einer Enttäuschung: 1520 landeten spanische Konquistadoren an jenem Meeresarm, der heute als Tampa Bay bekannt ist. Und mussten ihre Hoffnung, hier Gold zu finden, schnell begraben. Freundlich empfangen wurden sie auch nicht: Gleich nach Betreten der Gestade bliesen heimische Indianer zur Attacke, der spanische Anführer befahl daraufhin den Rückzug. In den folgenden Jahrhunderten fristete die Gegend ein eher unscheinbares Dasein; Sümpfe und der sandige Boden waren nicht gerade dazu angetan, Siedler anzulocken. Anfang des 19. Jahrhunderts kam wieder etwas mehr Leben in den Landstrich. 1823 errichteten amerikanische Truppen einige Forts, darunter Fort Brooke auf dem heutigen Stadtgebiet Tampas. Einige der Soldaten ließen sich nach Ablauf ihrer Dienstzeit hier nieder. Nach dem Bürgerkrieg (1861–1865) wurde das Fort geschleift, viele Einwohner starben an einer Gelbfieber-Epidemie, andere zogen fort. Und Tampa fiel wieder in einen Dornröschenschlaf zurück. Das änderte sich schlagartig Mitte der 1880er-Jahre, als wertvolle Phosphate im Boden gefunden wurden und der Anschluss ans Eisenbahnnetz erfolgte.

Direkt am Hillsborough River liegt das Stadtzentrum von Tampa mit seinen modernen Hochhäusern.

Die Zugverbindung animierte den ursprünglich aus Spanien stammenden Zigarrenfabrikanten Vicente Martinez-Ybor (1818–1896), seine Produktionsstätte ins damals 5000 Einwohner zählende Tampa zu verlegen. Seine erste Manufaktur hatte er in Havanna gegründet, schon bald darauf folgte ein Ableger in Key West. Der Zugriff auf billige Arbeitskräfte und der Eisenbahnanschluss, mit dessen Hilfe er seine qualmenden Produkte schneller an die Abnehmer im Norden der USA transportieren konnte, veranlassten ihn, sich auch in Tampa mit einer Fabrik niederzulassen. Ein Schritt, dem andere Zigarrenbarone bald folgten.

Kubas Düfte

Die Zigarrenindustrie siedelte sich in jenem Stadtteil Tampas an, der heute nach Vicente Martinez-Ybor benannt ist. Schnell kamen Gastarbeiter aus Kuba, aber auch Italien, Spanien und Deutschland, die in den Manufakturen Arbeit fanden – und mit ihrer jeweiligen Kultur die Stadt prägten. Der kubanische Einfluss erwies sich im Laufe der Zeit als am vitalsten – kubanische Restaurants, eine duftende Kaffeerösterei, Zigarrenläden und lebendige lateinamerikanische Feste bestehen bis heute fort, obwohl die Fabriken längst stillgelegt wurden. In die einstigen Zigarrenfabriken und Arbeiterhäuser sind inzwischen Bars, Restaurants und kleine Geschäfte gezogen. Und haben den Distrikt zu einer der heißesten Ausgeh-Adressen auf Floridas Golfküste gemacht. Vor allem am Wochenende strömt die Jeunesse dorée der Stadt nach Ybor City und mischt sich dort mit den Besuchern aus aller Welt zur Riesenparty. Dann ertönt lateinamerikanische Musik aus den Cafés und Bars, der Duft kreolischer und kubanischer Küche wabert in der Luft, und Touristen wie Einheimische flirten entlang der Seventh Avenue um die Wette.

Nicht verpassen

FLORIDA AQUARIUM

Mehr als 5000 Wasserbewohner sind im Florida Aquarium auf drei Stockwerken untergebracht, darunter Krokodile, Muränen, Schildkröten und Haie. Im Bereich *Florida Wetlands* treffen Besucher auf eine naturgetreue Wiedergabe der typischen Sumpflandschaft Floridas – im verkleinerten Maßstab. Neben einer Kalksteinhöhle kann man ausgeschlüpfte Alligatoren und einen Mangrovenwald bestaunen. Höhepunkt des Aquariums ist ein Riff in einem riesigen, fast zwei Millionen Liter fassenden Wassertank mit 30 Zentimeter dicken Außenwänden – ein Natur- und Technikwunder mit farbenprächtigen Korallen und Tausenden von Fischen. Mitarbeiter des Aquariums tauchen hier täglich in die Fluten und dozieren via Sprechanlage über die Unterwasserwelt.

Florida Aquarium. Tgl. 9.30–17 Uhr, 701 Channelside Dr., Tampa, FL 33602. Tel. 813 273 4000, www.flaquarium.org

Im eleganten Bogen führt die neun Kilometer lange Sunshine Skyway Bridge über die Tampa Bay.

Nicht verpassen

STACHELROCHEN STREICHELN

Der familienfreund-
liche Lowry Park hat
sich neben exotischen
Tieren vor allem auf die
Fauna Floridas spezialisiert. Über
2000 Tiere der Region tummeln
sich in dem großzügig angelegten
Zoo. Neben einem Manati-Hospital
werden verwundete Tiere hier im
Florida Wildlife Center wieder
hochgepäppelt. Auf mehr als
230 000 Quadratmetern bietet der
Lowry Park jede Menge Unterhaltung für Kinder und die Gelegenheit, Tiere in artgerecht gestalteten
Gehegen zu beobachten. Besonders beliebt bei den lieben Kleinen
ist das Streicheln der gefährlich
aussehenden Stachelrochen (denen zuvor natürlich der giftige
Piekser entfernt wurde). Und zwei
Achterbahnen gibt es auch …

Lowry Park Zoo. Tgl. 9.30–17 Uhr,
1101 West Sligh Ave., Tampa,
FL 33604, Tel. 813 935 8552,
www.lowryparkzoo.com

In den letzten Jahren boomt auch die Innenstadt von Tampa rund um den Hafen und den Hillsborough River wieder. Das Kreuzfahrtgeschäft erlebte eine neue Blüte, die Reedereien entdeckten Tampa als lohnendes Reiseziel. An der Kanalseite entstand ein Unter-haltungs- und Restaurantkomplex mit Hotels, einer Eishockey-Arena und dem Florida Aquarium, einer muschelförmigen Glaskuppel mit mehr als 10 000 Wasserpflanzen und Tieren.

Beliebte Nacht- und Ausgehviertel von Tampa sind neben Ybor City der Channel District, SoHo und die International Plaza and Bay Street. Sein Glück versuchen kann man im Hotel und Casino Seminole Hard Rock. Das prächtige Tampa Hotel beherbergt heute die Verwaltung der Universität Tampa, und das Henry B. Plant Museum erinnert an die Zeit, als Teddy Roosevelt (1858–1919) und seine »Rough Riders«, das legendäre 1. US-Frei-willigen-Kavallerieregiment des Spanisch-Ameri-kanischen Krieges, sich hier eingenistet hatten. Das Tampa Theatre, errichtet 1926 im damals beliebten Mediterranean-Revival-Style und das erste kommerzielle Gebäude der Stadt mit Klima-

Rundgang Tampa

A Henry B. Plant Museum – Seit 1974 im ehemaligen Tampa Bay Hotel, das einmal zu den prachtvollsten Grandhotels der Welt zählte. 401 West Kennedy Blvd.

B Straz Center for the Performing Arts – Mit seinen fünf Theatersälen ist das Center Schauplatz kultureller Veranstaltungen – von Musicals, über Broadway-Produktionen bis zu Konzerten. 1010 North MacInnes Pl.

C Tampa Museum of Art – Schwerpunkt ist die Kunst des 20. Jhs. 120 West Gasparilla Pl.

D Tampa Theatre – Das 1925 erbaute Lichtspielhaus gilt als Beispiel klassischer amerikanischer Kinoarchitektur. 711 North Franklin St.

E City Hall – Bei seiner Eröffnung 1915 war Tampas Rathaus mit 50 Metern das höchste Gebäude Floridas. 315 East Kennedy Blvd.

F Tampa Bay History Center – 12 000 Jahre menschliches Leben rund um die Bucht. 801 Old Water St.

G S.S. American Victory – Ehemaliges Victory-Schiff aus dem Zweiten Weltkrieg, das heute als Museumsschiff dient. 705 Channelside Dr.

H José Martí Park – Hier steht eine Statue des kubanischen Freiheitskämpfers José Marti. 1303 East 8th Ave.

I Ritz Ybor – Prächtiges Foyer mit Art-déco-Motiven – früher Hotel, heute angesagter Nachtklub. 1503 East 7th Ave.

J YborCity State Museum – Museum zur Geschichte des Latino-Viertels. 1018 East 9th Ave.

RAUCHEN ERLAUBT

Bei einer Führung durch das ehemalige Zigarren- viertel Ybor City erfährt man, wie der Tabakunternehmer Vicente Martinez-Ybor darauf kam, in den Sümpfen um Tampa eine Zigar- ren-Manufaktur zu gründen. Schon bald folgten ihm zahlreiche Hersteller aus Kuba. Auf dem Höhepunkt der Produktion wurden hier bis zu zwei Millionen Zigarren täglich von Hand gerollt. Das Handwerk erforderte viel Geschick, dennoch war die Arbeit eintönig und die Arbeitsbedingungen schwierig. Um den Zigarren-Wick- lern in Ybor City die Langeweile zu vertreiben, lasen Referenten aus Zeitungen und Romanen vor. Das führte dazu, dass die Arbeiter mit der Zeit über eine durchaus solide Allgemeinbildung verfügten, obwohl sie selber meist Analpha- beten waren.

Ybor City Historic Walking Tours.
Tgl. Touren von der Vicente Marti- nez-Ybor-Statue am Centro Ybor an der 7th Ave, Tel. 813 505 6779, www.yborwalkingtours.com

anlage, steht in reizvollem Kontrast zum ultramodernen Gebäude der darstellen- den Künste und dem Kunstmuseum. Der sieben Kilometer lange Bayshore Boulevard, von dem Einheimische gerne als »längstem un- unterbrochenen Bürgersteig der Welt« sprechen, windet sich entlang schöner Bürgerhäuser. In anderen historischen Vierteln wie Hyde Park ist Shopping in edlen Boutiquen und Schlemmen in noblen Restaurants angesagt. Im Norden der Stadt locken der Lowry Park Zoo, das Museum of Science and Industry (MOSI), Adventure Island und der Vergnügungspark Busch Gardens Tampa. Letzterer hat sich rasant entwickelt: Was zunächst als einfache Brauereibesichtigung begann, gehört seit den 60er-Jahren zu den führenden und meist- besuchten Attraktionen Floridas.

Odyssee durch die Natur

Entlang der Randbezirke Tampas bietet der Hills- borough River die Kulisse für ländliches Leben. Auf demselben Fluss, der sich durchs Stadtzen- trum schlängelt, paddeln Kanufahrer und Kajaker nur ein paar Meilen flussaufwärts durch die Natur. Im Hillsborough River State Park rauscht das Was- ser über raue Kalksteinfelsen, Stromschnellen bie- ten Wassersportlern eine für Florida untypische Herausforderung. Beim Bootsverleih im Park kann man die nötige Ausrüstung mieten. Wen es nicht aufs Wasser zieht, kann an einer Tour durch das wiederaufgebaute Fort Foster teilnehmen.

Atemberaubend ist eine Fahrt entlang der State Road 19 über die Sunshine Skyway Bridge. Seit ihrer Eröffnung 1987 überspannt die Brücke auf einer Länge von exakt 5,5 Meilen die Tampa Bay und verbindet St. Petersburg mit Terra Ceia. Einen schöneren Ausblick auf Tampa gibt es von nirgendwo sonst!

Infos und Adressen

ESSEN UND TRINKEN

Bern's Steak House. Perfekt abgehangene Steaks, ein überwältigend bestückter Weinkeller und zum Abschluss die Wahl zwischen 50 Desserts. 1208 South Howard Ave., Tampa, FL 33606, Tel. 813 251 2421, www.bernssteakhouse.com

Columbia Restaurant. Ältestes Restaurant Floridas und größtes spanisches Restaurant der Welt. Kubanische und iberische Küche; abends temperamentvolle Flamenco-Darbietungen. Familienrestaurant in der fünften Generation. Die Weine kommen zum Teil vom eigenen Weingut in Argentinien. 2117 East 7th Ave., Tampa, FL 33605, Tel. 813 248 4961, www.columbiarestaurant.com

The Refinery. Restaurantbesitzer Greg Baker lässt nur feinste, frischeste Zutaten aus ökologischem Anbau in seine Küche. 5137 North Florida Ave., Tampa, FL 33603, Tel. 813 237 2000, www.thetamparefinery.com

ÜBERNACHTEN

Hotel Floridan. Der Charme alter Zeiten auf 19 Stockwerken. 905 North Florida Ave., Tampa, FL 33602, Tel. 813 225 1700, www.floridanpalace.com

Olé: Iberische Rhythmen, gepaart mit Grazie

Erholung vom anstrengenden Sightseeing am Pool des Tampa Marriott Waterside Hotel & Marina

Tampa Marriott Waterside Hotel & Marina. In nächster Nähe zu den Attraktionen Tampas gelegen. 700 South Florida Ave., Tampa, FL 33602, Tel. 813 221 4900, www.marriott.com

EINKAUFEN

Big Top Flea Market. Alles, was das Herz eines Flohmarktfans begehrt, gibt es hier in unzähligen überdachten Büdchen. Sa, So 9–16.30 Uhr, 9250 East Fowler Ave., Thonotosassa, FL 33592, Tel. 813 986 4004, www.bigtopfleamarket.com

AKTIVITÄTEN

Hillsborough River State Park. Teile des Parks sind Sumpfland, in den anderen kann man wandern, Rad fahren, campen oder in Kanu oder Kajak paddeln. Geöffnet von 8 Uhr bis Sonnenuntergang, 15402 North U.S. Hwy. 301, Thonotosassa, FL, 33592, Tel. 813 987 6771

17 Busch Gardens
Halligalli in Afrika

Was 1959 mit einem kleinen tropischen Garten inklusive Vogelshow neben der konzerneigenen Tampa-Anheuser-Busch-Brauerei begann und in der nachfolgenden Dekade zu einem Tierpark ausgebaut wurde, gehört heute zu den bekanntesten zoologischen Einrichtungen Nordamerikas. Neben einem Bestand von mehr als 2700 Tieren wird seit den 70er-Jahren kontinuierlich in spektakuläre »Thrill Rides« investiert, die mit viel Aufwand in Szene gesetzt sind.

Freibier, rustikales Essen in einem tropischen Park mit verschiedenen Vogelarten, eine Papageien-Show und einige Großtiere aus Afrika – dies war die Mixtur, die die Brauerei Anheuser-Busch mit Busch Gardens servierte. Das Rezept erwies sich als so erfolgreich, dass sich die Anlage in den 60er-Jahren bereits zu einem großen Publikumsmagneten in Florida entwickelte. 1966 wurde Busch Gardens mit der Safari Monorail erweitert, in den 70er-Jahren kamen weitere Attraktionen hinzu. Heute gehören zu dem Brauerei-Imperium noch die SeaWorlds in Orlando, San Diego, San Antonio und Aurora sowie Cypress Gardens in Winter Haven und Busch Gardens Europe in Williamsburg. Die Brauerei auf dem Gelände wurde bereits 1995 geschlossen, an ihrer Stelle steht die ratternde Holzachterbahn Gwazi.

Mitte: Ein Stückchen Orange, und schon ist der Ara glücklich.
Unten: Etwas mehr Futter brauchen hingegen diese Giraffen in Busch Gardens' »Edge of Africa«.

Derzeit verfügt Busch Gardens in Tampa über neun Park- und vier Tierbereiche. Insgesamt gibt es 22 Attraktionen, darunter sechs Achter- und drei Wasserbahnen. Dass die meisten dieser Hochleistungs-Karussells von soliden Schweizer Inge-

Busch Gardens

nieuren designt wurden, gibt einem angesichts ihrer fast wahnwitzigen Dimensionen doch irgendwie ein gutes Gefühl…

Der Park hat sich auch durch die Erhaltung gefährdeter Tierarten einen Namen gemacht, so feierte Busch Gardens Zuchterfolge bei den seltenen schwarzen Nashörnern, zudem lebt hier eine mehrköpfige Koala-Familie. Bei der Aufzucht von Pandabären gibt es eine Kooperation mit dem Zoo in Peking.

Die Themenbereiche

In »Edge of Africa« warten die Skyride Station und die Cheetah Hunt Achterbahn auf Besucher. Letztere hat eine maximale Geschwindigkeit von 97 Kilometern pro Stunde. In diesem Bereich kann man auch, nur durch eine Glasscheibe getrennt, mit afrikanischen Tieren auf Tuchfühlung gehen. Tieren ganz nah begegnen und die Geschichte des Dschungels erforschen kann man in »Jungala«. Im Bereich »Egypt« lauert die kurvenreiche Achterbahn Cobra's Cruse; »Congo« wartet mit zwei Highlights auf: die Kumba und die Conco River Rapids. Die Kumba ist eine 44 Meter hohe Stahlachterbahn, die Congo River Rapids ahmen als Wasserattraktion tobende Stromschnellen nach. Im Bereich »Morocco« locken neben Schlangenbeschwörern im Morocco Palace Theatre wechselnde Eisrevuen und Broadway-Shows Gäste an. Im Bereich »Nairobi« gibt es neben Alligatoren und Krokodilen auch ein Animal Care Center, in dem Kleintiere aufgepäppelt werden. Die 260 000 Quadratmeter große »Serengeti Plain«, von 500 Tieren bewohnt, kann bei einer Safari Tour erkundet werden. Ein besonderer Nervenkitzel erwartet den Besucher auf Falcon's Fury in »Pantopia« – dort fällt er in einem abgekippten 90-Grad-Winkel 102 Meter tief.

ESSEN UND TRINKEN

Mit dem »All-Day Dining Deal« kann man den ganzen Tag lang in fast allen der Restaurants im Park essen. So im Dragon Fire Grill, Zagora Café, Serengeti Overlook Pub, Bengal Bistro und dem Zambia Smokehouse. Ob sich das Geschäft lohnt, hängt vom individuellen Appetit und der Toleranz für endlose Mengen an Hamburgern und Fajita Wraps ab.

INFORMATION

Busch Gardens Tampa. Tgl. 10–18 Uhr (Shows: »Opening Night Critters« 13 Uhr, »Iceploration« 11.30, 13.30 und 15.30 Uhr, »A is for Africa« 11.30 und 16 Uhr, »Rock A Doo Wop« 12, 14 und 15.30 Uhr, »Real Music Series: Fernando Varela« 11.30 und 13.30 Uhr), 10165 North McKinley Dr., Tampa, FL 33612, Tel. 813 884 4386, www.seaworldparks.com

Falcon's Fury: »Freier Fall« aus 102 Metern Höhe

18 St. Petersburg, Redington Beach und Treasure Island
In alter Frische

Früher galt St. Petersburg als Gegenstück zu Tampa. Eine gemächliche Stadt mit dem Ruf, vornehmlich besser gestellte Rentner zu beherbergen, wo auf den Straßen die berühmten »grünen Bänke« standen: Symbole für Entspannung, Gastfreundschaft und Gehbehinderung. Doch Floridas »Sunshine City« hat ihr Image verändert und zeigt sich genauso frisch, aktiv und lebensfroh wie die ihr vorgelagerten Inseln.

Heute tragen die Gebäude der Innenstadt von St. Petersburg moderne Fassaden, die Restaurants und Cocktailbars bemühen sich um ein jugendlicheres Publikum. Der Altersdurchschnitt der rund 250 000 Einwohner liegt mittlerweile bei 38 Jahren. Und damit nur noch zwei Jahre über dem der restlichen USA. Manchmal ist man bei der Verjüngungskur allerdings ein bisschen übers Ziel hinausgeschossen. Im Jahr 2006 etwa, als man das berühmte Colonial Hotel abgerissen hat, ebenso das Royal Palm Hotel. Inzwischen aber hat St. Petersburg entdeckt, wie viel Charme die prächtigen alten Häuser und die Kirchen aus den Anfängen des letzten Jahrhunderts besitzen – das YMCA-Gebäude von 1927 mit dem gekachelten Pool etwa oder das Coliseum, jene Tanzhalle, in der 1985 der Film *Cocoon* gedreht wurde.

Mitte: St. Petersburg Beach aus der Vogelperspektive, im Hintergrund die Boca Ciega Bay
Unten: Blick über die Tampa Bay in St. Petersburg

The Pier, dieser umgedrehten Pyramide mit dem brachialen Betoncharme der 70er-Jahre, hatte niemand nachgeweint, als 2015 die Abrissbirne anrollte. Nur mit der Errichtung eines Nachfolgers tun sich Planer, Stadtväter und Bürger schwer. Mehrere Entwürfe wurden erstellt, verworfen, akzeptiert, dann doch wieder abgelehnt. Nun hoffen alle, dass 2018 endlich ein neuer Pier das Stadtbild prägt.

Von Russland inspiriert

St. Petersburg trägt den Namen einer der stolzesten Metropolen des alten Kontinents. Der russische Aristokrat, Journalist und Globetrotter Pjotr Alexejewitsch Dementjew war einer der beiden Stadtgründer. Er hatte sich aus dem autokratischen Russland in die freie Neue Welt geflüchtet, in Florida die Orange-Belt-Eisenbahnlinie bis ans Meer geführt und dort mit seinem Partner John Williams 1892 eine Stadt gegründet, die er nach der Kapitale seiner Heimat benannte: St. Petersburg. In der Mitte der Innenstadt befindet sich der nach dem Stadtgründer benannte Williams Park, mit einer modernen Konzertmuschel und Sitzplätzen für 4000 Besucher.

Einer der verrücktesten Helden der Stadtgeschichte ist Tony Jannus. Am Neujahrstag 1914 flog der Pilot in spektakulären 23 Minuten von St. Petersburg auf die andere Seite der Bucht nach Tampa, mit dem mutigen Bürgermeister Abe Phiel als erstem Fluggast – Flughöhe 15 Meter. Der 24-jährige Jannus begründete damit die St. Petersburg–Tampa Airboat Line, die erste Verkehrsfluglinie der Welt, die allerdings bereits nach drei Monaten eingestellt wurde, weil der Staat keine Lizenz für den Posttransport erteilte. Jannus flog daraufhin in – ausgerechnet – Russland Militärflugzeuge und stürzte 1916 über dem Schwarzen Meer ab. Eine Nachbildung von Jannus' legendärer Benoist-Maschine im ewigen Landeanflug hängt heute im kleinen, feinen Museum of History. Nur eines der zahlreichen Museen der Stadt: Es gibt

Geheimtipp

FORT DE SOTO PARK

Fernab jeglicher Hektik lockt der Fort de Soto Park mit Natur pur. Zahlreiche kleine Brücken führen zum Eingangsportal, für fünf Dollar Parkgebühr (Fußgänger und Radfahrer haben freien Eintritt) öffnet sich die miteinander verbundene Inselwelt von Madelaine Key, St. Jean Key, St. Christopher Key, Bonne Fortune Key und der Hauptinsel Mullet Key. Über 300 verschiedene Vogelarten leben hier. Zwischen April und September brüten am Strand Karettschildkröten, vom Fishing Pier aus kann man den Delfinen beim Spielen und den Pelikanen beim Fischen zusehen. Insbesondere wochentags ist der Fort de Soto Park ein Geheimtipp. Wer länger bleiben möchte: Campen ist auf den ausgewiesenen Flächen direkt am Wasser möglich.

Fort De Soto Park. 3500 Pinellas Bayway South, Tierra Verde, FL 33715, Tel. 727 582 2267, www.pinellascounty.org

Nicht verpassen

TOTAL SURREAL: DALÍ MUSEUM

Salvador Dalí (1904–1989) ist der einzige Künstler, für den es bereits zu Lebzeiten zwei Museen gab, die ausschließlich seinen Werken gewidmet sind. Das erste, das Dalí Museum in St. Petersburg, wurde 1971 von seinem Gönner Albert Reynolds Morse und dessen Frau Eleanor gegründet. Die Sammlung war zuerst in der Nähe ihres Heimatortes in Cleveland, Ohio, untergebracht. 1982 zog das Museum nach St. Petersburg um. Es beherbergt 95 Ölgemälde, einschließlich sechs großformatiger Historiengemälde. Hier hängen frühe Werke wie *Fiesta in Figueras* und späte Monumentalgemälde wie die *Entdeckung Amerikas*. Seit 2011 hat die Sammlung in dem vom Architekten Yann Weymouth entworfenen Gebäude eine neue Heimat gefunden.

Salvador Dalí Museum. Tgl. 10–17.30 Uhr, Do 10–20 Uhr, So 12–17.30 Uhr, 1 Dali Blvd., St. Petersburg, FL 33701, Tel. 727 823 3767, www.thedali.org

ein Holocaust-Museum, das Museum of Fine Arts mit Cézannes, Monets, Gauguins. Vor allem aber gibt es das Dalí-Museum, das die größte zusammenhängende Sammlung von Werken Dalís außerhalb von Figueres in Spanien besitzt.

Gleich neben dem Museum of Fine Arts, im Vinoy Basin, liegt die 40 Meter lange Nachbildung des weltberühmten Segelschiffes *Bounty*. Das Original hatte einst der berüchtigte Captain Bligh befehligt, ehe sein Offizier Fletcher Christian eine Meuterei anzettelte. Die *Bounty II* fuhr 1961 von Kanada durch den Panamakanal bis nach Tahiti zu den Dreharbeiten des MGM-Films über die *Meuterei auf der Bounty* mit Marlon Brando als Anstifter.

Weltklasse-Segler

Im Februar eines jeden Jahres beherbergt der St. Petersburg Yacht Club Segeljachten der Weltklasse. Anlass hierfür ist die *Southern Ocean Racing Conference:* Die 370-Meilen-Route führt über Fort Lauderdale an der Ostküste Floridas weiter bis nach Nassau auf den Bahamas. Wochen vor dem Langstreckenrennen finden kleine Regatten und ebenso viele Partys statt. Das westlich der Metropole vorgelagerte St. Petersburg Beach ist direkt dem Golf von Mexiko zugewandt. Von hier aus starten Bootsausflüge zu den Delfinen sowie zum Schnorcheln und Tauchen. Und das Badevergnügen kann in Kilometern gemessen werden: Der Strand ist elf Kilometer lang. Sein Markenzeichen: feinster Puderzuckersand, der zu 99 Prozent aus purem Quarz besteht und auch im Sommer nicht heiß wird. Ein ideales Revier für Wasserratten, die zwischen Segeln, Motorbootfahren, Wasserski, Windsurfing, Parasailing, Tauchen und Hochseefischen wählen dürfen.

Den Gulf Boulevard entlang – eine durchgehende Straße bis Clearwater Beach – bieten sich alle Unterkunftsarten an: große Ferienhotels, Motels, komfortable Ferienwohnungen. Hier findet man Restaurants, Cafés und Strandbars sowie Entertainment vom Jazz bis zur Show. Eine Ausnahmestellung nimmt das wuchtige Hotel Don CeSar ein, dieser pinkfarbene Palast, ein Neuschwanstein aus Marshmallows. Zelda und F. Scott Fitzgerald *(Der große Gatsby)* dinierten hier regelmäßig, und Gangsterboss Al Capone hatte im King-Charles-Restaurant einen Stammtisch.

Blick aufs Wasser

Weiter nördlich zeigt sich Redington Beach als gelungene Mischung niedriger Wohnblöcke, Resorts, Hotels und Motels und dazu kleiner Läden entlang des Gulf Boulevard. An der Bay haben überwiegend Einfamilienhäuser ihren bevorzugten Platz. Mit ihren Bootsanlegestellen und dem schönen Blick aufs Wasser gehören sie zum Exklusivsten, was Pinellas County zu bieten hat. Redington Shores beherbergt einfache bis elegante Quartiere mit Swimmingpools, nur ein paar Schritte vom Strand entfernt. Angler kommen zum Fischen an den berühmten Redington Long Pier.

Oben: Am Strand des berühmten Loews Don CeSar Hotels könnte der Sonnenuntergang sehr romantisch genossen werden.
Unten: … ein paar Kilometer weiter, am selben Gulf Boulevard, geht es ungleich quirliger zu.

121

Romantische Sonnenuntergänge am Golf von
Mexiko und weiße Strände, von Sanddünen
gesäumt, sind das Markenzeichen von Madeira
Beach. Das Zentrum der Insel ist John's Pass Village im südlichen Zipfel an der 128th Avenue gelegen: eine Pfahlbausiedlung 40 Meter über dem
Meer im Stil eines floridianischen Fischerdorfes
um die Jahrhundertwende. Mit Holzhütten, hübschen Boutiquen, kleinen Geschäften und Restaurants mit den leckersten Fischspezialitäten. John's
Pass Village ist auch das Zentrum für Angler und
Hochseefischer. Hier kann man die hinausfahren-
den Trawler sehen und beobachten, wie sie abends
ihre Fänge anlanden. Ganz in der Nähe von John's
Pass Village liegen Ausflugsschiffe, die zu Lunch-
oder Dinnerfahrten in den Golf von Mexiko auslaufen. Alljährlich finden hier einige bunte Feste
wie das *Seafood Festival* im Herbst statt.

Treasure Island bietet einen der breitesten Sandstrände an der Suncoast. Die Stadt besitzt einige
besonders gut erhaltene Zeugnisse des 50er-Jahre-
Stils, in manchen Motels findet man sogar noch
das Originalmobiliar aus dieser Zeit, Nierentisch
inklusive. Einst hatten Piraten hier ihr Versteck;
jedes Jahr wird das *John LeVique Pirate Days
Festival* gefeiert. Mit Bootsparade, Piratenball,
Schatzsuche und sogar einer Seeschlacht. Ahoi!

Oben: Gemeinsam wird der
Sonnenuntergang am Madeira
Beach zelebriert.
Mitte: Leben und leben lassen …
Unten: Nicht zu übersehen – das
Neon Motel auf Treasure Island

St. Petersburg, Redington Beach und Treasure Island

Infos und Adressen

SEHENSWÜRDIGKEITEN

Coliseum Ballroom. Dieses berühmte Gebäude mit seinem großen Tanzpalast wurde 1924 eröffnet. Tanz Mi 20–23 Uhr und Sa 21–1 Uhr, 535 4th Ave. North, St. Petersburg, FL 33701, Tel. 727 894 1812, www.stpete.org/coliseum

Museum of Fine Arts. Großartige Sammlung französischer Impressionisten. Di–Sa 10–17 Uhr, So 12–17 Uhr, 255 Beach Dr. Northeast, St. Petersburg, FL 33701, Tel. 727 896 2667, www.fine-arts.org

St. Petersburg Museum of History. Geschichte der Stadt von der Vorgeschichte bis zur Gegenwart. Mo–Sa 10–17 Uhr, So 13–17 Uhr, 335 2nd Ave. Northeast, St. Petersburg, FL 33701, Tel. 727 894 1052, www.spmoh.com

Suncoast Seabird Sanctuary. Größtes Wildvogel-Hospital in den USA. 18328 Gulf Blvd., Indian Shores, FL 33785, Tel. 727 391 6211, www.seabirdsanctuary.com

Schwindelfrei und ein exzellenter Schwimmer: Brauner Pelikan bei der Gefiederpflege

ESSEN UND TRINKEN

Hurricane Seafood Restaurant. Frische, unprätentiöse Fischgerichte. 809 Gulf Way, St. Pete Beach, FL 33706, Tel. 727 360 9558, www.thehurricane.com

Paradise Grille. Wäre man noch näher am Golf von Mexiko, man würde sein *Grouper Sandwich* in der Brandung essen. 900 Gulf Way, St. Pete Beach, FL 33706, Tel. 727 367 1495,

ÜBERNACHTEN

Loews Don CeSar Hotel. Hier logierten schon Mafiaboss Al Capone und der Literat F. Scott Fitzgerald. 3400 Gulf Blvd., St. Pete Beach, FL 33706, Tel. 727 360 1881, www.loewshotels.com/doncesar

Postcard Inn on the Beach. Ein wenig Motel-Charme, ein wenig Surfer-Camp. 6300 Gulf Blvd., St. Pete Beach, FL 33706, Tel. 727 367 2711, www.postcardinn.com

Ein Hort von Komfort und Luxus: Renaissance Vinoy Resort & Golf Club in St. Petersburg

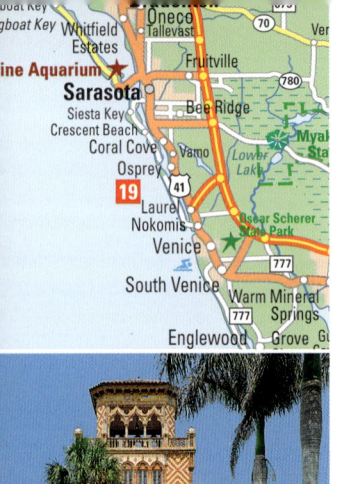

19 Sarasota, Bradenton und Englewood
Manege frei für große Meister

Vom puderzuckerfeinen, fast weißen Traumstrand auf Siesta Key bis zu den verschwenderischen Naturschönheiten kristallklarer, türkisfarbener Lagunen und wildreicher Parks, die nur noch von einem überquellenden Kunst- und Kulturkaleidoskop aus Museen, Galerien, Oper, Ballett und Theater übertroffen werden – Sarasota ist eines der attraktivsten Ziele im Sunshine State Florida.

Wer heute als Besucher nach Sarasota kommt, kann sich angesichts des urbanen Treibens kaum vorstellen, dass die Geschichte der Stadt nur knapp 100 Jahre zurückreicht. Zwar begann die Besiedlung bereits um 1850, ihren Aufschwung allerdings verdankt sie ihrem wohl berühmtesten Sohn – Zirkuskönig John Ringling (1866–1936), Sohn deutscher Einwanderer. Zusammen mit seinen sechs Brüdern übernahm er 1907 den Konkurrenten Barnum & Bailey und machte Ringling Brothers, Barnum & Bailey zum größten und berühmtesten Unternehmen seiner Art in der Welt.

Zirkuschef und Kunstsammler

Das aufstrebende Sarasota profitierte auf zweierlei Weise: einerseits vom Ruhm und der magischen Anziehungskraft des weltgrößten Zirkus, andererseits vom Zuzug Tausender Zirkusleute. Hinzu kam der Florida-Landboom von 1920, im Zuge dessen alles, was Geld und Namen hatte, ins sonnenwarme Florida zog. Ringling bereiste die Welt, um neue Künstler für seine Manege anzuwerben und gleichzeitig seinem Hobby zu frönen: den europäi-

Mitte: Das prächtige Herrenhaus Ca' d'Zan gehört heute zum John and Mable Ringling Museum.
Unten: Seward Johnsons Bronzestatue *Unconditional Surrender* im Bayfront Park von Sarasota

Sarasota, Bradenton

schen Meistern. Rubens, Tizian, Veronese, Hals und Velazquez – der Zirkuschef hatte bald eine umfangreiche Sammlung ersteigert, die er 1931 in dem von ihm selbst entworfenen John and Mable Ringling Museum of Art der Öffentlichkeit vorstellte. Bis heute kann es die Sammlung in dem zartrosa Gebäudeensemble mit den großen Museen in New York oder Washington aufnehmen. Ringling war ein durchaus kundiger Connaisseur – mit dem nötigen Kleingeld für eine derartige Sammlung.

Es galt damals als große Ehre, eine Einladung von John Ringling und seiner Frau Mable in ihre prachtvolle Villa Ca' d'Zan (venezianisch: »Johns Haus«) zu erhalten. Wer heute durch die Tür des prächtigen Anwesens mit seinen 41 Zimmern und 15 Bädern geht, kann sich lebhaft vorstellen, wie lachende Paare in den »Roaring Twenties« zum Charleston die Hüften schwangen. Wie die Musik aus den Pfeifen der elektrischen Orgel durch das Haus klang, wie sich die Automobile der Reichen und Schönen vor der Tür aneinanderreihten. 1948, nach Ringlings Tod, wurde auf dem Areal ein Zirkusmuseum eingerichtet. Obwohl Ringling selbst nie Zirkusutensilien sammelte, wird hier die Welt der Arena mit einer bunten Palette an authentischen Schaustücken lebendig. Einmalig ist das *Howard Bros. Circus Model*, eine 345 Quadratmeter große Miniatur mit acht Zirkuszelten, 152 Zirkuswagen, 1300 Artisten und Arbeitern, über 80 Tieren und einem Zirkuszug mit 59 Waggons. Der Einfluss der Ringlings ging jedoch weit über den Zirkus und die schönen Künste hinaus, denn der Manegenchef war einer der ersten Unternehmer und Visionäre, die das heutige Sarasota als Wirtschafts- und Wohngebiet erschlossen.

Um sich als Besucher einen ersten Überblick zu verschaffen, unternimmt man am besten eine Tour

Geheimtipp

ANNA MARIA ISLAND

Lange galt es als das charmant-verschlafene Dornröschen Floridas. Und so hat sich Anna Maria Island bis heute den Charme vergangener Zeiten bewahrt. Die Insel ist bequem über zwei Brücken erreichbar. Das kleine Bradenton Beach ist die älteste Strandgemeinde, Holmes Beach ist jünger, mit neuen Wohnvierteln, kleinen Hotels und Restaurants direkt am Strand. Anna Maria hält an seinem unaufgeregten Flair fest, sichtbar an alten Strandhäuschen und rustikalen Fischlokalen in einem ursprünglichen Dorfkern. Hier gibt es keine Hotelburgen, das ist per Gesetz geregelt: Kein Gebäude darf höher sein als elf Meter. Auf Anna Maria Island finden Urlauber in kleinen Hotels, Appartementanlagen und privaten Ferienwohnungen Unterkunft. Manche liegen direkt am Strand, andere nur zwei, drei Straßen entfernt. Ansonsten ist die Atmosphäre auf der Insel vor allem eines: heimelig.

mit dem Downtown Trolley durch den Kultur-
bezirk Sarasotas und zu vielen Sehenswürdigkeiten. Da man überall einsteigen und aussteigen
kann, lädt zunächst die Main Street mit ihren
Galerien, Restaurants und dem an jedem Sams-
tagmorgen stattfindenden Farmers Market zum
Spaziergang. Entlang Palm Avenue und Pineapple
Avenue locken Antiquitäten- und Trödelläden.
Im Towles Court empfängt karibisches Flair den
Besucher, und man kann den Künstlern nicht nur
bei der Arbeit zusehen, sondern auch gleich Originale kaufen. Entdeckungen kulinarischer Art kann
man in der Central Avenue machen, floridianische
Leckereien probieren und dabei das bunte Treiben
der Künstler-Nachbarschaft genießen.

Pause von der Stadt? Wer Strandnähe sucht, wird
sich auf den vorgelagerten Inseln mit ihren unterschiedlichen Charakteren wohlfühlen: das exklusive Longboat Key mit Country Clubs und Golfplätzen; das mondäne Lido Key mit dem eleganten
St. Armands Circle und dessen vielen Shops, Boutiquen, Kneipen, Cafés, Bars, Diskotheken und aus-
gezeichneten Restaurants. Dann das quirlige Siesta
Key, berühmt für seinen weißen Puderzuckersand;
das faszinierende Casey Key, mit einer der schöns-

Oben: Eines der zahlreichen
Zirkusmodelle, das man im Ring-
ling-Museum bewundern kann.
Unten: Unterwegs auf dem Inter-
coastal Waterway bei Casey Key

Rundgang in Sarasota

A The John and Mable Ringling Museum of Art – In den von Ringling selbst entworfenen Gebäuden wird hier seit 1931 die Sammlung des kunstsinnigen Zirkuschefs präsentiert. Auf dem Areal befinden sich auch das Zirkusmuseum und Ringlings prachtvolles Privathaus Ca' d'Zan. 5401 Bay Shore Rd., tgl. Mo–Mi, Fr–So 10–17 Uhr und Do bis 20 Uhr. www.ringling.org

B Asolo Repertory Theatre – In einem umwerfend plüschigen Zuschauerraum erfreut diese Institution seit über 40 Jahren mit anspruchsvollen Theaterproduktionen. Das Interieur stammt aus einem Barocktheater im italienischen Asolo (Provinz Venetien) und wurde hier originalgetreu wieder aufgebaut. 5555 North Tamiami Trail, www.asolorep.org

C Sarasota Classic Car Museum – 100 restaurierte Oldtimer sind hier geparkt, unter den hochglanzpolierten Veteranen befinden sich drei Autos, die von der Ringling-Familie gefahren wurden, aber auch ein Mercedes Benz von John Lennon und ein Mini Cooper von Paul McCartney. 5500 North Tamiami Trail, www.sarasotacarmuseum.org

D Sarasota Jungle Gardens – Seit 1936 begeistern auf vier Hektar tropische Vegetation, Vögel und Reptilien die Besucher. Beim »Meet the Keeper« darf mit dem kundigen Personal gefachsimpelt werden. 3701 Bay Shore Rd. www.sarasotajunglegardens.com

E Van Wezel Performing Arts Hall – Hier finden Veranstaltungen weltbekannter Künstler, Theater-, Opern- und Ballettaufführungen statt. 777 North Tamiami Trail, www.vanwezel.org

F Marie Selby Botanical Gardens – Rund 20000 Pflanzen aus aller (tropischen) Welt erfreuen die Sinne. 900 South Palm Ave, www.selby.org

G St. Armands Circle – Mehr als 145 Geschäfte, Boutiquen und Restaurants, die in einem Kreis gebaut sind. Kunstgalerien, Juwelierläden, Cafés und Buchhandlungen kann man hier entdecken. www.starmandscircleassoc.com

H Mote Marine Laboratory & Aquarium – Alles über die Geheimnisse der sieben Meere – dazu ein faszinierendes Haifischbecken und ein Rehabilitationszentrum für verletzte Meerestiere. 1600 Ken Thompson Parkway, www.mote.org

MOTE MARINE LABORATORY

Nicht verpassen

Das Mote Marine Laboratory & Aquarium hat sich seit seiner Gründung als privates Forschungsinstitut 1955 im Laufe der Jahre zu einem weltweit anerkannten Forschungszentrum für maritime Lebensformen entwickelt. Hier werden bedeutende Forschungen an Haien, Seekühen und Meeresschildkröten durchgeführt. Die Einrichtung hat sich parallel dazu zu einem echten Publikumsmagneten entwickelt. Mehr als 200 Arten von Fischen und wirbellosen Tieren sind hier zu sehen. Besonders öffentlichkeitswirksam ist das angeschlossene Rehabilitationszentrum, in dem vor allem verletzte Meeressäuger – Schiffsschrauben sind die größten Feinde von Manatis und Delfinen – gepflegt und wieder aufgepäppelt werden.

Mote Marine Laboratory.
Tgl. 10–17 Uhr, 1600 Ken Thompson Parkway, Sarasota, FL 34236, Tel. 941 388 4441, www.mote.org

ten Panoramastraßen Floridas; und schließlich das südlich folgende Manasota Key.

Lohnenswert ist ein Abstecher ins Mote Marine Aquarium, wo man Haie, Manatis und die tropische Unterwasserwelt Floridas aus nächster Nähe bestaunen kann. Ein Besuch beim »Pelican Man«, einer Rettungs- und Aufzuchtstation für verletzte Seevögel, ist ein Erlebnis, insbesondere für Kids aller Altersstufen. Die Besichtigung des Sarasota Jungle Gardens mit Reptilien- und Vogel-Shows oder ein Besuch des Freilichtmuseums Historic Spanish Point runden einen tollen Urlaubstag ab. Wer Oper und Ballett liebt, wird in Sarasota bestens bedient. Direkt an der Bucht liegt die Van Wezel Performing Arts Hall, eine Veranstaltungshalle mit hochkarätigen Kultur-Events.

Tennis-Werkstatt

Weiter nördlich bietet Bradenton beste Voraussetzungen für Wasserfreunde und Bootsliebhaber. Der Stolz von Bradenton ist das Village of the Arts in der Stadtmitte, wo Künstler leben, arbeiten und ihre Werke verkaufen. Ein Magnet internationaler Größe ist die IMG Academy (ehemals Nick Bollettieri Academy), wo unter anderem Tennisstars wie Andre Agassi, Boris Becker, Tommy Haas und Maria Sharapova trainierten.

Richtung Süden liegt das Städtchen Venice. Die Architektur dort mutet mediterran an. 1911 an die Eisenbahn angeschlossen, entstand hier schnell die erste Edelherberge: Das Hotel Venice hatte über 100 Zimmer mit eigenen Bädern – ein ungeheurer Luxus für damalige Zeiten. Alle Bauten im Ort mussten fortan im Stil der italienischen Renaissance errichtet werden – mit gebrannten Ton-Dachziegeln als Markenzeichen. Das Städt-

Palmenallee im historischen Stadtzentrum von Venice

chen wurde großzügig geplant: breite Alleen und viele Parks mit Bäumen. Venice trägt den Ehrentitel »Haifischzahnhauptstadt der Welt«. Vor allem am Südstrand, dem Casperson Beach, findet man viele dieser Fossilien.

Fisch direkt vom Kutter

Eine Autostunde südlich von Sarasota liegt die Kleinstadt Englewood, die 1896 als Fischerdorf gegründet wurde. Noch heute ist die Fischerei hier ein wichtiger Bestandteil der lokalen Wirtschaft. Auf dem Markt in Placida werden Tagesfänge direkt vom Kutter verkauft. Der Dorfkern um die historische West Dearborn Street lädt zum Bummeln und Flanieren ein. Die Hauptattraktion von Englewood sind die auf den vorgelagerten Inseln gelegenen, 65 Kilometer langen, herrlichen Sandstrände. Die längste Insel ist Manasota Key, über zwei Brücken bequem zu erreichen. Gleich nebenan liegt die karibisch anmutende Insel Palm Island, auf die es nur mit der Fähre, dem Wassertaxi oder Mietboot geht. Boca Grande schließlich ist die Schickimicki-Insel Südwestfloridas. Nicht selten trifft man hier auf Promis aus Film, Musik oder Politik, die in Shorts und T-Shirt in einem Straßencafé chillen.

Geheimtipp

BOTANISCHER GARTEN MARIE SELBY

Für Freunde tropischer und subtropischer Flora ist ein Besuch in den Marie Selby Botanical Gardens ein wahrer Genuss. Hier findet man eine Sammlung von mehr als 6000 Orchideen und 3600 Bromelien in allen Farben und Formen. Rund 150 wissenschaftliche Expeditionen zu den Regenwäldern der Welt haben zu einer Kollektion von mehr als 20 000 lebenden Pflanzen beigetragen. Im Dezember zeigt sich der Botanische Garten in Festbeleuchtung. *Lights in Bloom* heißt das tropische Weihnachtsereignis. Ab dem 11. Dezember erstrahlen die Gärten elf Abende lang im Schein Tausender glitzernder Lichter. Darunter Lichtskulpturen von Schmetterlingen, tropischen Vögeln und natürlich von Orchideen.

Marie Selby Botanical Gardens. Tgl. 10–17 Uhr, am 25. Dez. geschl., 900 S. Palm Ave., Sarasota, FL 34236, Tel. 941 366 5731, www.selby.org

Infos und Adressen

ESSEN UND TRINKEN

Bijou Café. Kulinarisch ambitioniert mit französisch inspirierter Küche. Probieren Sie als Entrée das *Shrimp Piri Piri,* Mousse von der Entenleber oder Ziegenkäse mit Basilikumkruste! 1287 1st St., Downtown Sarasota, FL 34236, Tel. 941 366 8111, www.bijoucafe.net

Café Epicure. Italienische Trattoria, sehr modern, kleine, aber feine Portionen, selbst hergestelltes Eis und Gebäck. 298 North Palm Ave., Sarasota, FL 34236, Tel. 941 366 5648, www.cafeepicuresrq.com

Crab & Fin. Auf der Terrasse sitzen, dem Pianisten lauschen und die vorbeiflanierenden Leute beobachten – Spezialität sind hier die Austern. 420 St. Armands Circle, FL 34236, Tel. 941 388 3964, www.crabfinrestaurant.com

Euphemia Haye Restaurant & Haye Loft. Preisgekröntes Restaurant, berühmt für seine göttlichen Nachspeisen. Für den kleinen Appetit gibt es das Haye Loft, das aus der Lounge und dem Dessert Room besteht. 5540 Gulf of Mexico Dr., Longboat Key, FL 34228, Tel. 941 383 3633, www.euphemiahaye.com

Fins at Sharky's. Die Aussicht ist überwältigend, das Essen lässt von Sushi bis Steak keine Wünsche offen – und bei Livemusik mit Tanz kommt die rechte Urlaubsstimmung auf. 1600 Harbor Dr. South, Venice, FL 34285, Tel. 941 999 3467, www.finsatsharkys.com

Lobster Pot. Gemütliches Lokal im New-England-Stil, spezialisiert auf Fisch und Seafood. Besondere Spezialität ist der Maine Lobster. 5157 Ocean Blvd., Sarasota, FL 34242, Tel. 941 349 2323, www.sarasotalobsterpot.com

Ophelia's On The Bay. Romantisches Restaurant mit fantastischem Blick auf die Little Sarasota Bay. Amerikanische Küche, fantasievoll kombiniert mit anderen Weltküchen. Fangfrischer Fisch und regionale Zutaten. 9105 Midnight Pass Rd., Sarasota, FL 34242, Tel. 941 349 2212, www.opheliasonthebay.net

Pelican Alley. Rustikal, gutes Essen – besonders Seafood, mit Blick auf den Intracoastal Waterway und die Albee Road Bridge. 1009 West Albee Rd., Nokomis, FL 34275, Tel. 941 485 1893, www.pelicanalley.com

Roessler's Restaurant. Romantisch dinieren, umgeben von einem schönen Garten mit einem See. Hervorragende Küche, exzellente Weine.

Auch wer nicht »reif für die Insel« ist, wird sich im Turtle Beach Resort wohlfühlen.

Schattige Bäume am Strand laden zur Rast ein.

Deutschstämmige Eigentümer. 2033 Vamo Way, Sarasota, FL 34238, Tel. 941 966 5688

The Crow's Nest. Hübsche Lage direkt am Intracoastal. Auf den Tisch des Hauses kommen leckere Fischspezialitäten, Bouillabaisse, Lobster, aber auch interessante Fleischgerichte. 1968 Tarpon Center Dr., Venice, FL 34285, Tel. 941 484 9551, www.crowsnest-venice.com

ÜBERNACHTEN

Inn at the Beach Resort. Freundlich-legeres, typisches Florida-Hotel am Meer, sehr beliebt. 725 West Venice Ave., Venice, FL 34285, Tel. 941 484 8471, www.innatthebeach.com

The Londoner Bed & Breakfast. Im historischen Stadtzentrum gelegen, empfängt das gemütliche Haus seine Gäste und lässt ihnen die Wahl zwischen sechs Suiten. Unbedingt erleben: Tee mit Scones und Sandwiches im English little Tearoom. 304 15th St. W., Bradenton, FL 34205, Tel. 941 741 4981, www.thelondonerinn.com

The Ritz-Carlton Sarasota. Edel und luxuriös. Gäste kommen in den Genuss der Annehmlichkeiten des nahe gelegenen exklusiven Beach Club von Lido Key. Und Sportfreunde erwartet eine Herausforderung auf dem haus-eigenen Golfplatz. 1111 Ritz Carlton Dr., Sarasota, FL 34236, Tel. 941 309 2000, www.ritzcarlton.com

Turtle Beach Resort. Entzückende Cottages mit dem Charme der »guten alten Zeit«, sehr privat, mit allem Komfort und dem richtigen Insel-Feeling. In der Nachbarschaft nisten Schildkröten, die dem Resort seinen Namen gaben. 9049 Midnight Pass Rd., Siesta Key, FL 34242, Tel. 941 349 4554, www.turtlebeachresort.com

AKTIVITÄTEN

Dakin Dairy Farm. Landleben wird Groß und Klein in diesem Familienbetrieb vorgelebt. Bei einer Führung durch eine Molkerei erfahren die Besucher, wo die Milch herkommt. Kinder können frische Landluft schnuppern, kleine Kälbchen und Ferkel streicheln und im Heu spielen. Fertig gepackte Picknickkörbe mit Gutem vom Land warten auf Hungrige. 30771 Betts Rd., Myakka City, FL 34251, Tel. 941 322 2802, www.dakindairyfarms.com

Gediegene Eleganz in John Ringlings Ca' d'Zan

20 Gasparilla Island, Cabbage Key, Punta Gorda
Eimerweise Muschelwetter

Laut Legende ist Gasparilla Island nach dem spanischen Seeräuber José Gaspar (1756–1821) benannt, der die Insel im 18. Jahrhundert als Versteck nutzte. Doch auch die Nachbarinseln sind reich an Geschichte und Geschichten. Und an herrlichen Stränden des Golfs von Mexiko. Auf dem Festland ist der kleine Ort Punta Gorda ein idealer Ausgangspunkt für Ausflüge in die benachbarte Inselwelt.

Bei gutem Muschelwetter sind die fünf Strände von Gasparilla Island mit Schalen übersät. Dann decken sich Profis und Amateure mit den Fundstücken ein, und ihre Beute bemisst sich hier nach Eimern. Am südlichen Rand der Insel liegt der Gasparilla Island State Park. Watvögel wie der Fischreiher gehören ebenso zu den Bewohnern wie Manatis, Fischadler und die Karettschildkröte. Die Fischbestände vor Gasparilla Island gelten als die reichsten in Florida, vorherrschende Arten sind Rotbarsch, Sea Trout, Snook, Cobia und Tarpon. Die Ranger des Parks klären jeden Mittwoch um 9 Uhr über Geschichte, Fauna und Flora im Park auf.

Sehenswert ist der 1890 an der Südspitze der Insel erbaute Boca-Grande-Leuchtturm, das älteste Gebäude der Insel. Die U.S. Coast Guard betrieb ihn bis 1966, nach umfangreichen Renovierungsarbeiten ist er seit 1983 für die Öffentlichkeit zugänglich. Hier auf Gasparilla Island finden Besucher Antiquitäten- und Souvenirläden, das Loose Caboose Restaurant und eine hübsche Eisdiele.

Mitte: Muschelsammler am Strand von Gasparilla Island
Unten: Shops an der Sullivan Street im historischen Viertel von Punta Gorda

Gasparilla Island, Cabbage Key

Auf Robinsons Spuren wandeln

Boca Grande, die charmante Hafenstadt aus der Jahrhundertwende, wurde von der steinreichen Industriellenfamilie Du Pont im späten 19. Jahrhundert gegründet. Die verschlafene Stadt zeichnet sich durch kleine Geschäfte, gemütliche Restaurants, idyllische Unterkünfte und bildschöne Strände aus. Weiter südlich bietet die Insel Cayo Costa mit ihrem gleichnamigen State Park Robinson-Feeling. Sie ist nur mit Booten oder Fähren zu erreichen. Urlauber sollten die vielfältige Natur auf den fünf Wanderwegen der Insel erkunden und hierbei die Sanddünen, Pinien- und Eichenwälder und die Mangrovensümpfe auskundschaften. Cabbage Key gleich nebenan – ebenfalls nur per Boot erreichbar – ist ein verstecktes Paradies auf einer rund 40 Hektar großen Insel. Zentrum ist das Cabbage Key Inn, das 1938 von der Bühnen- und Krimiautorin Mary Roberts Rinehart (1876–1958) gegründet wurde. Das Besondere: Die Wände und Querbalken des Restaurants sind mit mehr als 70 000 Ein-Dollar-Scheinen beklebt. Diese Tradition stammt von 1941, als ein Fischer seinen letzten Dollar, mit seinen Initialen versehen, an die Wand klebte, um später damit sein Bier zu bezahlen. Bei einem Blick hinter den Tresen entdeckt man signierte Geldscheine von Julia Roberts, Kevin Costner und den Kennedys.

Auf dem Festland ist der quirlige Ort Punta Gorda Ausgangspunkt für Ausflüge in die Inselwelt. Die historischen Gebäude im Key-West-Stil erstrahlen nach mehreren Hurrikans im letzten Jahrzehnt und anschließender liebevoller Renovierung wieder im alten Glanz, die Villen am Charlotte Harbor erinnern an die Blütezeit der Gründerjahre. Und auch das Fishermen's Village, beliebtes Shopping-Ziel mit hübschen Läden und Boutiquen in einer alten Krabbenfabrik am Wasser, wirkt wie frisch getüncht.

Infos und Adressen

ESSEN UND TRINKEN
The Loose Caboose. Beliebtes Fischrestaurant im historischen Zugdepot. 433 4th St. West, Boca Grande, FL 33291, Tel. 941 964 0440, www.loosecaboose.biz

ÜBERNACHTEN
The Gasparilla Inn & Club. Seit 1913 verwöhnt dieses exklusive Hotel seine Gäste. Mit 18-Loch-Championship-Golfkurs. 500 Palm Ave., Boca Grande, FL 33921, Tel. 941 964 4500, www.the-gasparilla-inn.com

AKTIVITÄTEN
Island Bike'n Beach. Hier werden Fahrräder und Golf Carts vermietet, mit denen man die Insel erkunden kann. Auf dem Schotterbett der stillgelegten Eisenbahn wurde ein Radweg (11 km) angelegt, den sich Radler und Golf-Cart-Lenker friedlich teilen. 333 Park Ave., Boca Grande, FL 33921, Tel. 941 964 0711

Stoneware Pottery. Lust auf Kreativität? In seiner Keramikwerkstatt gibt Jack Vartanian, Künstler und Universitätslehrer, Unterricht im Töpfern. 1080 Taylor St., Punta Gorda, FL 33950, Tel. 941 875 8874, www.cargocollective.com

Leuchtturm an Boca Grandes Südspitze

133

21 Pine Island, Sanibel Island, Captiva Island
Aus Liebe zur Natur

Mit dem Kajak zwischen Mangroveninseln paddeln, auf dem Jetski über Wellen tanzen oder in einem Boot auf Anglerglück hoffen: Die Gewässer um Pine Island sowie die Schwesterninseln Sanibel Island und Captiva Island bieten Wassersportlern vielfältige und ideale Bedingungen. Und die Eilande gehören zu den exklusivsten und romantischsten Feriendestinationen, die Florida zu bieten hat.

Als weltbestes Tarpon-Angelgebiet ist das Meer hier bekannt – und in der Tat bestechen die geschützten Buchten mit ihren unzähligen kleinen Inseln durch ihren Fischreichtum. Petrijüngern schlägt das Herz in Matlacha höher, diesem hübschen Ort, den man auf dem Weg von Cape Coral nach Pine Island passiert. Wasserfahrzeuge aller Art dümpeln hier an den Stegen – da liegen edle Segeljachten neben bulligen Motorbooten und wendige Kanus neben Pontonkähnen – und warten auf die nächste Exkursion. Hier kann man das passende Gefährt mieten, um die zahlreichen Buchten und Meeresarme zu erkunden. Wer es bequemer mag, der zieht den ganz großen Fang von der *fishingest bridge in the USA* (»beste Brücke zum Angeln und Fischen in den USA«), die die County Road 78 über das Wasser leitet, an Land. Ganz ohne Wellenschaukeln.

Mitte: Sanibels Leuchtturm ist das Wahrzeichen der Insel.
Unten: Zartes Kalkgebilde

Über die Jahre hat sich Matlacha zu einer Künstlerkolonie mit bunten Galerien, Boutiquen und Fischrestaurants entwickelt. Und sich alter Traditionen erinnert. Die ersten Häuser wurden schließlich schon in den 20er-Jahren gebaut, die Brücke

Pine und Sanibel Island

nach Pine Island 1927 fertiggestellt. Im Jahr 1962 rock'n'rollte Elvis Presley hier hüftschwingend im Film *Ein Sommer in Florida* (Originaltitel: *Follow that Dream*).

An Pine Island am Ende der Country Road 78 sind bis heute die Ströme des Massentourismus vorbeigezogen, zur Freude von Naturliebhabern und Ruhesuchenden. Die Bewohner von Pine Island sind ein besonderer Menschenschlag. Echte Insulaner – und stolz darauf. Allzu forsche *developer*, die hier irgendwann das große Geld witterten und das Eiland mit Appartementkomplexen vollpflastern wollten, bissen sich schnell die Zähne aus. Eigentlich sind alle ganz froh, dass Pine Island mehr Ananas- und Mangoplantagen als Sandstrände hat, so konnte man sich hier hassliche Strip-Malls ersparen. Nur einmal im Jahr, im Sommer, wird es etwas hektischer – wenn auf dem Höhepunkt der Tarpon-Saison Dutzende Sportfischer dem *Silver King* nachstellen. Dann kann es sogar hier, im Paradies der Ruhe, durchaus rummelig zugehen.

Filigrane Kunstwerke der Natur

Weiter im Süden erreicht man die Insel-Zwillinge Sanibel Island und Captiva Island über drei spektakuläre Brücken, den Sanibel Causeway, von Fort Myers aus. Die Strände Sanibels sind bekannt für ihren Reichtum an Muscheln. Da die Geografie der Insel einen Haken an ihrem südlichen Ende formt, schöpft sie einzigartige und seltene Muscheln, die vom Golf von Mexiko angeschwemmt werden. Besonders nach stürmischen Nächten liegen rote, braune, violette, große und kleine Jakobsmuscheln am Strand. Und dazwischen wahre Kostbarkeiten: gelbe Spinnenschnecken, braun-weiß gesprenkelte Olivenschnecken, weiße Engelsflügel, glänzende Haiaugen, getigerte Kronenschnecken und die seltene Junonia. Die Insulaner benutzen zwei hüb-

Geheimtipp

ERINNERUNGEN AN DIE CALUSA

Mehr über das Leben der Calusa-Indianer, die Ureinwohner Floridas, können Urlauber bei Touren durch das in Pineland gelegene Randell Research Center erfahren. Über 1500 Jahre lang bewohnten die Indianer das 80 Hektar große Areal und hinterließen an der Stelle ihres ehemaligen Dorfes mehrere Begräbnishügel aus Sand sowie zahlreiche rituelle Muschelhügel, von denen einige auch in den benachbarten Wäldern und Zitrushainen zu finden sind. Die Hauptattraktion des Forschungszentrums ist der einen Kilometer lange Lehrpfad Calusa Heritage Trail. Auf dem größten Muschelhügel der Region befindet sich ein Aussichtsturm mit herrlichem Blick auf Pine Island.

Randell Research Center. Tgl. von Sonnenaufgang bis -untergang, Spende erbeten, 13810 Waterfront Dr., Pineland, FL 33945, Tel. 239 283 2062, www.flmnh.ufl.edu/rrc

Muschelsammlerin am Bowman Beach auf Sanibel Island

sche Begriffe, wenn sie das Verhalten der Strand-besucher beschreiben: »Sanibel Stoop« und »Captiva Crouch«. *Stoop* heißt »gebückte Haltung«, *crouch* »Hockstellung«. Wer einige Prachtexemplare mit nach Hause nehmen will, ohne selbst in aller Herrgottsfrüh an den Strand zu gehen, findet sie in Anne Joffes Lädchen She Sells Sea Shells (1157 Periwinkle Way). Hier gibt es alles, was in vielfältigen Formen an den Strand gespült wurde – und was man daraus basteln kann. Und den wissenschaftlichen Hintergrund finden Interessierte im Bailey-Matthews Shell Museum, dem einzigen Museum der Welt, das sich seit seiner Eröffnung 1995 ausschließlich Muscheln widmet.

Licht aus für Krötenbabys

Auch auf Sanibel sind die Einheimischen ein klein wenig rebellischer als die Bewohner auf dem Festland. Als 1963 nach dem Bau der ersten Brücke immer mehr Touristen in ihren Autos anrollten und Spekulanten auftauchten mit Plänen von gigantischen Ferienanlagen in der Tasche, da organisierten sie den Widerstand und erstritten, dass Sanibel Island eigene Stadtrechte zugesprochen wurden. Und so regiert und verwaltet sich die Insel seit

Oben: Mangrovenwälder im J. N. Ding Darling National Wildlife Refuge auf Sanibel Island
Mitte: Die Yellow Ratsnake ernährt sich von Vögeln und Nagern. Sie lebt ebenso im Ding-Darling-Reservat ...
Unten: ... wie der Waschbär.

Pine und Sanibel Island

1974 selbst – unabhängig vom Bezirk Lee County. Strengste Vorschriften wurden erlassen: Billboards und allzu grelle Neonreklamen sind nicht erlaubt, kein Haus darf höher sein als die Palmen, und auf Fast-Food-Ketten sollte auch verzichtet werden. Und mit Rücksicht auf Wildtiere liegt das Tempolimit bei 30 Meilen pro Stunde. Einer der engagiertesten Mitstreiter dieser Bürgerwehr war Francis Bailey (1921–2013), auch »Patriarch von Sanibel« genannt, dessen Familie seit 1899 den ersten Kolonialwarenladen der Insel betreibt. Heute ist Bailey's General Store (2477 Periwinkle Way/Ecke Tarpon Bay Rd.) zugleich Sehenswürdigkeit, Treffpunkt der Einheimischen und bestsortierter Laden der Insel.

Höhepunkt der Naturliebe ist auf Sanibel das J. N. Ding Darling National Wildlife Refuge, benannt nach dem Cartoonisten Jay Norwood »Ding« Darling (1876–1962). Er erhielt 1924 und 1943 den Pulitzer-Preis für politische Karikaturen, doch seine wahre Leidenschaft gehörte dem Naturschutz. Fast 300 verschiedene Tierarten leben heute in dem Reservat (1 Wildlife Dr.), durch das ein sieben Kilometer langer Rundweg mit zahlreichen Halte- und Aussichtspunkten führt. Bowmans Beach am Südende von Sanibel ist bekannt für die Wanderungen der *Caretta caretta*, der Loggerhead-Schildkröte, die hier zur Brutzeit ihre Eier im Sand vergräbt. Ihr zuliebe verzichten die Insulaner nachts auf Straßenbeleuchtung und andere künstliche Lichtquellen, die die frischgeschlüpften Krötchen auf ihrem Weg ins Meer verwirren könnten.

Muscheln in meiner Hand

Über den Blind Pass geht es auf die Insel Captiva Island. Sie ist die kleinere Schwester von Sanibel, ebenfalls mit wunderschönen Stränden gesegnet. Schnurgerade zieht sich die Sanibel Captiva Road

Nicht verpassen

MUSCHELN IM MUSEUM

Wer später am Strand die vollkommene Junonia-Muschel finden will, sollte zunächst das Bailey-Matthews Shell Museum besuchen, das über Weichtiere und die von ihnen hinterlassenen Exoskelette aufklärt. Zu den frühen Förderern der Einrichtung gehörte der TV-Star Raymond Burr *(Perry Mason)*, selbst leidenschaftlicher Sammler. Viele Besucher sind froh, schon im Museum zu erfahren, was sie später am Spülsaum des Meeres erwartet. Das Haus besitzt die größte Muschelsammlung Nordamerikas und hat vor einiger Zeit sein Angebot um ein webbasiertes System erweitert, das Malakologen (Experten für Mollusken, also Weichtiere) nun überall auf der Welt den Zugriff auf die Sammlung ermöglicht.

The Bailey-Matthews Shell Museum. Tgl. 10–17 Uhr, 3075 Sanibel Captiva Rd., Sanibel, FL 33957, Tel. 239 395 2233, www.shellmuseum.org

JUNONIA
Scaphella junonia (Lamarck)

mehr als zwei Kilometer an mondänen Grundstückszugängen entlang, an denen die Namen versteckt liegender Villen mit fantasievollen Schildern markiert sind. Die Privatanwesen werden hier noch schicker, die Hecken höher, und man sieht nicht wirklich viel vom Reichtum, der sich hinter den Kulissen verbirgt. Anders vom Wasser aus: Per Boot hat man beste Sicht auf die villenartigen und luxuriösen Strandhäuser. Captivas Hauptattraktion ist, dass es keine gibt – stattdessen Muße und Natur. Anne Morrow Lindbergh, die Ehefrau und Kopilotin des bekannten Flugpioniers, verfasste hier 1955 ihre persönliche Sinnsuche *A Gift from the Sea (Muscheln in meiner Hand)*, ein Buch, das zum Bestseller wurde.

Noch einsamer geht es nur auf dem Inselchen North Captiva zu, das in den 20er-Jahren durch einen Wirbelsturm gebildet wurde, der das damals fast 20 Kilometer lange Captiva Island in zwei ungleich große Teile zerschmetterte und den Redfish Pass schuf. Heute dürfen Motorboote aus Rücksicht auf Meeressäugetiere nur mit Schrittgeschwindigkeit durch die bei Delfinen und Manatis beliebte Meerenge fahren.

Oben: Bridgewater Inn in der Künstlerkolonie Matlacha zwischen Pine Island und dem Festland
Unten: Einsame Strände gibt es genug, Parkplätze hingegen kaum.

Infos und Adressen

SEHENSWÜRDIGKEITEN

Leoma Lovegrove Gallery. Mit einer Mischung aus Kunst und Popkultur gibt Galeristin Leoma Lovegrove den Ton im Künstlerviertel an. 4637 Pine Island Rd., Matlacha, FL 33993, Tel. 239 938 5655, www.leomalovegrove.com

ESSEN UND TRINKEN

R.C. Otters. Köstliche, auch exotische Gerichte. Wie wär's mit marinierten Kroko-Schwänzen? 11506 Andy Rosse Lane, Captiva, FL 33924, Tel. 239 395 1142, www.captivaislandinn.com

The Bubble Room. Ein kunterbuntes Kitschparadies, bekannt für seine Desserts und Kuchen. 15001 Captiva Dr., Captiva, FL 33924, Tel. 239 472 5558, www.bubbleroomrestaurant.com

The Mad Hatter. Gehobene neue, amerikanische Küche direkt am Strand. Nur Diner. 6467 Sanibel Captiva Rd., Sanibel, FL 33957, Tel. 239 472 0033, www.madhatterrestaurant.com

»Da sind Sie aber ganz schön auf dem Holzweg« ... und der führt direkt zum Strand.

Thistle Lodge Restaurant. Neben floridianischen Fischgerichten gibt es Steaks und asiatisch angehauchte Speisen. 2255 West Gulf Dr., Sanibel, FL 33957, Tel. 239 472 9200, www.thistlelodge.com

ÜBERNACHTEN

Bridgewater Inn. Eine Art überdimensionales Hausboot, auf Stelzen gebaut, mit Bootsanlegestellen. 4331 Pine Island Rd., Matlacha, FL 33993, Tel. 239 283 2423, www.bridgewaterinn.com

Casa Ybel Resort. Exklusive Ferienanlage, die das historische Flair des alten Floridas verströmt. 2255 West Gulf Dr., Sanibel, FL 33957, Tel. 239 472 3145, www.casaybelresort.com

Tarpon Lodge. Zurückversetzt ins Jahr 1926, kann man hier »Old-Florida-Charme« erleben. 13771 Waterfront Dr., Pineland, FL 33922, Tel. 239 283 3999, www.tarponlodge.com

Jukebox im Tortenparadies The Bubble Room auf Captiva Island

22 Fort Myers, Fort Myers Beach, Cape Coral
Rummel, Ruhe und ein Genie

Fort Myers liegt an der Mündung des nur 100 Kilometer langen Caloosahatchee Rivers in den Golf von Mexiko. Die Stadt wuchs um das 1841 errichtete Fort Harvie herum, das später nach Colonel Abraham C. Myers benannt wurde, dem Chief Quartermaster von Florida. Heute ist die Stadt mit ihrer Strandgemeinde Fort Myers Beach und Cape Coral im Nordwesten ein Zentrum des Tourismus in Südwestflorida.

Wieso Fort Myers den Spitznamen »City of Palms« bekam, erschließt sich bei einer Fahrt auf dem McGregor Boulevard schnell. Über mehrere Kilometer wird die Straße zu beiden Seiten von 2000 imposanten Königspalmen gesäumt. Die Allee wurde im Auftrag des genialen Erfinders Thomas Alva Edison angelegt, der Fort Myers in den 20er-Jahren zu seinem Winterquartier machte. Sein ehemaliges Wohnhaus und Labor sowie die benachbarte Villa des Automobilmagnaten Henry Ford liegen in Flussnähe an dieser Palmenallee und sind die größte Touristenattraktion der Stadt.

In Fort Myers ist man heute stolz auf die historische Innenstadt, die sich in den letzten Jahren von einem zerzausten Entlein zu einem ansehnlichen Schwan gemausert hat. Liebevoll restaurierte Häuser bilden ein vielbesuchtes städtisches Zentrum mit hübschen Boutiquen, Restaurants und Nightclubs. Am besten besichtigt man die Sehenswürdigkeiten mit dem Trolley-Bus, der am Jachthafen startet. Dort ist auch der Ausgangspunkt für die spannenden Exkursionen auf dem Caloosahatchee River (www.purefortmyers.com).

Mitte: Reges Strandleben: Fort Myers Beach ist kein Ort, an dem man alleine ist.
Unten: Oldtimer im restaurierten Stadtzentrum von Fort Myers

Quirliges Strandleben

Nicht verpassen

Entlang des McGregor Boulevards fährt man südwärts nach Estero Island, besser bekannt als Fort Myers Beach. Der Ort ist für seine entspannte Atmosphäre und seine weißen Strände bekannt. Das Strandleben ist lebhaft, zuweilen rummelig, es gibt zahlreiche Hotelbars, Restaurants und Shops, von denen sich die meisten um den Times Square am nördlichen Ende des Strandes gruppieren und in denen sich Sonnenanbeter, Erholungs- und Vergnügungssuchende tummeln. Wer das quirlige Beach-Life sucht, ist direkt am Pier richtig. Hier kann man mit Wave-Runners am Strand entlangdüsen oder beim Parasailing das bunte Treiben von oben betrachten. Kontemplative Einsamkeit ist hier nicht im Angebot. Und wenn im Frühjahr pünktlich zum *Spring Break* College-Studenten aus ganz Amerika in den Ort einfallen, geht es hier noch ein bisschen rummeliger zu als ohnehin schon.

Wälder, Sümpfe und Strände

Mehr Ruhe findet man in den benachbarten Naturreservaten, etwa dem Mantanza Pass Wilderness Preserve. Von einem Holzsteg aus gelangt man zu den Eichenwäldchen und Mangroven an der Küste. Der Park ist von Sonnenaufgang bis Sonnenuntergang zugänglich. Gleiches gilt für den Bowditch Point Regional Park im Norden von Fort Myers Beach. Etwas außerhalb liegt der Lovers Key State Park, ein vier Inseln umfassendes Gebiet mit Mangroven und herrlichen Strandabschnitten. Am Eingang werden Fahrräder, Kanus und Kajaks verliehen, mit denen sich der Park erkunden lässt. Weiter östlich, etwa eine halbe Meile vor der Interstate 75, lohnt das Calusa Nature Center. Brettersteige führen in eine subtropische Umgebung mit Zypressensumpf und Kiefernwald und zu einem nachgebauten Dorf der Seminole-Indianer.

EDISON & FORD WINTER ESTATES

Die Edison & Ford Winter Estates gehören zu den beliebtesten Sehenswürdigkeiten der Stadt. 1885 erwarb Thomas Alva Edison (1847–1931) das Grundstück am Ufer des Caloosahatchee Rivers und ließ ein Haus mit Labor und botanischem Garten errichten. Ein Jahr später zog sein Freund, der Automagnat Henry Ford (1863–1947), gleich nebenan in sein eigenes Anwesen. Heute zeigt das Museum u. a. das Originalmodell *Tin Lizzy*, das der Autobauer dem Erfinder einst schenkte. Das Labor, in dem Edison viele seiner Experimente durchführte, sieht heute noch genauso aus wie damals. Und im botanischen Tropengarten gibt es über 1000 verschiedene Pflanzen. Unübersehbar: ein riesiger Banyanbaum, ein Geschenk des Industriellen Harvey Firestone.

Edison & Ford Winter Estates.
Tgl. 9–17.30 Uhr, 2350 McGregor Blvd., Fort Myers, FL 33901, Tel. 239 334 7419, www.edisonfordwinterestates.org

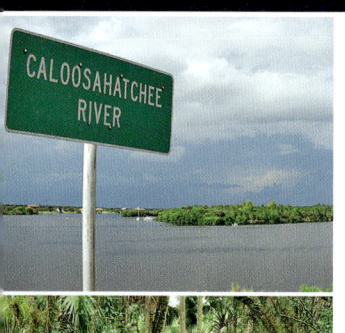

Wunderland der Wasserstraßen

Nordwestlich von Fort Myers liegt Cape Coral, eine junge Stadt, gerade nach europäischen Maßstäben. Im Jahr 1957 wurde die Gulf American Land Corporation gegründet, die das Brach- und Weideland nördlich des Caloosahatchee River in ein »Wasserstraßen-Wunderland« umwandelte. Insgesamt bietet Cape Coral 640 Kilometer an Wasserstraßen und Kanälen, teils mit Zugang zum Golf von Mexiko. Und unendlich viele Baugrundstücke. Ein Paradies für Bootsfahrer und Häuslebauer.

Der älteste Teil Cape Corals, der Jachtklub im südöstlichen Zipfel, entstand in den 60er-Jahren. Weitere Gebiete folgten, so die Gold Coast im Osten und die Pelican Area im Süden. Heute zählt die Stadt knapp 170 000 Einwohner. Übrigens: Mit einem Bevölkerungsanteil von 20 Prozent bilden Bewohner deutscher Abstammung die größte Bevölkerungsgruppe in Cape Coral. Wen wundert es da, dass der German American Social Club seit 1985 jedes Jahr ein bestens besuchtes Oktoberfest mit bayerischer Blasmusik ausrichtet? »O'zapft is«, auch in den Subtropen.

Oben: Ein Rundflug über Fort Myers Beach offenbart die Schönheit dieses Küstenstrichs.
Mitte: Fischreich: der 108 km lange Caloosahatchee River
Unten: Auf einem Wanderweg im Caloosahatchee Regional Park nahe Fort Myers

Infos und Adressen

SEHENSWÜRDIGKEITEN

Cape Coral Historical Museum. Hier wird die Geschichte des Ortes dokumentiert. 544 Cultural Park Blvd., Cape Coral, FL 33990, Tel. 239 772 7037, www.capecoralhistoricalmuseum.org

Florida Repertory Theatre. Das 1908 erbaute Theater ist die Heimat eines von Floridas besten Regionalensembles. 2268 Bay St., Fort Myers, FL 33901, Tel. 239 332 4488, www.floridarep.org

Sunsplash Family Waterpark. Paradies für Wasserratten mitten in Cape Coral. 400 Santa Barbara Blvd., Cape Coral, FL 33991, Tel. 239 574 0558, www.sunsplashwaterpark.com

ESSEN UND TRINKEN

Rum Runners Restaurant. Direkt am Wasser gibt's Pasta, Fisch und Steaks. 5848 Cape Harbour Dr., Cape Coral, FL 33914, Tel. 239 542 0200, www.rumrunnersrestaurant.com

Veranda Restaurant. Edel und elegant mit schöner Terrasse und einer Küche im südlichen Stil. 2122 2nd St., Fort Myers, FL 33901, Tel. 239 332 2065, www.verandarestaurant.com

ÜBERNACHTEN

DiamondHead Beach Resort & Spa. Das frisch renovierte Hotel punktet mit seinem Spa und vor allem mit der Nähe zum Strand. 2000 Estero Blvd., Fort Myers Beach, FL 33931, Tel. 844 652 3696, www.diamondheadfl.com

Hotel Indigo. Gepflegtes Boutiquehotel inmitten des River Districts. 1520 Broadway 104, Fort Myers, FL 33901, Tel. 239 337 3446, www.hotelindigo.com

The Westin Cape Coral Resort at Marina Village. Resort mit herrlichem Außenpool und Spa nahe dem Jachthafen. 5951 Silver King Blvd., Cape Coral, FL 33914, Tel. 239 541 5000, www.westincapecoral.com

Die attraktive Meerjungfrau an der Fassade eines Hauses in Fort Myers Beach wirbt für einen Spirituosenladen im Erdgeschoss.

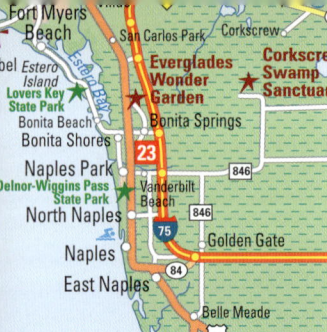

23 Naples und Bonita Springs
Winterquartier für Schneevögel

Eine Gegend nur für Reiche? Jein. Naples ist nicht nur bei betuchten Amerikanern ein bevorzugtes Refugium. Winterflüchter, sogenannte Snowbirds, kommen inzwischen aus vielen Ländern hierher auf der Suche nach Sonne und Wohlfühlklima. Menschen, die es wie Zugvögel zu winterlich-rauen Zeiten in sonnig-warme Gefilde zieht. Und von denen nicht jeder gleich Millionen auf dem Konto hat. Aber viele eben doch.

Naples ist gut für die Nerven. Hier sind Meer und Flair ruhiger und weniger hektisch als etwa in Miami auf der Ostseite Floridas. Und Wolkenkratzer-Skylines gibt es auch nicht. Dafür entspanntes,

Mitte: Im Lake Shore Park liegt natürlich das eigene Boot am Steg vor der Haustür.
Unten: Die Fifth Avenue im historischen Stadtviertel von Naples – beliebte Flaniermeile

GUT ZU WISSEN

RED TIDE
Urlaub! Schönste Zeit des Jahres! Und dann das: tote Fische am Strand, Schleimhautreizungen, Jucken, Husten und Halsschmerzen. Und das alles, weil die Rotalge wieder zugeschlagen hat. Richtiger gesagt: sich im Golf von Mexiko vermehrt. »Red Tide« nennen die Einheimischen das Phänomen, das die Fremdenverkehrsämter dezent verschweigen. Weil's natürlich dem Tourismus schadet. Immerhin: Die Florida Fish and Wildlife Conservation Commission informiert unter myfwc.com/research/redtide/statewide, ob gerade irgendwo die Algenpest droht.

naturnahes Dasein in einer Gegend, die nicht ohne Grund Paradise Coast heißt. Mit weißen Sandstränden, schicken Resorts, Edelrestaurants und unzähligen Einkaufsmöglichkeiten muss sich Naples nicht hinter Großstädten wie Miami oder Tampa verstecken. Die Stadt hat sich vom einstigen Fischerdorf zum mondänen Ferienort entwickelt, dem die höchste Millionärsdichte der USA zugerechnet wird. Dies erkennt man nicht nur an den prachtvollen Häusern, sondern auch an rund 90 Golfplätzen.

Dabei ist Naples im Vergleich zu anderen Orten in Florida ein echter Spätzünder. 1886 kaufte eine Investorengruppe aus Kentucky Land in der Gegend, um für wohlhabende Geschäftsleute aus dem Norden Winterdomizile zu errichten. Der erste kleine Aufschwung stellte sich ein – und dabei blieb's. Erst mal. 1922 dann erwarb der Millionär Barron Gift Collier (1873–1939), nach dem das County benannt ist, ebenfalls Land, ließ auf eigene Kosten die Fernstraße Tamiami Trail (Tampa-Miami Trail) durch die Everglades bauen und machte die Stadt so erreichbar. 1926 wurde Naples an die Eisenbahn angeschlossen. Langsam begann die Stadt sich zu entwickeln, blieb aber trotzdem bis in die 50er-Jahre ein Fischerdorf und verschlafenes Winterdomizil. 1960 wurde fast die Hälfte aller Gebäude in Naples und Umgebung durch den Hurrikan *Donna* vernichtet. Die Zahlungen der Versicherungen und der Neuaufbau führten endlich zum erhofften Aufschwung.

Holzstege zum Strand

Die mit feinem, weißem Sand bedeckten Strände von Naples haben viel zur Bekanntheit der Stadt beigetragen. Für all diejenigen, die nicht in einem Hotel oder in einer der üppigen Villen direkt am Strand wohnen, finden sich entlang der Küste

Nicht verpassen

NAPLES ZOO AT CARIBBEAN GARDENS

Hier sind Alligatoren, Affen, Florida-Panther, Schlangen, Schildkröten, Tiger, Leoparden und Kängurus die Stars. Täglich werden mehrere Shows mit Reptilien und Fütterungen der Raubtiere angeboten. Der Garten wurde 1919 von dem Botaniker Henry Nehrling gegründet und lag nach seinem Tod 1929 mehr als 20 Jahre lang brach. 1952 ließ der Unternehmer Julius Fleischmann Wege anlegen, Teiche und Seen graben und sorgte für Neuanpflanzungen. 1954 wurde der Zoo als Caribbean Gardens eröffnet. 1969 übernahmen Col. Lawrence und Nancy Jane Tetzlaff das Areal, bekannt durch Dokumentarfilme im Amazonasgebiet. Dank seiner Aufzucht- und Erhaltungsprogramme genießt der Zoo auch international Anerkennung.

Naples Zoo at Caribbean Gardens. Tgl. 9–17 Uhr, 1590 Goodlette-Frank Rd., Naples, FL 34102, Tel. 239 262 5409, www.napleszoo.com

Naples' Fifth Avenue: eine beliebte Ausgeh- und Shoppingmeile

malerische Holzstege, die über die Dünen zu öffentlichen Stränden führen. Im Stadtzentrum laden zahlreiche Wege zum Flanieren ein, vorbei an interessanter Architektur, trendigen Cafés und hübschen Boutiquen. Überall im Stadtkern gibt es historische Gebäude mit lauschigen Innenhöfen. Immer in der Nähe liegt der Strand, sei es für eine belebende Joggingrunde oder einen romantischen Abendspaziergang. Daneben garantieren Ausflüge mit dem Boot, zum Beispiel zur Delfinbeobachtung, Spaß für Klein und Groß. Geführte Touren zu Land oder zu Wasser sind weitere Möglichkeiten, die Umgebung zu entdecken. Wenn es etwas mehr Action sein soll, bietet sich ein Abstecher zum Sun-N-Fun Lagoon Water Park mit seinen riesigen Wasserrutschen im North Collier Regional Park an. Nicht ins, sondern aufs Wasser geht es bei den *airboat rides* in den nahe gelegenen Everglades.

Third Street South ist das angesagte Einkaufs- und Restaurantviertel, fast schon eine Stadt in der Stadt mit mehr als 100 verschiedenen Läden, Galerien, Cafés und zudem noch in Laufweite vom Strand. Die Gallery Row, eine Reihe ambitionierter Kunstgalerien, ist ebenfalls ein Bestandteil dieses Viertels, das sogar über einen eigenen Concierge

Oben: Die Abendsonne taucht Naples berühmte Fifth Avenue in warme Farben.
Unten: *Snowbirds* genießen das elegante Flair der Stadt ebenso wie junge Menschen.
Rechte Seite: Sonnenuntergang am Naples Fishing Pier

Rundgang Naples

A Naples Zoo at Caribbean Gardens – Löwen, Kängurus, Affen und Bären in tropisch angelegter Landschaft. 1590 Goodlette-Frank Rd.

B Conservancy of Southwest Florida – 1964 gegründet, hat sich die Gesellschaft dem Umweltschutz verschrieben. Hübsches Museum, Bootsfahrten auf dem Gordon River. 1450 Smith Preserve Way

C Lowdermilk Beach – Outdoor-Spaß mit Picknicktischen, Pavillons und herrlich weißem Sand. 1301 Gulf Shore Blvd. North

D Fifth Avenue South – Die elegante Flaniermeile lockt mit zahlreichen Bars, Cafés, Restaurants und viel »Sehen und Gesehenwerden«.

E Third Street South – Eleganter Shopping bezirk mit Galerien, Restaurants, Cafés, Boutiquen und Bars

F Naples Fishing Pier – »Petri Heil« an allen Tagen der Woche und fantastische Sonnenuntergänge in der ersten Reihe. 12th Ave., Gulf Shore Blvd.

G Naples Historical Society's Historic Palm Cottage – Das älteste Haus Naples', gebaut 1895, ist heute ein Museum. 137 12th Ave. South

H Collier County Museum – Das Museum liefert ein lebendiges Bild von der Geschichte Südwest-Floridas. 3331 Tamiami Trail East

I Naples Botanical Garden – Blütenzauber in sechs verschiedenen Landschaften: Children's Garden, Brazilian Garden, Caribbean Garden, The Preserve, Florida Garden und Asian Garden. 4820 Bayshore Dr.

EINPUTTEN WIE »THE SHARK«

Im Großraum Naples zählt man fast 90 private Golfplätze und eine immer größer werdende Anzahl öffentlicher Plätze. Viele Resorts haben eigene Courses oder kooperieren mit nicht-öffentlichen Golfclubs. Will man als begeisterter Golfer eine Startzeit auf den Premium-Plätzen bekommen, quartiert man sich am besten in einem Hotel mit angeschlossenem Golfplatz ein: etwa im Ritz-Carlton Golf Resort. Sein Tiburon Golf Club besteht aus dem Gold Course und dem Black Course. Gestaltet wurden beide Plätze von »The Shark« Greg Norman. Vorbild bei der Konstruktion waren die britischen Links-kurse. Wer auf dem Black Course bestehen will, muss strategisch spielen. Das Gelände ist natur-belassen, Wasserhindernisse und enge Fairways sorgen für einzig-artige Erlebnisse.

Tiburon Golf Club. 2620 Tiburon Dr., Naples, FL 34109, Tel. 239 594 2040, www.tiburongcnaples.com

verfügt, der bei allen Fragen gern weiterhilft. Wenige Straßen entfernt, hat die Fifth Avenue South eine Wiederauferstehung erfahren. Nun fußgängerfreundlich und Tag und Nacht belebt, finden sich in Downtown Naples' offizieller Hauptstraße Galerien, Mode- und Designerläden, das Sugden Theater, Hotels, Restaurants und Bars. Nur ein paar Schritte entfernt liegt das historische Viertel Tin City. Gelegen an der Strandpromenade am Hafen, sind in dem bunten Ort mit den typischen Blechdächern vor allem Souvenirs aus den Bereichen Natur und Seefahrt zu finden, neben rustikalen Fischrestaurants direkt am Wasser. Gegenüber liegt Naples' neuestes Shopping- und Unterhaltungszentrum, das Bayfront – mit Blick auf den Gordon River. Weiter im Norden ist das Baker Museum of Art Heimat von 15 Galerien mit Dauer- und Wechselausstellungen. Während der Wintersaison erfreut das benachbarte Philharmonic Center for the Arts Gäste und Einheimische mit Musik, Theater und Tanz. Zahlreiche Museen präsentieren die Geschichte der einheimischen Calusa-Indianer und der ersten Pioniere des Südwestens.

Hitparade der Strände

Die kleine Gemeinde Bonita Springs, die sich im letzten Jahrzehnt rasant entwickelt hat, schließt sich im Norden von Naples an. Sie bietet smaragd-grünes Meer und jede Menge Erholungsmöglichkeiten am Wasser. Kanus, Jetski oder Katamarane sind überall auszuleihen, anschließend kann man sich in einem der vielen Restaurants mit Meeresfrüchtespezialitäten verwöhnen lassen. Der hiesige Barefoot Beach wurde von dem Geologen Stephen Leatherman, der jedes Jahr als »Dr. Beach« die jeweils besten Strände der USA kürt, sogar schon in die Liste der Top Ten gehoben – neben Konkurrenten aus Hawaii und Kalifornien.

Infos und Adressen

ESSEN UND TRINKEN

Campiello. Sehr angesagt und beliebt – hier ist das Ambiente fast wichtiger als die italienisch inspirierten Speisen. Dass diese allerdings vorzüglich sind – umso besser! 1177 3rd St. South, Naples, FL 34102, Tel. 239 435 1166, www.campiello.damico.com

Sea Salt. Elegante Cuisine, anspruchsvolle Speisekarte. Und den Blick auf das Treiben auf der Third Street South gibt's gratis dazu. 1186 3rd St. South, Naples, FL 34102, Tel. 239 434 7258, www.seasaltnaples.com

USS Nemo. Eines der besten Fischrestaurants in Naples – und das will in dieser Stadt, die kulinarisch in den letzten Jahren mächtig zugelegt hat, einiges heißen. 3745 Tamiami Trail North, Naples, FL 34103, Tel. 239 261 6366, www.ussnemo.com

ÜBERNACHTEN

Bellasera. Schöne Anlage im italienischen Stil im Zentrum von Naples, rund 1 km vom Strand entfernt. 221 9th St. South, Naples, FL 34102, Tel. 888 568 9330, www.bellaseranaples.com

La Playa Beach Resort. Direkt am Strand von Naples, besticht durch seine elegante Atmo-

Steinernes Teufelchen an einem Brunnen im Stadtzentrum von Naples

sphäre mit maritimem Touch. 9891 Gulf Shore Dr., Naples, FL 34108, Tel. 239 597 3123, www.laplayaresort.com

The Inn on Fifth and Club Level Suites. Schönes, modernes Boutique-Hotel an Naples berühmter Fifth Avenue – das Leben pulsiert direkt vor der Tür. 699 5th Ave. South, Naples, FL 34102, Tel. 239 403 8777, www.innonfifth.com

The Ritz-Carlton. Strandhotel der Spitzenklasse. Mehr Luxus und edles Ambiente geht kaum. 280 Vanderbilt Beach Rd., Naples, FL 34108, Tel. 239 598 3300, www.ritzcarlton.com

Auch in Naples geht's schlichter: Telefonkabine vor Checker's Fast Food Restaurant

24 Marco Island
Kein Platz für Tanker

Marco Island ist gerade einmal 60 Quadratkilometer groß und doch die größte der Ten Thousand Islands im südwestlichen Florida. Der Golfküste vorgelagert und durch zwei Brücken mit dem Festland verbunden, bietet die Insel einen Mix aus karibischem und venezianischem Flair. Viele Amerikaner, aber auch immer mehr Europäer, haben Marco Island zu ihrem Winterdomizil auserkoren.

Bekannt ist Marco Island für seinen weitbuchtigen Strand und elegante Resorts. Und für seine Hochseeangel-Charterboot-Flotte, die ihren Ruf während der wilden Zeit der Pionierbesiedlung begründete. Das hat seine guten (Fisch-)Gründe: Die Insel liegt im Zentrum eines der besten Fanggebiete der Welt. Dort, wo der Golf von Mexiko auf den Atlantik trifft, findet man unzählige Fischarten. Von dem Angebot an Meerestieren profitierten schon Bewohner früherer Zeiten. Jüngste Nachforschungen zeigen, dass Marco Island bereits vor 3000 Jahren von den Calusa-Indianern besiedelt wurde. Zahlreiche Funde geben Einblick in das Leben der Jäger und Fischer, die Insel gehört noch heute zu den bedeutendsten Ausgrabungsstätten Nordamerikas. Im 16. Jahrhundert nannte sie der spanische Eroberer Ponce de León La Isla de San Marco, als er sie auf der Suche nach dem Jungbrunnen entdeckte. Den er übrigens auch hier nicht fand.

Mitte: Marco Island ist für seine schneeweißen Sandstrände bekannt.
Unten: Warten auf den Wind und den nächsten Segeltörn

1870 kamen die ersten Siedler von Tennessee. Muscheln wurden jetzt kommerziell verarbeitet und Ananas angebaut. Dann schien sich alles zu ändern: Der Millionär Barron Gift Collier

Marco Island

(1873–1939) aus Memphis, lange Zeit größter Großgrundbesitzer in Florida, erwarb 1922 den Hauptteil der Insel, um hier einen neuen Ölhafen anzulegen. Wirtschaftlich vorausschauend, denn Experten rechneten in der Gegend mit großen Erdölvorkommen. Doch es blieb bei den Plänen, der Hafen wurde nicht gebaut.

Perlweiße Strände

Statt Öltankern und Kaimauern also perlweiße Strände, an denen sich die Villen der Schönen und Reichen sowie erstklassige Baderesorts reihen. Die Auswahl an Unterkünften ist groß, von luxuriösen Strandhotels bis hin zu kleinen, familiären Inns und Motels. Ein wenig versteckt, aber einen Besuch wert, ist das Viertel Olde Marco. Hier kommt tatsächlich Karibikflair auf, die Häuschen unter den Palmen sind knallbunt bemalt. Souvenirläden und charmante Cafés laden zum Verweilen ein.

Am östlichen Ende der Insel, im Örtchen Goodland, scheint die Zeit stehen geblieben zu sein. Der Ort, der sich rühmt, dass hier Hunde und Katzen ihr Mittagsschläfchen auf der Straße halten können, wird an den Wochenenden quicklebendig. Dann gibt es Livemusik allerorten, und Besucher stürmen die lässigen, manchmal auch etwas verrückten Fischlokale.

An Aktivitäten mangelt es auf dem Rest der Insel auch wochentags nicht. Zahlreiche Kunstgalerien, Museen und Shopping-Möglichkeiten sorgen für Abwechslung. Das wahre Highlight aber ist der Wassersport – egal ob Stand Up Paddling, Kajak, Parasailing oder Jetski. Eine reizvolle Bootstour führt mitten in die Ten Thousand Islands. Fernab jeglicher Zivilisation erlebt man hier die Abgeschiedenheit dieser Inselgruppe mit ihren unzähligen Mangroveninselchen.

Infos und Adressen

ESSEN UND TRINKEN

Marek's Collier House Restaurant. Mehrfach ausgezeichnete Küche in historischem Ambiente. 1121 Bald Eagle Dr., Marco Island, FL 34145, Tel. 239 642 9948, www.mareksmarcoisland.com

Old Marco Lodge Crab House. Gäste werden mit fangfrischen Meeresfrüchten und einem herrlichen Blick auf Marco River und Goodland Bay verwöhnt. 401 Papaya St., Marco Island, FL 34145, Tel. 239 642 7227, www.oldmarcolodge.com

ÜBERNACHTEN

Marco Island Marriott Resort. Direkt am Strand, mit hauseigenem Golfplatz, Restaurants und Shops. 400 South Collier Blvd., Marco Island, FL 34145, Tel. 239 394 2511, www.marcoislandmarriott.com

AKTIVITÄTEN

Everglades Area Tours. Foto-Touren, 10 000-Islands-Exkursionen, Camping-Trips und Angelfahrten für Kinder. Goodland Boating Park, 740 Palm Point Dr., Goodland, FL 34140, Tel. 239 695 3633, www.evergladesareatours.com

Hochseeangeln in den besten Fanggebieten der Welt

DIE ATLANTIK-KÜSTE

25 Jacksonville und Ponte Vedra Beach
Metropole am Wasser

Urlauber, die urbanen Lifestyle schätzen und denen die Energie einer Großstadt lieber ist als die Stille eines Fischerdorfes, sollten Jacksonville ansteuern. Die flächenmäßig zweitgrößte Stadt der USA serviert ihren Besuchern einen Mix aus internationaler Kunst, tollen Einkaufsmöglichkeiten und lukullischen Highlights. Und die Nähe zu herrlichen Atlantikstränden gibt's als Sahnehäubchen obendrauf.

Bereits vor 6000 Jahren wurde die Gegend hier von den Timucua-Indianern besiedelt. Die erste ständige Siedlung der Neuzeit entstand 1791 unter der schönen – und noch wenig urbanen – Gemarkung Cow Ford. Nachdem Florida 1821 US-Bundesgebiet geworden war, nahm die Stadt ihren Namen nach dem damaligen Gouverneur und späteren Präsidenten Andrew Jackson an.

Von geschäftig bis glamourös

Mit dem Riverwalk am St. Johns River verfügt Jacksonville über eine mehrere Kilometer lange Promenade, auf der es sich herrlich flanieren lässt. Tagsüber trifft man hier Angestellte, die am Fluss ihre Mittagspause verbringen. Abends zeigen sich Restaurants, Bars und Bistros von ihrer glamourösen Seite, und man genießt neben gutem Essen oder einem Drink auch den Blick auf die glitzernde Skyline. Die Uferpromenade Jacksonville Landing am Nordufer bietet pulsierende Einkaufs- und Unterhaltungsatmosphäre. Nicht weit davon entfernt befinden sich das Museum of Contemporary Art Jacksonville (MOCA), ein Theater, der Kids

Vorangehende Doppelseite: Historische Segelschiffe in St. Augustine
Mitte: Blick auf den St. Johns River, die Main Street Bridge und Downtown Jacksonville
Unten: Jacksonville Landing: ein riesiger Restaurant-Shopping-Komplex direkt am Wasser

Jacksonville

Nicht verpassen

Kampus Park und das EverBank Field, Heimat des NFL-Football-Teams *Jacksonville Jaguars.*

Stummfilm-Ära

Weitere drei Museen auf der anderen Seite des Flusses sind die Wassertaxifahrt allemal wert: Das größte ist das Museum of Science and History (MOSH), das mit interaktiven Ausstellungen beeindruckt. Nebenan beschäftigt sich das Jacksonville Historical Center mit der militärischen Vergangenheit der Stadt, und das Jacksonville Maritime Museum zeigt Modelle von Schiffen aus dem Zweiten Weltkrieg, die in Jacksonville gebaut wurden. Bemerkenswert ist übrigens die cineastische Geschichte der Stadt: Was Hollywood heute für den modernen Film ist, das war »Jax«, so Jacksonvilles Spitzname, in der Stummfilm-Ära. Rund 120 *silent movies* wurden hier gedreht. Die aufblühende Kinoindustrie war auch der Grund, warum mancher Künstler in Jacksonville seine Zelte aufschlug, darunter der 20-jährige Oliver Hardy *(Dick und Doof),* der sich zu dem Zeitpunkt noch als Sänger verdingte.

In einem der hübschesten Viertel der Stadt, dem Riverside Avondale National Register District, befindet sich das Cummer Museum of Art & Gardens. Neben einer Sammlung von Meisterwerken bekannter Künstler rühmt sich das Museum, über eine der besten Kunsterlebnis-Welten für Kinder zu verfügen. Im Umkreis des Museums liegen wunderschöne alte Häuser, und entlang der St. Johns Avenue ist Shoppen angesagt. Im historischen San Marco District gibt es weitere lohnende Einkaufsmöglichkeiten und eine Schokoladenfabrik. Und im Viertel Arlington kann man im Tree Hill Nature Center auf bequemen Pfaden wandern.

MODERNE KUNST IN JACKSONVILLE

Ganz in der Nähe des Landings befindet sich das Museum of Contemporary Art Jacksonville (MOCA). Als eines der größten seiner Art in Florida zeigt es Kunstwerke internationaler, nationaler und regionaler Künstler. 2003 am Hemming Plaza eröffnet, gehören Kunstwerke von Hans Hofman, Joan Mitchell oder James Rosenquist zur Dauerausstellung. Das ArtExplorium Loft widmet sich dem kreativen Nachwuchs, der hier spielerisch in die Kunstgeschichte eingeführt wird. Außerdem beherbergt das Jacksonville Museum of Modern Art eine Kunstschule, einen Museumsladen und das Café Nola, in dem man nach dem Museumsbesuch entspannen und seine Eindrücke mit anderen Kunstinteressierten teilen kann.

Museum of Contemporary Art Jacksonville (MOCA). Di–Sa 11–17 Uhr, So 12–17 Uhr, 333 North Laura St., Jacksonville, FL 32202, Tel. 904 366 6911, www.mocajacksonville.unf.edu

155

Der Stadt vorgelagert befindet sich eine Reihe unterschiedlicher Strandabschnitte, wo Restaurants, Parks, Geschäfte und preiswerte Familienhotels für reges Strandleben sorgen. Jacksonville Beach geht über in Neptune Beach, wo die Stimmung jugendlich und entspannt ist. Im Pablo Historical Park, einer Ansammlung alter Gebäude, kann man die hiesige Geschichte erforschen. Adventure Landing spricht mit Wasserparkangeboten, Baseball-Schlagkäfigen, Gokart-Bahnen und Minigolf hauptsächlich Familien mit Kindern an. Atlantic Beach im Norden ist ruhiger, mit dem eleganten One Ocean Resort & Spa und einem Stadtzentrum mit hübschen Geschäften und Restaurants.

Ein Loch für Profis

Die Sandstrände von Ponte Vedra Beach schließen sich im Süden an. Seit 1982 findet jährlich im Mai auf der Golfanlage Tournament Players Club at Sawgrass das weltweit höchstdotierte Golfturnier statt, die *Players Championship*. Das von Wasser umgebene Grün des 17. Lochs dieser Anlage gilt als eines der schwierigsten im Golfsport überhaupt. Heute ist die Stadt einer der exklusivsten und wohlhabendsten Ruhesitze in den USA.

Oben: Stimmungsvolles Wandbild im The Palms Retro Hotel in Atlantic Beach
Unten: Golflegende Tiger Woods beim TPC-Turnier im Sawgrass Country Club in Ponte Vedra Beach

Infos und Adressen

SEHENSWÜRDIGKEITEN

Jacksonville Zoo and Gardens. Präsentiert neben Krokodilen, Löwen und Nashörnern viele heimische Tierarten. 370 Zoo Parkway, Jacksonville, FL 32218, Tel. 904 757 4463, www.jacksonvillezoo.org

The Cummer Museum of Art & Gardens. Sammlung von Meisterwerken europäischer und amerikanischer Kunst. 829 Riverside Ave., Jacksonville, FL 32204, Tel. 904 356 6857, www.cummer.org

ESSEN UND TRINKEN

Matthew's Restaurant. Das mehrfach preisgekrönte Restaurant kredenzt ambitionierte internationale Küche. 2107 Hendricks Ave., Jacksonville, FL 32207, Tel. 904 396 9922, www.matthewsrestaurant.com

Ocean 60. Elegante Cuisine mit Schwerpunkt auf Fisch und Meeresfrüchten. 60 Ocean Blvd.,

Hommage an die Welt des Films: die Zimmer im Palms Retro Hotel in Atlantic Beach

Atlantic Beach, FL 32233, Tel. 904 247 0060, www.ocean60.com

ÜBERNACHTEN

Double Tree by Hilton. Im historischen Viertel San Marco, nur wenige Schritte von den Attraktionen entfernt. 1201 Riverplace Blvd., Jacksonville FL 32207, Tel. 904 398 8800, www.doubletree3.hilton.com

One Ocean Resort & Spa. Schickes Design-Hotel am Prachtstrand von Atlantic Beach. 1 Ocean Blvd., Atlantic Beach, FL 32233, Tel. 904 249 7402, www.oneoceanresort.com

Ponte Vedra Inn & Club. Opulente Edelherberge mit dem Charme eines alten Grandhotels. 200 Ponte Vedra Blvd., Ponte Vedra Beach, FL 32082, Tel. 888 839 9145, www.pontevedra.com

Riverdale Inn. Stilvoll den Fünf-Uhr-Tee einnehmen und das Ambiente dieses eleganten B&B genießen. 1521 Riverside Ave., Jacksonville, FL 32204, Tel. 904 354 5080, www.riverdaleinn.com

Bimmelbahn im Jacksonville Zoo

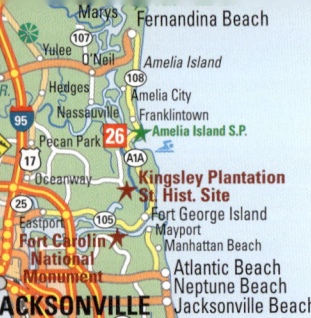

26 Amelia Island und Fort George Island
Fast wie im Kitschroman

Amelia Island ist Kleinod und Erholungsparadies in einem. Hier geht es weitaus beschaulicher zu als in den großen Tourismuszentren. Und auch ein bisschen schöner: Das ehemalige Piratennest Fernandina Beach etwa glänzt mit stattlichen viktorianischen Villen. Und ist außerdem Floridas wichtigste Quelle für Garnelen, von denen jährlich 900 000 Kilogramm aus den umliegenden Gewässern gefischt werden.

Dank sanfter Meeresbrise, atemberaubender Sonnenuntergänge und goldener Strände hat man auf Amelia Island das ständige Gefühl, mitten in einer Liebesgeschichte zu weilen. Hier fährt man in Pferdekutschen durch die Stadt, stöbert in den charmanten kleinen Boutiquen nach Souvenirs und geht einfach nur Hand in Hand am Strand entlang spazieren. Ein wenig wie in einem Kitschroman... Dabei hat die südlichste der Sea Islands, die entlang der Ostküste von South Carolina nach Florida verlaufen, eine durchaus raue Vergangenheit. Die Insel ist auch bekannt als »Isle of 8 Flags« (»Insel der acht Flaggen«). Seit dem Jahr 1562 stand sie unter der Herrschaft von: Frankreich, Spanien, Großbritannien, Spanien (erneut), Patriots of Amelia Island, Green Cross of Florida, Mexiko, Konföderierte Staaten von Amerika, Vereinigte Staaten.

Unter Fremdherrschaft

Ein wildes Pflaster also, ständig in der Hand anderer Herren. Einzelheiten über die verschiedenen Insel-Eroberer erfährt man im hübschen Amelia

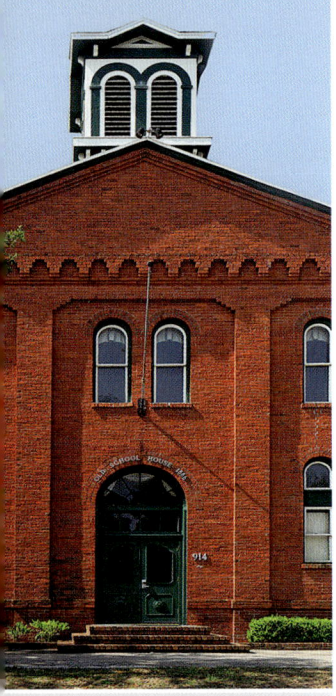

Das alte Schulhaus von Fernandina Beach: Wer früher auf dem Schulweg trödelte, musste beim Läuten der Turmglocke einen Gang zulegen.

Island Museum of History von Fernandina Beach. Heute geht es im Ort ruhig und beschaulich zu. Der historische Kern besteht aus sorgfältig erhaltenen Häusern aus dem 19. Jahrhundert. Sie beherbergen hübsche Shops, edle Galerien, Eisdielen, Restaurants oder nostalgische Bed & Breakfasts. Pferdekutschen zuckeln durch die Straßen. Hier gibt es die älteste dauerhaft betriebene Bar, den Palace Saloon. Sehenswert ist auch der 1798 von den Spaniern angelegte Friedhof Bosque Bello Cemetery.

Die Insel ist berühmt für ihre Garnelen und ihre Flotte von Garnelenfischern. Kein Wunder also, dass man die Meeresdelikatesse überall serviert bekommt – frischer geht es wirklich nicht. Jedes Jahr am ersten Mai-Wochenende feiern die Insulaner das *Shrimp Festival*, das Tausende von Besuchern anzieht.

Einputten mit Meeresbrise

Golfer dürfen sich auf sportliche Genüsse freuen. Denn zum größten Resort auf der Insel, Amelia Island Plantation, gehören außer einem 2,6 Meilen langen Strandabschnitt gleich vier Plätze, die golferische Abwechslung garantieren. Spektakulär ist der Ocean Links Course, der seinem berühmten Namensvetter auf Kiawah Island in South Carolina kaum nachsteht. Fünf Bahnen sind direkte *oceanfront holes* und winden sich durch die Dünen. Die Wellen des Atlantiks sind zum Greifen nahe, und die frische Meeresbrise weht um die Nase.

Provokante Gründung

Weiter südlich, auf Fort George Island, lockt der geschichtsträchtige State Park, Teil des Timucuan Ecological and Historical Preserve, zu dem auch das Fort Caroline National Memorial gehört. Vor

Geheimtipp

FORT CLINCH STATE PARK

Seit 1847 trotzt an der Nordostküste von Amelia Island das mächtige Fort Clinch den Stürmen. Im Sezessionskrieg wurde die noch nicht ganz fertiggestellte Festung von der Südstaatenarmee erobert, doch bald nach den Kampfhandlungen wieder aufgegeben. Ihren Eroberern brachte sie keinen Vorteil. Einen interessanten Einblick in das militärische Leben Mitte des 19. Jahrhunderts bietet sie allemal. Von den Schanzen kann man bei guter Sicht Cumberland Island ausmachen. Das Fort mit Blick auf den Cumberland Sound liegt inmitten des Fort Clinch State Park, eines Naturparks, der die gesamte Nordspitze der Insel einnimmt. Auch ein schöner Strand, Angelplatz und Naturpfade finden sich auf dem Gelände.

Fort Clinch State Park. Tgl. 8 Uhr bis Sonnenuntergang, 2601 Atlantic Ave., Fernandina Beach, FL 32034, Tel. 904 277 7274, www.floridastateparks.org/fortclinch

5000 Jahren lebten hier Calusa-Indianer, die aus Muschelschalen riesige Hügel anhäuften. Später kamen die Spanier, die alles andere als erfreut waren, als 1564 Fort Caroline errichtet wurde, die erste französische Kolonie in den heutigen USA. Mit ihr begann unverzüglich die 200 Jahre andauernde Rivalität zwischen Spaniern und Franzosen in der »Neuen Welt«. Abgesehen davon, dass die französische Gründung per se eine Provokation in den Augen der Spanier darstellte, waren die neuen Siedler zumeist Hugenotten, also französische Protestanten. Ein weiterer Dorn im Auge der spanischen Katholiken. Und so dauerte es auch kein Jahr, und die kampfeslustigen Spanier waren wieder unter sich. Hier jedenfalls.

Fort George Island erlebte in den 30er-Jahren einen Boom, als sich die Jeunesse dorée im schicken Ribault Inn Club zu stilvollen Partys traf. Das 1928 errichtete, weiße Landhaus besitzt prächtige Torbögen und drei Dutzend Fenstertüren aus erlesenem Zypressenholz. Der geschmackvoll restaurierte Club bietet heute den Rahmen für Privatveranstaltungen. Von hier aus startet auch der sieben Kilometer lange Saturiwa Loop Trail durch die herrliche Marschlandschaft.

Oben: Vom Kolonialstil früherer Zeiten zeugt der Ribault Inn Club auf Fort George Island.
Unten: Weiße Tupfer im Blau des Wassers: Segelboote auf dem Amelia River

Infos und Adressen

SEHENSWÜRDIGKEITEN

Kingsley Plantation. Erfahren, wie einst Sklaven gelebt und gearbeitet haben. Auch das Haus des einstigen Plantagenbesitzers kann besichtigt werden. Tgl. 9–17 Uhr, 11676 Palmetto Ave., Jacksonville, FL 32226, Tel. 904 251 3537, www.nps.gov/timu/historyculture/kp.htm

ESSEN UND TRINKEN

Café Karibo. Nettes Restaurant mit einem lauschigen Außenbereich unter schattenspendenden Bäumen. Variantenreiche, zum Teil asiatisch angehauchte Gerichte und leckere Thunfischsteaks. 27 North 3rd St., Fernandina Beach, FL 32034, Tel. 904 277 5269, www.cafekaribo.com

Verandah Restaurant. Überzeugende Küche mit Südstaaten-Anklängen, serviert in geschmackvollem Ambiente. 142 Racquet Park Dr., Amelia Island, FL 32034, Tel. 904 277 5958, www.omnihotels.com

ÜBERNACHTEN

Elizabeth Pointe Lodge. Stilechte Übernachtung im klassischen B&B mit dem Charme des 19. Jhs. 98 South Fletcher Ave., Amelia Island, FL 32034, Tel. 904 277 4851, www.elizabethpointelodge.com

Kingsley Plantation gibt Einblicke in die Sklavenzeit.

Florida House Inn B&B. Eines der ältesten Hotels Floridas, in dem schon General Ulysses S. Grant und der kubanische Nationalheld José Martí übernachteten. 22 South 3rd St., Fernandina Beach, FL 32034, Tel. 904 491 3322, www.floridahouseinn.com

Omni Amelia Island Plantation. Vier Golfplätze, neun exquisite Restaurants, ein riesiger Spa- und Wellness-Bereich und mehr als ein Dutzend Shops machen das Hotel zum Elysium für Erholungssuchende. 39 Beach Lagoon Rd., Fernandina Beach, FL 32034, Tel. 904 261 6161, www.omnihotels.com/AmeliaIsland

Ein Pfirsichverkäufer auf Amelia Island bietet die frisch geernteten Früchte zum Verkauf an.

Mitte: Blick auf das historische Zentrum von St. Augustine
Unten: Wo bleibt der Respekt vor Eroberern! Der Taube scheint es auf dem Hut der Statue von Juan Ponce de León zu behagen.

27 St. Augustine
Ewige Jugend und ruhmreiches Alter

Eine gesetzte Dame mit Stil: St. Augustine behauptet von sich, die älteste Stadt der USA zu sein. Tatsächlich gründeten die Spanier hier bereits 1565, also weniger als 60 Jahre nach der Entdeckung Amerikas, die erste Siedlung. Da stand Europa noch der Dreißigjährige Krieg bevor. An mangelndem Geschichtsbewusstsein leidet die Stadt also nicht. Und vermarktet ihre Historie durchaus selbstbewusst.

Auch so ein Historikerstreit: Am 28. August 1565, dem Gedenktag des heiligen Augustinus von Hippo (354–430), setzte der spanische Konquistador Don Pedro Menendez de Aviles seinen Fuß an die Stelle, wo heute St. Augustine liegt. Er gründete eine Siedlung und schuf damit – so jedenfalls nach Lesart der Geschichtswissenschaftler – die älteste permanent besiedelte Stadt auf dem nordamerikanischen Kontinent, benannt nach Augustinus, dem Philosophen und Kirchenlehrer der Spätantike.

Wirklich? Vor ihm war schließlich schon der spanische Konquistador Juan Ponce de León auf der Suche nach Gold, Silber und dem legendären Jungbrunnen 1513 hier gewesen. Er hatte das Land für die spanische Krone in Besitz genommen – und verschwand anschließend wieder. Im Ponce de Leon's Fountain of Youth Park sprudelt noch immer die Quelle, von der sich der Entdecker ewige Jugend versprach – und von der die meisten Besucher auch heute noch gern einen Schluck nehmen…

Ganz in der Nähe wurde die erste spanische, katholische Messe auf amerikanischem Boden gefeiert und an dieser Stelle später die Mission Nombre de Dios gegründet. Sie beherbergt die Statue Our Lady of La Leche, eine Replik des Originals aus dem 16. Jahrhundert, vor der werdende und frischgebackene Mütter um den Beistand der Madonna beten.

Kampf der Invasoren

Der ersten Landnahme folgten zahlreiche Expeditionen anderer Länder Europas, die die Gegend besetzen wollten. Sie scheiterten allesamt. 1565 gelang es den Franzosen immerhin, ein Fort und Häuser an der Mündung des St. Johns River zu errichten. Doch Pedro Menendez de Aviles jagte sie unter dem Freudengeschrei der spanischen Siedler bald wieder aus dem Land. Dieser Waffengang war nur der Auftakt: Die Invasoren bekämpften sich ständig untereinander, selbst der berüchtigte englische Entdecker und Weltumsegler Sir Francis Drake mischte mit und brannte St. Augustine 1586 nieder. Weil die Übergriffe nicht nachließen, bauten die Spanier das Castillo de San Marcos, eine uneinnehmbare Festung. Jahrzehnte relativer Ruhe brachen an. Im Jahr 1763 übergab Spanien Florida an Großbritannien und erhielt dafür Havanna. Nur wenige Jahre später übernahm wieder Spanien die Hoheit über St. Augustine, bis schließlich der spanische König Florida an die Vereinigten Staaten verkaufte.

Eleganz mit Federboa

Großen Anteil am Aufschwung der Stadt Ende des 19. Jahrhunderts hatte der Ölmillionär Henry M. Flagler. Mit seinen Bauaktivitäten wandelte sich der eher ruhige Ort in ein Kleinod, das wohlhabende Nordstaatler zu ihrem Winterdomizil erkoren. Flagler, gebürtiger New Yorker, ließ mehrere Hotels in St. Augustine errichten: Sein Meister-

Nicht verpassen

CASTILLO DE SAN MARCOS

Zinnen, Zugbrücke, meterdicke Mauern – in Florida ein untypischer Anblick. Das 1672 errichtete Castillo de San Marcos lässt sich von der Altstadt aus mit dem nostalgischen Bähnchen, der Kutsche oder auch zu Fuß erreichen. Mit dem von Wassergräben und Wällen umgebenen Fort wollten die Spanier ihren Teil der neuen Welt verteidigen. Ranger des National Park Service erläutern die Geschichte der aus Muschelkalk erbauten Festung. Die Spanier hatten zwar den Grundstein gelegt, doch es waren letztlich die Briten, die den Koloss zu Ende bauten. Von den Mauern des Forts hat man einen tollen Blick auf die Altstadt und die Matanzas Bay. Im Inneren erzählt eine Ausstellung die Geschichte des Castillo.

Castillo de San Marcos. Tgl. 8.45–17.15 Uhr, South Castillo Dr. 1, St. Augustine, FL 32084, Tel. 904 823 9288, www.nps.gov

stück, das imposante Ponce de León Hotel mit 540 Zimmern, ist heute Teil des Flagler College, wo man im marmorverkleideten Foyer noch die Aura des »Gilded Age« spüren kann. Goldene Jahre damals, als man sich in Smoking und Federboa zum Nachmittagskonzert auf der Loggia oder im Flagler-Salon mit seinen schönen Gemälden traf. Doch mit der wirtschaftlichen Depression (1929-1941) kam der Abstieg.

Heute beherbergt das elegante Alcazar, einst beliebte Urlaubsresidenz der Reichen und Schönen, die prächtige Sammlung des Lightner Museums. Zu den sehenswerten Ausstellungsstücken gehören Schätze aus der Zeit um 1900 – inklusive Tiffany und anderer Glaskunstwerke. Eine Antiquitäten-Mall ist im alten Schwimmbad des Hotels untergebracht – ein Pool in einem Gebäude kam damals einem Wunderwerk nahe. Flaglers opulente architektonische Visionen spiegeln die Vorliebe seiner Zeit für exotische Bögen, byzantinische Turmspitzen, kunstvolle Goldkuppeln und mediterrane Glockentürme wider.

Sehenswert in ihrer architektonischen Schlichtheit ist hingegen die Catholic Basilica Cathedral

Oben: Wo früher Hotelgäste den Luxus des Alcazar genossen, bestaunen heute Besucher des Lightner Museums Kunstwerke.
Unten: Die St. George Street ist eine beliebte Bühne für Straßenmusiker aus aller Welt.

Rundgang in der Old City und Umgebung

A Castillo de San Marcos – 23 Jahre dauerten die Arbeiten an dem Fort, das die Spanier zum Schutz der Stadt ab 1695 errichteten. Heute ist es ein Nationales Monument.

B Oldest Wooden School House – Ein altes Schulgebäude aus dem 18. Jahrhundert. Im Obergeschoss wohnte der Lehrer – die Schüler zwängten sich im Erdgeschoss ins enge Klassenzimmer. 14 St. George St.

C Spanish Quarter Living History Museum – Der Museumskomplex besteht aus sechs rekonstruierten Häusern und Werkstätten und gibt Einblicke in die Lebensweise spanischer Siedler. Mitarbeiter in historischen Kostümen führen alte Handwerke vor. 33 St. George St.

D Cathedral Basilica of St. Augustine – Bis ins Jahr 1594 reichen die Kirchenbücher. Im Inneren des Gotteshauses stützen gewaltige Holzbalken die hohe Decke, der Fußboden besteht aus bunten kubanischen Fliesen. 38 Cathedral Pl.

E Spanish Military Hospital – Spartanisch ist die Einrichtung der Räume des Lazaretts aus dem 18. Jahrhundert. Antikes Operationsbesteck, schmale Holzbetten und ein kleiner Heilkräutergarten lassen ahnen, unter welchen Umständen Patienten gepflegt und medizinisch versorgt wurden. 3 Aviles St.

F Oldest Store Museum – Ein rekonstruierter Laden beeindruckt mit mehr als 100 000 Gegenständen: In alten Vitrinen und Holzregalen wird gezeigt, was Kunden im 19. Jahrhundert kauften: neben Tabak, Werkzeugen, Waffen und Haushaltsgeräten auch Fahrräder und Puppen. 4 Artillery Lane

G Oldest House Museum Complex – Außer einem der ältesten Häuser der USA, der Casa Gonzáles-Alvarez, beherbergt der Bau zwei Museen und eine Galerie. Im Haus gab es keine

Im Spanish Quarter Living History Museum

Küche – aus Angst vor einem Hausbrand bereiteten die Bewohner die Speisen in einem separaten Gebäude im Garten zu. 271 Charlotte St.

H Lightner Museum – Ausgestellt werden hier Antiquitäten, die dem Verleger Otto C. Lightner Mitte des 20. Jahrhunderts gefielen.

Geheimtipp

gleich gegenüber der Downtown Plaza, dem kleinen Stadtpark vor der Bridge of Lions. Direkt am Downtown Plaza befindet sich auch Potter's Wax Museum, das mit 50 Jahren älteste Wachsmuseum der USA. Rund 170 bekannte Figuren aus Geschichte, Show und Horror sind zu bewundern.

Pittoresk ist auch die Villa Zorayda gleich neben der City Hall, erbaut 1883 als Wintersitz des Bostoner Millionärs Franklin Smith. Nach einem Besuch der Alhambra in Granada war er so beeindruckt, dass er dieses Gebäude als exakte Kopie eines Palastflügels auf seinem Grundstück im Maßstab 1 : 10 errichten ließ. In den frühen 20er-Jahren diente es kurz als Spielcasino, bevor das Glücksspiel in Florida verboten wurde. Seit 1936 nun ist es ein Museum für orientalische Kunst, das Kunstschätze aus aller Welt zeigt und das Leben der maurischen Herrscher und die Zeit der spanischen Besetzung dokumentiert.

Kampf gegen die Mücken

Im benachbarten Old St. Augustine Village sind sechs Häuser aus der Zeit von 1790 bis 1910 zu besichtigen. Besonders faszinierend ist das Anwesen, in dem einst Napoleon Achille Murat gewohnt hat und das heute seinen Namen trägt. Murat war ein Neffe Napoleons und zeitweilig Prinz von Neapel. 1821 siedelte er in die Vereinigten Staaten über. Doch das Leben in Florida war hart: Besonders die Mücken setzten dem jungen Adeligen zu. Mit seinen Büchern soll er sich oft an die Bucht begeben haben, um dort bis zum Hals im Wasser sitzend ungestört Lektüre zu betreiben. Später zog er nach Tallahassee, wo er eine große Farm erwarb und am 30. Juli 1826 Catharina Dudley heiratete, eine Großnichte George Washingtons. Das Paar führte ein zurückgezogenes Leben.

St. Augustine atmet Historie. »Originale« sind hier keine Seltenheit!

Wie anno dazumal: das historische
St. Augustine im Abendlicht

Das Oldest House (1720) in der Charlotte
Street beherbergt viele alte Möbel und
lädt mit seinem wunderschönen Garten
zum Verweilen ein. Trotz Feuersbrünsten und
Orkanen ist es, wie viele andere Gebäude im Res-
taurationsviertel, gut erhalten. »Alt« wird in
St. Augustine heute in höchstem Maße verehrt,
wo man, meist inmitten der Old Gates der Old
City, Gebäude wie The Oldest Wooden School
House (1763), The Oldest Store (1840) und The Old
Jail (1891) besichtigen kann. Enge, unebene Stra-
ßen in diesem 144 Häuserblocks umfassenden
Areal führen den Besucher zu architektonischen
Schätzen aus der Kolonialzeit mit angegliederten
Pubs, Eiscafés und Antiquitätenläden.

Alligatoren und ein Leuchtturm

Über den Intracoastal Waterway erreicht man
den St. Augustine Beach mit dem Alligator Farm
Zoological Park, dem ältesten Park des Staates
(ca. 1893). Dann steigt man über 219 Stufen hinauf
zur Spitze des 140 Jahre alten, schwarz-weiß gestreiften Leuchtturms mit dem kleinen angeschlos-
senen Museum. Der benachbarte Strand ist Teil des
State Anastasia Parks, wo sich Sonnenanbeter,
Angler und Surfer treffen.

Geheimtipp

SAN SEBASTIAN WINERY

Dass der erste Wein der
»Neuen Welt« in Florida
hergestellt wurde, wissen
nur wenige. Als französische Hu
genotten um 1564 versuchten, die
aus Europa mitgebrachten Wein-
reben hier zu etablieren, mussten
sie erleben, wie ihre gesamte Ernte
einer bakteriellen Krankheit zum
Opfer fiel. Glücklicherweise fanden
sie in Mengen die einheimische
Muscadine-Weinrebe vor, aus
deren Trauben der erste Wein
Amerikas gekeltert wurde. Heute
benutzen Floridas Winzer eine
Züchtung aus klassischen europäischen Rebsorten mit der Mus-
cadine-Traube, die sogenannte
Florida hybrid bunch grape. In
St. Augustine bittet der Familienbetrieb San Sebastian Winery zu
Weinproben.

San Sebastian Winery.
Weinproben mit Musik tgl.
19–23 Uhr, 157 King St.,
St. Augustine, FL 32084,
Tel. 904 826 1594,
www.sansebastianwinery.com

Infos und Adressen

SEHENSWÜRDIGKEITEN

Flagler College. Das ehemalige Hotel Ponce de León wurde 1971 zum Flagler College umgewandelt und beherbergt heute rund 2000 Studenten. Das Gebäude ist im Stil der spanischen Renaissance errichtet. 74 King St., St. Augustine, FL 32084, Tel. 904 829 6481, www.flagler.edu

Fort Matanzas National Monument. Spanisches Fort von 1740, nur 20 Minuten südlich von St. Augustine an der Einfahrt zum Intracoastal Waterway gelegen. Das Fort selbst kann nur mittels einer Fähre erreicht werden, diese fährt aber jede halbe Stunde und ist kostenfrei. Tgl. 9–17.30 Uhr, 8635 A1A South, St. Augustine, FL 32080, Tel. 904 471 0116, www.nps.gov/foma

Fountain of Youth Archaeological Park. Ein bisschen Kitsch, ein wenig Konquistadoren-Melange. Wen das nicht schreckt, der hat hier viel zu sehen. Tgl. 9–18 Uhr, 11 Magnolia Ave., St. Augustine, FL 32084, Tel. 904 829 3168, www.fountainofyouthflorida.com

Lightner Museum. Im ehemaligen Hotel Alcazar befindet sich heute das Museum, das eine eigenwillige Mischung aus Antiquitäten, Glaskunst und Musikinstrumenten zeigt. Tgl. 9–17 Uhr, 75 King St., St. Augustine, FL 32084, Tel. 904 824 2874, www.lightnermuseum.org

Old St. Augustine Village. Neun historische Gebäude, Innenhöfe und Gärten bilden das Ensemble dieser Anlage aus den Jahren 1790 bis 1910. Hier wurde 1863 die Proklamation verlesen, mit der die Sklaverei in Florida endete. Das älteste Gebäude ist das Prince Murat House, in dem einst der Neffe Napoleons lebte. Ganzjährig Sa–Fr 10–16.30 Uhr, So 11–16.30 Uhr, 115 Cordova St., St. Augustine, FL 32084, Tel. 904 826 0113, www.old-staug-village.com

Ripley's Believe It or Not! Absurditäten, Gruseliges und Skurriles. Das bewährte Ripley-Programm fasziniert Groß und Klein. Man kann es glauben – oder auch nicht. Tgl. 9–20 Uhr, Weihnachten 12–17 Uhr, 19 San Marco Ave., St. Augustine, FL 32084, Tel. 904 824 1606, www.ripleys.com/staugustine

St. Augustine Alligator Farm Zoological Park. 23 Arten von Alligatoren, exotische Vögel und Naturpfade erwarten die Besucher. Tgl. 9–17 Uhr, im Sommer 9–18 Uhr, 999 Anastasia Blvd., St. Augustine, FL 32080, Tel. 904 824 3337, www.alligatorfarm.com

St. Augustine Lighthouse & Museum. Vom 50 m hohen Aussichtsdeck reicht ein weiter

Des Rätsels Lösung: Das Lokal liegt auf einem Pier über dem Wasser der Matanzas Bay.

Junger Alligator

Blick über Strand und Ort. Tgl. 9–18 Uhr,
81 Lighthouse Ave., St. Augustine,
FL 32080, Tel. 904 829 0745,
www.staugustinelighthouse.com

World Golf Hall of Fame. Sie ist *die*
»Walhalla« des Golfsports. Wer hier auf-
genommen wird, zählt zur allerersten Liga.
Dauerausstellungen zeigen nicht nur die
besten GolferInnen der Welt, sondern auch
die Geschichte des Golfsportes. Mo–Sa
10–18 Uhr, So 12–18 Uhr, One World Golf Pl.
St. Augustine, FL 32092, Tel. 904 940 4033,
www.worldgolfhalloffame.org

Zorayda Castle. Nach langer Renovierungszeit
präsentiert sich der Palast in neuer alter Fri-
sche. In maurischem Stil errichtet, hat er die
Alhambra in Granada als Vorbild. Tgl. 9–17 Uhr,
Audio Tour, 83 King St. St. Augustine, FL 32084,
Tel. 904 829 9887, www.villazorayda.com

ESSEN UND TRINKEN

Collage Restaurant. Im Herzen des historischen Viertels gelegen, offerieren die Gastronomen Mike Hyatt und Cindy Stangby eine
ambitionierte Küche. 60 Hypolita St.,
St. Augustine, FL 32084, Tel. 904 829 0055,
www.collagestaug.com

Costa Brava. Gehobene Küche mit qualitäts-
vollen Zutaten dürfen Gäste im spanisch-
arabischen Ambiente des Restaurants erwarten. 95 Cordova St., St. Augustine, FL 32084,

Tel. 904 810 6810, www.casamonica.com/dining

The Floridian. Erfrischend ungezwungene Atmosphäre, heiteres Interieur und eine überzeugende, würzige Südstaatenküche verwöhnt die
Gäste. 72 Spanish St., St. Augustine, FL 32084,
Tel. 904 829 0655, www.thefloridianstaug.com

ÜBERNACHTEN

Casa de Solana. Das Haus wurde nach seinem
ersten Besitzer, Don Manuel Lorenzo Solana,
benannt, der zu einer der ersten spanischen Familien der Stadt gehörte. Die zehn Zimmer sind
mit historischen Möbeln im Kolonialstil eingerichtet. 21 Aviles St., St. Augustine, FL 32084,
Tel. 904 824 3555, www.casadesolana.com

Casa Monica Hotel Rustikale Eleganz
in geschichtsträchtigen Mauern seit 1888.
95 Cordova St., St. Augustine, FL 32084,
Tel. 904 827 1888, www.monica.com

Casablanca Inn Bed & Breakfast on the Bay.
Gediegene Eleganz und freundliche Atmosphäre
kombiniert mit einem herrlichen Blick auf das
historische Castillo de San Marcos und die
Bridge of Lions. 24 Avenida Menedez,
St. Augustine, FL 32084, Tel. 904 829 0928,
www.casablancainn.com

Geringelter Riese: Der Leuchtturm von
St. Augustine stammt aus dem Jahr 1874.

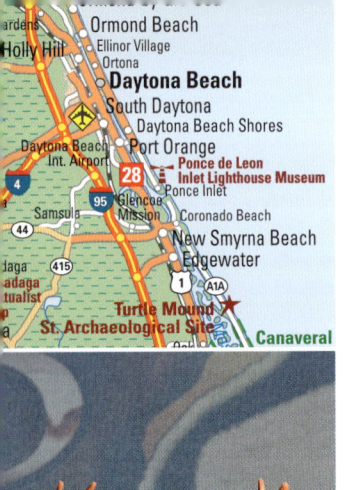

28 Daytona Beach und New Smyrna Beach
Sportwagen und Schildkröten

Mehr als acht Millionen Besucher aus aller Welt strömen jedes Jahr nach Daytona Beach und in die angrenzenden Urlaubsorte an der Atlantikküste, die sich von Ormond-by-the-Sea bis zum idyllischen Fischerort Ponce Inlet erstrecken. Angezogen werden sie von einer Melange aus Pferdestärken, ausgelassenen Parties, Gokart-Bahnen, Minigolfplätzen, Souvenir-Shops und natürlich den Strandfreuden des Atlantiks.

Besucher, die es beschaulich mögen, sollten Daytona Beach im März und April meiden. Dann ist hier die Zeit des *Spring Break* – der Frühjahrsferien –, wenn tausende Studenten in die Stadt einfallen und ausgelassene Partys am Strand feiern. Dann wird hemmungslos getanzt, getrunken und jeden Tag eine »Miss Wet T-Shirt« gewählt.

Außer Rand und Band: Während der *Spring-Break*-Tage im Frühling wird manche Anstandsregel über Bord geworfen.

GUT ZU WISSEN

SONNENBAD IM AUSPUFFQUALM

Für ein paar Dollar kann man in Daytona Beach sein Auto mit an den Sandstrand nehmen. Mit einer Höchstgeschwindigkeit von 16 km/h darf man dann mit dem Fahrzeug bis an die Brandung heranfahren. Wen es stört, auf seinem Badehandtuch liegend die Auspuffgase um die Nase geweht zu bekommen, dem sei soviel Trost: Ein paar Kilometer weiter ist wieder himmlische Ruhe angesagt. Denn Schule gemacht hat das Privileg für Fußlahme selbst im Land der *drive-thrus* nirgendwo sonst.

Geschwindigkeit ist Trumpf

So verschieden die Ansprüche – Platz genug gibt es für alle: Bei Ebbe erreichen die Sandflächen in Daytona stellenweise eine Breite von 150 Metern. Es ist der einzige Strand in ganz Florida, auf dem Autofahren erlaubt ist. Das hat hier Tradition: Um die Jahrhundertwende wurde das nahe gelegene Ormond Beach als »Geburtsort der Geschwindigkeit« bekannt. Autoliebhaber lieferten sich 1903 auf dem harten Sandstrand die ersten Wettrennen. Später entstand mit Daytona International Speedway eine der heute bekanntesten Rennstrecken der Welt. Seit 1959 fiebern jedes Jahr tausende Besucher begeistert mit, wenn Sportwagen-, Motorrad- oder Gokart-Rennen auf dem vier Kilometer langen Parcours stattfinden. Mega-Events sind das NASCAR-Rennen *Daytona 500* und das *Coke Zero 400*, das unter Einbeziehung der Steilwandkurven und einer Schikane als 24-Stunden-Rennen ausgetragen wird. Weitere Highlights sind die *Daytona Bike Week* und das *Biketoberfest*. Jedes Jahr im März und Oktober strömen dann hunderttausende Motorradliebhaber in die Stadt. Ein speziell für dieses Spektakel ernannter Koordinator sorgt für Ordnung und Sicherheit. Eigentlich unnötig, denn viele der anwesenden Enthusiasten sind ohnehin längst dem Teenie-Alter entwachsen und stolze Familienväter beziehungsweise -mütter, die ihr Geld als Anwälte oder Mediziner verdienen. Einmal im Jahr lassen sie den Anzug samt Krawatte im Schrank, zwängen sich in T-Shirts und Lederkluft und relaxen mit Gleichgesinnten unter der Sonne Floridas.

Zu einem Urlaub in Daytona gehören Angeln oder Hochseefischen, Surfen, Parasailing, Schnorcheln oder Tauchgänge. Davon abgesehen findet man in Daytona auch viel Beschauliches: Von Mai bis

Geheimtipp

EIN SPEEDWAY-HÖLLENRITT

Fast 600 PS und satter V8-Sound – das erwartet Teilnehmer der *Richard Petty Driving Experience*, natürlich auch am Daytona International Speedway. Beifahrer oder selber fahren? Beides ist möglich. Acht Runden werden bei der kleinsten Variante der angebotenen Programme absolviert. Dabei darf man in Rennmontur auf dem Beifahrersitz Platz nehmen und hoffen, dass man bei dem folgenden Höllenritt nicht die Nerven verliert. Stufenweise geht es weiter von der *King's Experience* bis zur *Advanced Racing Experience*, bei denen man nach umfänglicher Einweisung auch selbst einen Boliden steuern darf. Das aber – nebenbei gesagt – schmälert die Urlaubskasse um einige tausend Dollar.

Richard Petty Driving Experience, 1801 West Internat. Speedway Blvd., Daytona Beach, FL 32114, Tel. 386 947 0507, www.drivepetty.com/race-tracks/daytona-international-speedway

Oktober stehen einige Strandabschnitte der Region unter besonderem Schutz. Dann schwimmen unzählige Seeschildkröten nachts vom Meer ans Ufer und legen ihre Eier in Nester, die sie in den warmen Sand der Dünen gegraben haben. Zwei Monate später schlüpfen die Schildkrötenbabys und suchen den Weg zurück in den Ozean. In dieser Zeit gelten Sonderregelungen, die das Befahren der Strände einschränken, um die Tiere zu schützen und sie vor Lärm abzuschotten.

Hilfe vom Mittelmeer

Weiter im Süden lockt New Smyrna Beach mit einer Mischung aus Strandidylle und Historie. Im Jahr 1768 wurde der Ort vom schottischen Physiker Dr. Andrew Turnball (1718–1792) gegründet, dem damaligen Konsul des Ottomanischen Reiches. Aufgrund der Tatsache, dass sich bereits in den 60er-Jahren des 16. Jahrhunderts spanische Missionare in der Gegend niederließen, wird New Smyrna Beach auch oft als zweitälteste Stadt der USA bezeichnet. Gründer Turnball holte 1500 griechische Siedler aus Smyrna (dem heutigen Izmir in der Türkei) und von den griechischen Inseln, um mit ihrer Hilfe Hanf und Zuckerrohr anzubauen und Rum zu produzieren.

Pittoreske Südstaatenarchitektur

Die zentrale Straße des Ortes ist die vom U.S. Highway 1 abzweigende Canal Street mit vielen hübschen Läden, hier findet samstags der Farmers Market statt, und an jedem zweiten Samstag im Monat eine Car Show mit blank polierten alten Straßenkreuzern. In der Nähe des Flusses warten herrliche alte Holzhäuser mit typischer Südstaatenarchitektur. Bekannteste Straße ist die historische Flagler Avenue, gesäumt von pastellfarbenen Holzhäusern, netten Läden, Cafés und Galerien.

Oben: An heißen Tagen bildet sich am Eiswagen schon mal eine Schlange.
Mitte: Junge Frau beim Sonnenbaden am Strand
Unten: Mit typischer Terrasse – Holzhaus im Coronado Historic District in New Smyrna Beach

Infos und Adressen

SEHENSWÜRDIGKEITEN

Daytona Beach Museum of Arts and Sciences.
Sehenswerte naturhistorische und künst-
lerische Dauerausstellungen. Di–Sa 9–17 Uhr,
So 11–17 Uhr, 352 South Nova Rd.,
Daytona Beach, FL 32114, Tel. 386 255 0285,
www.moas.org

Ponce de León Inlet Lighthouse and Museum.
Der Ausblick von der Leuchtturmspitze ist
spektakulär. 26. Mai–1. Sept. 10–21 Uhr,
2. Sept.–5. Mai 10–18 Uhr, 4931 South
Peninsula Dr., Ponce Inlet, FL 32127,
Tel. 386 761 1821, www.ponceinlet.org

Benzin im Blut: Born to be wild …

Größe und Weitblick bietet der Ponce-de-León-
Inlet-Leuchtturm.

The Casements. Das frühere Winterdomizil
von Milliardär John D. Rockefeller dient heute
als Kulturzentrum. Mo–Fr 10–15.30 Uhr,
Sa 10–11.30 Uhr, 25 Riverside Dr.,
Ormond Beach, FL 32176, Tel. 386 676 3216,
www.thecasements.net

ESSEN UND TRINKEN

Aunt Catfish's on the River. Direkt am Wasser
werden Catfish, Meeresfrüchte und Huhn im
Old-Florida-Stil serviert. 4009 Halifax Dr.,
Port Orange, FL 32127, Tel. 386 767 4768,
www.auntcatfishontheriver.com

Martini's Chophouse Restaurant. Seine
französischen Wurzeln kann Küchenchef Clay
nicht verleugnen. 1815 South Ridgewood Ave.,
Daytona Beach, FL 32119, Tel. 386 763 1090,
www.martinischophouse.com

ÜBERNACHTEN

The Riverview Hotel. Bonbonrosa und weiß
leuchtet das Gebäude im Key-West-Stil.
103 Flagler Ave., New Smyrna Beach,
FL 32169, Tel. 386 428 5858,
www.riverviewhotel.com

The Shores Resort & Spa. Elegantes
Strandhotel mit Restaurant, Pool und Spa.
2637 South Atlantic Ave., Daytona Beach
Shores, FL 32118, Tel. 386 767 7350,
www.shoresresort.com

29 Titusville, Cape Canaveral, Kennedy Space Center
Zwischen Himmel und Schilfgras

Ein Landstrich zwischen Hightech und Ur-Natur: Während vom Kennedy Space Center aus der Mensch seit Jahrzehnten nach den Sternen greift, tummeln sich in den darum liegenden Sumpfgebieten Alligatoren, Zugvögel und Manatis in relativer Ungestörtheit. Für Besucher ergibt sich nach einem Trip nach Cape Canaveral die Möglichkeit, in herrlicher Natur wieder von den kosmischen Höhenflügen runterzukommen.

Titusville ist ein Ortsname, der in einschlägigen Reiseführern nicht oder allenfalls am Rande erwähnt wird. Zu Unrecht, ist die kleine Stadt östlich von Orlando doch von zahlreichen Naturparks und Schutzgebieten umgeben: Canaveral National

GUT ZU WISSEN

HIP HIP HOORAY

Eigentlich soll es hier um einen Menschheitstraum gehen. Doch dann erinnern endlose Reihen von *Stars and Stripes* im Kennedy Space Center daran, was der Wettlauf im All über Jahrzehnte war: ein Kräftemessen im Kalten Krieg. Wem als europäischem Besucher soviel Hurra-Patriotismus zu viel wird, der sei daran erinnert, dass die Besatzung der Internationalen Raumstation ISS aus aller Herren Länder stammt. Die Eroberung des Weltalls ist in Zukunft wohl nur global zu stemmen. Gut so.

Mitte: Moonwalk? Astronauten-Figur auf einem Dach des Kennedy Space Centers bei Titusville
Unten: Natur pur im Cape Canaveral National Seashore Park

Titusville, Cape Canaveral

Seashore über die Brücke im Osten,
Turnbull Hammock Conservation Area
und Breveard County Game Refuge im
Norden. Und im Westen und Südwesten die
Seminole Ranch Conservation Area, das St. Johns
National Wildlife Refuge und die Canaveral
Marshes Conservation Area. Mehr Natur geht
nicht. So organisieren zahlreiche Anbieter hier
denn auch Ausflüge zu den Schildkrötenbrut-
plätzen am Strand, zu den Vögelschwärmen im
Marschland oder den Tummelplätzen der Manatis.
Und so sitzt der Naturfreund morgens früh im
Kanu und paddelt zu den Seekühen. Oder be-
staunt bei einer *Bird Watching Tour* die Vögel,
die sich im Herbst auf ihrem langen Weg vom
immer kälter werdenden Norden Amerikas in
wärmere Gefilde zu Tausenden in den saftigen
Sumpflandschaften niederlassen. Zwischenstation
am reich gedeckten Tisch für den langen Weiter-
flug Richtung Mittel- und Südamerika.

Wer es lieber urban mag: Titusville wurde 1867
gegründet, als der Konföderierten-Oberst Henry
Theodore Titus erstmals die Ufer des Indian River
betrat. In den 80er- und 90er-Jahren des 19. Jahrhunderts wurden die erste Bank und die Bahn-
verbindung zwischen Titusville und dem Norden
gebaut. Die Fischindustrie florierte, als die Wirt-
schaftsdepression der 30er-Jahre den Ort traf.
Doch mit dem Weltraumzeitalter begann nach
dem Zweiten Weltkrieg ein lang andauernder
Boom; die Errichtung des Kennedy-Raumfahrt-
zentrums brachte hoch ausgebildete Fachkräfte
und wirtschaftliche Prosperität.

Raketen–Parade

Zunächst als Patrick Air Force Base im Jahr 1940
gegründet, entschloss man sich Anfang der 60er-
Jahre, ein Raumfahrtzentrum auf der vorgelager-

Einfach gut !

NATUR DANK NASA

Das zweitgrößte Natur-
schutzgebiet Floridas
verdankt seine Existenz der
NASA. Merritt Island war nie
besonders dicht besiedelt, weil die
feuchten Marschgebiete und die
vielen Moskitos selbst hartgesot-
tene Siedler abschreckten. Anfang
der 60er-Jahre begann die NASA,
Land für das zukünftige Space
Center aufzukaufen. Als 1963
diese Phase abgeschlossen war,
trat die Behörde jene Flächen an
den U.S. Fish and Wildlife Service
ab, die uninteressant für das Welt-
raumprogramm waren. Dadurch
wurde Merritt Island das Schicksal
der Trockenlegung und Bebauung
erspart, das so viele andere Küstengebiete Floridas ereilte. Insgesamt 330 Vogelarten werden hier
gezählt sowie 21 vom Aussterben
bedrohte Tierarten.

**Merritt Island National Wildlife
Refuge.** Besucherzentrum tgl.
8–16.30 Uhr, U.S. Hwy. 1, Titusville, FL 32782, Tel. 321 861 0667,
www.fws.gov/MerrittIsland

FRIEDHOF IM SUMPF

Unweit von Titusville befindet sich einer der größten archäologischen Moorfundplätze weltweit. In dem nur zur Hälfte untersuchten, sumpfähnlichen *Windover bog* wurden 1982 die Überreste von mindestens 168 Moorleichen aus dem 6. Jahrtausend v. Chr. ausgegraben. Ein Baggerfahrer bemerkte mehrere Schädel in der Schaufel seiner Maschine. Der herbeigerufene Gerichtsmediziner stellte fest, dass es sich um Überreste historischer Bestattungen handelte. Um die Ausgrabungen im Torf zu ermöglichen, wurde mit einem Ring von 160 Brunnen um den Sumpf der Grundwasserspiegel abgesenkt. Teile der für die Frühgeschichte Amerikas wichtigen Funde werden im Brevard Museum of History & Natural Science in Cocoa gezeigt.

Brevard Museum of History & Natural Science.
Mi–Sa 10–17 Uhr, 2201 Michigan Ave., Cocoa, FL 32926, Tel. 321 632 1830, www.brevardmuseum.com

ten Insel zu gründen – der Grundstein für die Erforschung des Weltalls war gelegt. Die NASA, Ende der 50er-Jahre gegründet, übernahm das Raumfahrtzentrum. Nach der Ermordung von Präsident John F. Kennedy wurde Cape Canaveral 1964 in Cape Kennedy umbenannt, jedoch akzeptierte die lokale Bevölkerung diesen Namen nie. So hieß das Zentrum ab 1973 wieder Cape Canaveral. Heute unterteilen sich die Startkomplexe in das Kennedy Space Center und den militärischen Bereich Cape Canaveral Air Force Station. Von letzterem starten unbemannte Raketen wie *Atlas* oder *Delta* und bringen Satelliten ins All. Vom Kennedy Space Center begannen die bemannten Missionen ihre Flüge, zuerst die *Apollo*– und später die *Shuttle*-Missionen von den beiden Startrampen LC 39A und LC 39B.

Für Touristen ist der KSC Visitor Complex das Ziel. Hier gibt es zahlreiche Informationen zu den Missionen, im Rocket Garden in Cape Canaveral sind alle Generationen von Raketen ausgestellt, angefangen vom Nachfolger der *V2* bis zu den Landekapseln, die in den 60er-Jahren benutzt wurden. In ausführlichen Vorträgen und Filmvorführungen erfahren Besucher mehr über die *Apollo*-Missionen oder den Bau der *Saturn V*-Rakete und welchen Anteil der deutsche Wissenschaftler Wernher von Braun auf die Erforschung des Orbits hatte. Während einer Bustour werden drei verschiedene Stationen angefahren. Die Zeit, die man dort jeweils verbringen möchte, kann man sich selbst einteilen. Im 15-Minuten-Takt halten Busse, die die Besucher zum nächsten Punkt transportieren. Für die ganze Tour sollte man durchaus drei Stunden einkalkulieren. Die erste Station ist die LC-39 Observations Gantry, ein Beobachtungspunkt für die beiden Startrampen, von denen aus die *Apollo*-Mondmission und das *Space Shuttle* starteten.

Tolle Aussicht – der Exploration
Tower am Hafen von Cape Canaveral

Nach Einstellung des *Shuttle*-Programms laufen hier jetzt die Countdowns für unbemannte Raketen, die auf ihre Umlaufbahnen in den Orbit geschossen werden. Auch fliegende Drohnen begeistern Weltraum-Fans in Demo-Shows.

Ein Stück vom Mond

Nächster Halt ist das Apollo/Saturn V Center. In dem Gebäude gibt es eine echte *Saturn V*-Mondrakete zu besichtigen. Und man kommt dem Mond so nahe wie sonst nirgendwo auf der Welt: Hier darf ein Stück des Erdtrabanten, den Astronauten von einer ihrer Missionen mitbrachten, angefasst werden. Letzter Stopp der Tour ist das International Space Station Center. Hier erfährt man Wissenswertes über die Internationale Raumstation ISS. Begehbare Modelle in Originalgröße geben einen Eindruck vom Aufbau der International Space Station. Zurück aus dem All, werden die Freizeit-Astronauten ganz irdisch per Bus wieder zum Visitor Center gebracht. Dort werden selbst Raumfahrtmuffel zu Möchtegern-Astronauten, wenn sie im Simulator eine *Challenger* landen dürfen, in Hängegurten schwebend das Laufen auf dem Mond versuchen oder im IMAX-Kino beim Zusammenbau der Raumstation zuschauen können.

Oben: Wie gepflanzt – der Rocket Garden im Kennedy Space Center
Unten: Im Rocket Garden wird jeder ein bisschen zum Astronauten.

Infos und Adressen

ESSEN UND TRINKEN

Dixie Crossroads Restaurant. *Seafood and more* kommt hier fangfrisch auf die Teller. Und Shrimps in einer Vielfalt, die ihresgleichen sucht. 1475 Garden St., Titusville, FL 32796, Tel. 321 268 5000, www.dixiecrossroads.com

Grills Seafood Deck & Tiki Bar. Kulinarische Raffinesse ist hier nicht zu erwarten, aber ordentlich zubereitete Fischgerichte in relaxter Atmosphäre direkt am Wasser. 505 Glen Cheek Dr., Cape Canaveral, FL 32920, Tel. 321 868 2226, www.grillsseafood.com

ÜBERNACHTEN

Radisson Resort at the Port. Mit Port Canaveral und Cocoa Beach in der Nähe bietet dieses Resort bewährte Radisson-Qualität. 8701 Astronaut Blvd., Cape Canaveral, FL 32920, Tel. 321 784 0000, www.radisson.com/cape-canaveral-hotel-fl-32920/flcocoa

Residence Inn Hotel Port Canaveral. Gepflegtes Haus im Stil der Marriott-International-Hotels. Nur Minuten von Port Canaverals Attraktionen entfernt. 8959 Astronaut Blvd., Cape Canaveral, FL 32920, Tel. 321 323 1100, www.marriott.com/hotels/travel/mlbri-residence-inn-cape-canaveral-cocoa-beach

Fallschirmspringen: Es ist zwar nicht der Weltraum, aber es reicht für einen Traumblick auf Raketen und Atlantik.

AKTIVITÄTEN

Skydive Space Center. Astronaut muss man zwar nicht sein, aber Höhenangst empfiehlt sich hier nicht. Ob Unterricht, Einzel- oder Tandemsprung: In Nachbarschaft zu Cape Canaveral hat Fallschirmspringen einen besonderen Kick. Während einen das Flugzeug bis zur Absprunghöhe bringt, hat man einen Traumblick auf den Atlantik, den Indian River und das Kennedy Space Center. 476 North Williams Dr., Titusville, FL 32796, Tel. 800 823 0016, www.skydivespacecenter.com

Fangfrische Versuchung: Meeresfrüchte im Dixie Crossroads Restaurant

30 Cocoa Beach und Melbourne
Hippes Surf-Mekka

Ein rummeliges Städtchen, das von Wind und vor allem Wellen lebt. Und dann ein Ort, den es so erst seit den 60er-Jahren gibt, der sich aber mit Verve auf den Erhalt seines durchaus beachtlichen kulturellen Erbes gestürzt hat. Die Surfermetropole Cocoa Beach und das eher betuliche Melbourne mit seinem alten Villenviertel Eau Gallie bilden an Floridas Atlantikküste ein ungleiches Nachbarschaftspaar.

Ausgesprochen lebendig geht es in Cocoa Beach zu. Der Ort an der Atlantikküste gilt als Surf-Mekka Floridas. Und so ein Titel zieht selbstredend eher hippe, junge Menschen an als die sonst in dieser Gegend anzutreffenden Rentner. Kein Wunder also, dass Pickup-Trucks mit Surfboard auf dem Ladedeck hier mindestens genauso das Straßenbild prägen wie Oldsmobiles oder Buicks der Großelterngeneration. Natürlich trägt zum Ruf des Ortes bei, dass hier der erste Ron Jon's Surf Shop beheimatet ist, ein berühmtes Geschäft für all die Dinge, die Wellenreiter einfach brauchen. Heute hat sich der Shop in ein wahres Lifestyle-Imperium verwandelt mit Läden überall im Sunshine State.

Mitte: Der Pier von Cocoa Beach
Unten: Wo alles begann – der erste Ron Jon Surf Shop, quasi eine Pilgerstätte für Wellenreiter

Stets am besten sind die Wellen in Cocoa Beach nahe dem langen hölzernen Pier mit seinen Restaurants und einer Tiki-Bar am Ende. Hier können Restaurantbesucher und Angler das wilde Treiben auf und im Wasser beobachten. Mehrere bedeutende Surfwettbewerbe finden an diesem Spot statt, einschließlich des *Surfing Festivals* am *Labor-Day*-Wochenende Anfang September. »Party time« ist hier allerdings an jedem Wochenende.

Mehrere Surfschulen und ein Surfing Museum sorgen ebenfalls für Cocoas Ruf als Surf-Hauptstadt Floridas.

Einfach gut!

Die kleine Altstadt des benachbarten Cocoa Village wurde restauriert und lohnt einen Bummel. Cocoa Beach verfügt über eine schöne Auswahl an Gaststätten, Bistros und Geschäften, die von Einheimischen und Touristen gern besucht werden. Aber auch die unvermeidlichen Ketten-restaurants.

Kulisse für Flaneure

Weiter südlich auf dem Festland hat man in Melbourne, wie in vielen anderen Städten Floridas, in den letzten Jahren mehr und mehr die eigene Geschichte entdeckt. Und alte Ortsteile getreu ihrer historischen Bedeutung und Individualität wieder aufgebaut, wie hier den Eau Gallie District. Entlang der Pineapple Avenue wurden Bürgersteige angelegt und schmucke Straßenlaternen installiert. Galerien, Shops und kleine Restaurants bieten eine schöne Kulisse für Flaneure. Tatsächlich gibt es die Stadt, die zwischen Titusville und Palm Bay liegt, in ihrer heutigen Form erst seit dem Ende der 60er-Jahre. 1969 schloss sich Melbourne

DORADO FÜR SURFER

In Cocoa Beach kommen derart perfekte Bedingungen zusammen, dass Surfer mit beständigen Wellen rechnen können. Tiefdruckgebiete über dem Atlantik sind dabei der Schlüssel zum Glück. Entsteht in weiter Entfernung auf dem offenen Meer ein Tiefdruckgebiet, presst dieses Winde übers Meer; eine erste Wellenbewegung entsteht, die sich über eine lange Distanz potenzieren kann. Die Abstände der Wellen werden regelmäßiger, der *swell* verstärkt sich. Ideale Bedingungen – auch für den 1972 in Cocoa Beach geborenen Surf-Superstar und elffachen Weltmeister Kelly Slater. Schulen wie die Ron Jon Surf School bringen auch weniger Sportliche aufs Brett. »Hang loose!«

Ron Jon Surf School.
160 East Cocoa Beach Causeway, Cocoa Beach, FL 32931,
Tel. 321 868 1980,
www.ronjonsurfschool.com

181

mit dem Nachbarort Eau Gallie zusammen. Und hatte Glück: Obwohl sein traumhaft weißer Sandstrand die nächstgelegene Küste für die inländische Metropole Orlando bietet, blieb Melbourne bis heute vom Massentourismus verschont.

Auf Land und Inseln

Melbourne ist gewissermaßen zweigeteilt: Ein Teil der Stadt breitet sich auf dem Festland aus, während sich der andere Teil auf mehrere Inseln in der Indian River Lagoon erstreckt. Diese Inseln verleihen Melbourne eine außergewöhnliche Silhouette. Die Stadt ist besonders bei Golfern sehr beliebt, denn sie beherbergt einige der schönsten Golfplätze des Landes. Bekannt ist Melbourne auch als Geburtsort des Rockmusikers Jim Morrison (1943–1971), der mit der Gruppe The Doors weltberühmt wurde.

Einen Besuch wert ist das Brevard Museum of History and Natural Science mit seinen ständig wechselnden Ausstellungen. Der Brevard Zoo ist aufgeteilt in die Herkunftsländer seiner Tiere – von Florida über Afrika bis nach Australien. Melbourne Beach festigt den Ruf dieses Küstenstrichs als Paradies für Surfer und Sonnenanbeter. Die Unterkünfte bestehen meist aus Hotels bekannter Ketten. In unzähligen Surf- und Strandgeschäften kann man sich bestens ausrüsten. Angeln, Kajakfahren, Airboat-Touren, Reiten und Gokart-Rennen sind beliebte Outdoor-Aktivitäten.

Oben: Keine Touristenmassen in Sicht – Idyll am Strand von Melbourne
Unten: Nach einer schweißtreibenden Radtour kommt eine Pause am Strand gerade recht.

Infos und Adressen

SEHENSWÜRDIGKEITEN

Astronaut Memorial Planetarium and Observatory. Erstklassige Unterhaltung für die ganze Familie bietet das Planetarium am Eastern Florida State College bei seinen »Sternenschau-Parties«. 1519 Clearlake Rd., Cocoa, FL 32922, Tel. 321 632 1111, www.easternflorida.edu

ESSEN UND TRINKEN

Heidelberg Restaurant. Heimweh? Hier bieten die Gastronomen Heidi und Edmund Gerichte mit deutsch-österreichischen Akzenten. 7 North Orlando Ave., Cocoa Beach, FL 32931, Tel. 321 783 4559, www.heidelbergcocoabeach.com

The Fat Snook Restaurant. Beliebtes Lokal mit freundlicher Atmosphäre und leckeren Fischgerichten. 2464 South Atlantic Ave., Cocoa Beach, FL 32931, Tel. 321 784 1190, www.thefatsnook.com

ÜBERNACHTEN

Inn at Cocoa Beach. Europäische Eleganz zeichnet dieses Strandhotel mit seinen individuell eingerichteten Räumen aus, von denen die meisten einen Balkon mit Meerblick besitzen. 4300 Ocean Beach Blvd., Cocoa Beach, FL 32931, Tel. 321 799 3460, www.theinnatcocoabeach.com

Alle Wege führen nach ... Cocoa Beach.

Port d'Hiver Bed and Breakfast. Elegantes Haus ganz nah am Atlantik. Mit Meerblick, individuell und stilvoll eingerichteten Zimmern und schönem Pool. 201 Ocean Ave., Melbourne Beach, FL 32951, Tel. 866 621 7678, www.porthiver.com

EINKAUFEN

Ron Jon's Surf Shop. Diese rund um die Uhr geöffnete »Kathedrale des Wassersports« brachte der Stadt Surf-Ruhm ein. 4151 North Atlantic Ave., Cocoa Beach FL, 32931, Tel. 321 799 8888, www.ronjonsurfshop.com

Der Fisch weiß, was schmeckt ...

31 Sebastian Inlet und Vero Beach
Wellenreiten und moderne Kunst

Vero Beach am Atlantik ist zum Sehnsuchtsort unter stressgeplagten Yuppies aus den Metropolen Südfloridas avanciert und gilt inzwischen als »Hamptons of Miami«. Nicht zuletzt, seit Latin-Queen Gloria Estefan hier ein angestaubtes Strandhotel in eine coole Feriendestination verwandelt hat. Auch die Umgebung kann sich sehen lassen: Traumhafte Strände mit eindrucksvollen Wellen locken Sonnenhungrige und Surfer.

»Hang loose!« – der berühmte Surfergruß ersetzt am Sebastian Inlet Strand das sonst übliche »Hi«. Hier bestimmen Boards und Dreiviertelhosen das Bild, denn im gleichnamigen Park gibt's den wohl besten Platz für Surfer in ganz Florida. Er liegt südlich von Melbourne an der Ostküste. Da er sich auf einem Inselabschnitt vor dem Festland befindet, erreicht man ihn am besten über den Melbourne Beach, der über drei Brücken mit der gleichnamigen Stadt verbunden ist. Hohe Wellen stellen die Surfer am Sebastian Inlet vor Herausforderungen. Viereinhalb Kilometer lang ist der Strandabschnitt, auf dem jährlich die Meisterschaften der Eastern Surfing Association (ESA) ausgetragen werden. Doch nicht nur Surfer zieht es hier an den Spülsaum und weiter hinaus. Mit Angeln, Schnorcheln und Tauchen ist die Palette der Freizeitaktivitäten im und am Wasser breit.

Sehenswert ist das kleine McLarty Treasure Museum, das die Geschichte einer spanischen Flotte erzählt,

Mitte: Die ideale Welle reiten – das Glück eines jeden Surfers
Unten: Moderne Kunst im Vero Beach Museum of Art

Sebastian Inlet und Vero Beach

die 1715 einem Hurrikan zum Opfer fiel, und einige Exponate der geborgenen Schätze präsentiert. Von den elf Schiffen, die Ende Juli voll beladen von Havanna Richtung Cadiz in Spanien in See gestochen waren, konnte nur ein einziges dem verheerenden Wirbelsturm entkommen. 700 Seeleute mitsamt dem Kommandeur der Flotte fanden den Tod, 1500 Überlebende retteten sich an den Strand. Nur knapp ein Drittel der Handelsware – darunter Gold und Silber – konnte damals geborgen werden.

Ein offenes Geheimnis

Weiter südlich lockt Vero Beach mit paradiesischen Stränden und überraschend viel Kultur. Das kleine Städtchen zählt zu den beschaulichsten im Land. Im Westen liegen fruchtbare Orangenhaine, im Osten der Atlantik mit kilometerlangen weißen Sandstränden und vorgelagerten Inseln. Dazwischen fließt der Indian River, eine Lagune, in der früher Piraten Unterschlupf suchten. Doch ein echter Geheimtipp, wie noch vor ein paar Jahren, ist der Ort nicht mehr: Viele Reiche besitzen hier einen Zweitwohnsitz. Vor allem aus Miami kommen betuchte Wochenendler in das idyllische Städtchen, weshalb es inzwischen auf den Namen »Hamptons of Miami« getauft wurde.

Bürgerstolz und Weitsicht haben rechtzeitig verhindert, dass der Strand von Vero Beach mit Hochhäusern zugebaut wurde. So konnte sich der Ort sein ursprüngliches Flair bewahren. Wer heute auf dem Ocean Drive bummelt, fühlt sich fast in eine Sommerfrische Neuenglands versetzt – wären da nicht die Palmen am Straßenrand. Auch kulturell ist in Vero Beach einiges los: Wer gern ins Theater geht, hat die Wahl zwischen dem Riverside Theatre und der Vero Beach Theatre Guild. Und das Kunstzentrum Center for the Arts beherbergt eine der größten Kunstschulen Floridas.

Infos und Adressen

SEHENSWÜRDIGKEITEN

Center for the Arts. Gemälde, Skulpturen, Fotografien und Videos zeitgenössischer amerikanischer und internationaler Künstler. Mo–Sa 10–16 Uhr, So 13–16.30 Uhr, 3001 Riverside Park Dr., Vero Beach, FL 32963, Tel. 772 231 0707, www.verobeachmuseum.org

McKee Botanical Garden. An den Ufern des Indian River entfalten die Pflanzen ihre schönsten Farben. Berühmt für seine Seerosen. 350 U.S. Hwy. 1, Vero Beach, FL 32962, Tel. 772 794 0601, www.mckeegarden.org

ESSEN UND TRINKEN

Citrus Grillhouse. Mediterran inspirierte Bistro-Küche direkt am Strand. 1050 Easter Lily Lane, Vero Beach, FL 32963, Tel. 772 234 4114, www.citrusgrillhouse.com

ÜBERNACHTEN

Costa d'Este Beach Resort & Spa. Gloria Estefans edles Strandhotel bietet Fitnesscenter, Feinschmeckerrestaurant und mehr. 3244 Ocean Dr., Vero Beach, FL 32963, Tel. 772 562 9919, www.costadeste.com

Rustikal: Ocean Grill Restaurant in Vero Beach

32 Port St. Lucie, Jensen Beach und Stuart
Konkurrenz für Hollywood

Wer auf der Küstenstraße A1A von Port St. Lucie nach Hobe Sound fährt, kommt nicht gerade an Orten vorbei, die vor Elektrizität vibrieren. Aber die kleinen Gemeinden haben doch ihren eigenen Charme, ihre eigene, zuweilen skurrile Geschichte, ihre versteckten exklusiven Enklaven. Und allen gemein ist ihre Nähe zum Atlantik mit seinen Dünen, Stränden und smaragdgrünem bis tintenblauem Wasser.

Ein wenig Selbstbewusstsein kann nicht schaden. Port St. Lucie bezeichnet sich gern als die »Golfhauptstadt Floridas« – und tatsächlich beherbergt sie mit dem PGA Village eines der führenden Golfresorts weltweit. Außerhalb der umzäunten Mauern fällt der Ort aber nicht durch allergrößten Liebreiz auf. Im Stadtkern des benachbarten Jensen Beach findet man dagegen das Flair von Key West mit Häusern in karibischen Farben. Hier gibt es hervorragende Restaurants und attraktive Bars mit Livemusik und einem lebendigen Nachtleben. Lohnend ist ein Abstecher ins renommierte Florida Oceanographic Coastal Center auf Hutchinson Island mit Naturlehrpfaden, einer 750 000 Liter-Fischlagune und einem Meeresschildkröten-Pavillon.

Endlose Wasserwege

Mitte: Die katholische Martin-de-Porres-Kirche in Jensen Beach
Unten: Einladender Pool mit Liegestühlen

Jensen Beach gilt als »Sailfish Capital of the World«, doch neben den Angelmöglichkeiten *offshore* ist die Gegend auch ein wahres *Boating*-Paradies mit endlosen natürlichen Wasserwegen. Eine Route für Kenner ist der 250 Kilometer lange Okeechobee Waterway, der Floridas Ostküste mit der Westküste verbindet, und auf dem Hobbyskipper per Boot die Halbinsel überqueren können.

Von Stuart nach Hobe Sound

Weiter südlich liegt die Stadt Stuart am St. Lucie River, unmittelbar vor dessen Mündung in den Intracoastal Waterway und den Atlantik. Von 1893 bis 1895 trug der Ort den Namen Potsdam, da sein Gründer, der deutschstämmige Einwanderer Otto Stypmann, aus der gleichnamigen brandenburgischen Stadt stammte. Der emsige Otto wurde nicht nur erster Postmeister der neuen Gemeinde, sondern auch ein wohlhabender Grundbesitzer. 1895, nach Fertigstellung der *East Coast Railway*, benannte man sein amerikanisches Potsdam zu Ehren eines anderen Grundbesitzers namens Homer Hine Stuart Jr. in Stuart um. Sehenswert ist der alte Ortskern mit seiner Autokreuzung Confusion Corner, deren Name eindeutig Omen ist – drei Straßen überschneiden sich hier in scheinbarem Chaos.

Etwas weiter südlich liegt das Städtchen Hobe Sound, das eine Gruppe englischer Unternehmer in den 20er-Jahren während des Florida-Baubooms zu einer an antiken Vorbildern orientierten Musterstadt ausbauen wollte. Sie sollte vor allem als Filmkulisse dienen und Kaliforniens Hollywood Konkurrenz machen. Straßennamen wie Zeus, Saturn, Mercury und Athena zeugen von der Vision, der der Börsenkrach 1928 ein jähes Ende bereitete. Ein wenig Glamour schien mit ihm geblieben; doch der örtliche Hobe Sound Polo Club, Austragungsort zahlreicher Turniere der United States Polo Association (USPA) steht zum Verkauf – Zukunft ungewiss. Unverdrossen treffen sich derweil engagierte Naturfreunde nachts im Hobe Sound National Wildlife Refuge zu Kontrollgängen, um während der Eiablage-Saison Schildkrötennester zu markieren.

Infos und Adressen

ESSEN UND TRINKEN

Conchy Joe's Seafood. Hier werden seit 1979 frische Meeresfrüchte und Fisch serviert. Unbedingt die *Clam Chowder* probieren! 3945 NE Indian River Dr., Jensen Beach, FL 34957, Tel. 772 334 1130, www.conchyjoes.com

Courtine's Restaurant. Der Schweizer Besitzer Michel Courtine leistet hier in kulinarischem Entwicklungsland überzeugende Missionsarbeit. 514 North Dixie Hwy., Stuart, FL 34994, Tel. 772 692 3662, www.courtines.com

Flash Beach Grille. Seafood und Fleischgerichte mit deutlich ambitionierterem Ansatz als in vergleichbaren Restaurants in der Gegend. 9126 SE Bridge Rd., Hobe Sound, FL 33455, Tel. 772 545 3969, www.flashcatering.com

ÜBERNACHTEN

Hutchinson Island Marriott Beach Resort & Marina. Großes Inselresort mit gepflegten Unterkünften, entspannte Atmosphäre. 555 NE Ocean Blvd., Stuart, FL 34996, Tel. 772 225 3700, www.marriott.com

Urig und beliebt: Conchy Joe's Seafood

33 Palm Beach und West Palm Beach

Reich, reicher – Palm Beach

Palm Beach hat 10 200 Einwohner auf einer Fläche, die etwa dreimal so groß wie der Central Park ist. Die Stadt ist so wohlhabend, dass es hier als Beleidigung gilt, einen ihrer Bewohner als Millionär zu bezeichnen. Hinter mächtigen Mauern und schwer einsehbaren Hecken und Sträuchern verbirgt sich so manch märchenhafte Villa, die ihre Besitzer den »American Dream« in vollen Zügen genießen lässt.

Über drei Brücken ist die Insel Palm Beach mit der Welt verbunden – und doch irgendwie ganz weit von ihr entfernt. Es ist die einzige Stadt in Florida, in der jeden Tag die Mülleimer geleert und die Straßen gefegt werden. Die schmale Halbinsel – Atlantik auf der einen Seite, die Lake-Worth-Lagune auf der anderen – beherbergt einige der reichsten Menschen der Welt. Ob altes Geld oder

GUT ZU WISSEN

ZUGBRÜCKE RUNTER!

Wer sich auf der Worth Avenue beim Anblick der grau melierten Herren mit ihren Kroko-Slippern und der frisch gelifteten Geliebten am Arm ein Lächeln nicht verkneifen kann, der soll halt nicht nach Palm Beach kommen! Die Stadt war schon immer bemüht, das gemeine Volk fernzuhalten. Sei's drum. Wer sich anders jung geblieben fühlt, für den gibt es auf der anderen Seite der Lake-Worth-Lagune in West Palm Beach eine hippe, urbane Alternative zu Donald Trump und dem ganzen snobistischen Country-Club-Getue. Auf zur Party, fertig, los!

Im Mizner Park ist exklusives Shoppingvergnügen angesagt.

Nicht verpassen

neues Geld – wer sich in Palm Beach niederlässt, hat es definitiv bis nach ganz oben geschafft. Wer leben möchte wie die Schönen und Reichen, ist hier goldrichtig. Luxusautos wie Rolls-Royce, Bentley und Ferrari zieren die gepflegten, von Palmen gesäumten Straßen – der Überfluss ist an jeder Ecke des Nobelortes zu spüren.

Das Geschäft mit der Schönheit

Als inoffizielles Stadtoberhaupt galt hier das heutige Staatsoberhaupt Donald Trump, der sich einen illustren Hofstaat hielt – darunter Parfum-Mogul Ronald Lauder, Investor Ron Perelman, Diät-Witwe Veronica Atkins, Bestseller-Fabrikant James Patterson und Sänger Rod Stewart. Von der Town Hall sind es nur wenige Schritte zur Worth Avenue, der Shoppingmeile von Palm Beach. Auf einer Länge von drei Straßenblocks ballt sich Luxus in Reinform: Van Cleef & Arpels, Louis Vuitton, Valentino, Cartier, Salvatore Ferragamo, Giorgio Armani, Hermès, Tiffany, Gucci, Chanel, Polo Ralph Lauren ... Das Ganze gesprenkelt mit Sternerestaurants, Kunstgalerien und Immobilienagenturen. Die Auslagen strotzen vor Pelzen, Diamanten, Antiquitäten. Noch finanzierbar ist hier ein Kaffee in einem der zahlreichen Bistros – inmitten vieler älterer Damen und Herren mit auffallend straffen Gesichtern – die Schönheitschirurgie hat in Florida eine riesige Industrie hervorgebracht.

Die Sonne lässt sich, von allen Altersklassen unabhängig, vor allem am wunderschönen, neun Kilometer langen Sandstrand von Palm Beach genießen. Überwacht von Rettungsschwimmern, kann man hier sogar kostenlos sein Strandstühlchen aufstellen. Oder warum nicht auf einem der über 150 Golfplätze in der Umgebung das Einputten üben?

HENRY MORRISON FLAGLER MUSEUM

Für sich und seine dritte Frau Mary Lily Kenan erbaute der Ölmagnat und Eisenbahnbaron Henry Morrison Flagler (1830–1913) diesen herrlichen Marmorpalast, den er »Whitehall« nannte. Bei Fertigstellung 1902 jubelte der *New York Herald*: »Schöner als jeder Palast in Europa und größer und prächtiger als jede Privatwohnung der Welt«. Nach Flaglers Tod erlebte das Gebäude eine wechselvolle Zeit, sollte sogar abgerissen werden. Zum Glück hörte 1959 Flaglers Enkelin Jean Flagler Matthews davon. Mit Hilfe von Investoren kaufte sie Haus und Grundstück und errichtete das Museum. 2005 wurde ein neuer Ausstellungspavillon errichtet, der den privaten Eisenbahnwaggon von Henry Flagler beherbergt.

Henry Morrison Flagler Museum. Di–Sa 10–17 Uhr, So 12–17 Uhr, 1 Whitehall Way, Palm Beach, FL 33480, Tel. 561 655 2833, www.flagler.org

Im Mittelpunkt der Geschichte von Palm Beach und ihrer Schwesterstadt West Palm Beach, direkt gegenüber an der Lake-Worth-Lagune, steht wieder einmal Henry Flagler, dessen Eisenbahnlinien der zündende Funke für die Erschließung weiter Teile Floridas waren. Der Mitbegründer der Standard Oil Company und Eisenbahntycoon erkannte als erster das Potenzial dieser Gegend. 1893 kaufte Flagler an der Atlantikküste ein 57 Hektar großes Grundstück und trieb den Ausbau seiner Eisenbahnlinie Florida East Coast Railway nach Süden voran. Die Ostküste des Sonnenschein-Staates sollte ein Urlaubsmekka für alle Nordamerikaner werden. Ein Eisenbahnhotel reihte sich bald an das andere. Die erste Hotelanlage in Palm Beach öffnete 1894: das Royal Poinciana am Lake Worth mit 1700 Angestellten für 2000 Gäste. 1896 wurde der Hafen für Dampfschiffe gebaut; Flagler ließ einen separaten Schienenstrang bis unmittelbar vor den Eingang seines Hotels legen. Die Superreichen hatten ihr Winterdomizil für sich entdeckt – und so ist es bis heute.

1901 errichtete Flagler anlässlich seiner dritten Hochzeit seinen eigenen, noblen 55-Zimmer-Wohnsitz in Palm Beach: das heutige Flagler Museum. Auch das Mar-A-Lago, jetzt im Besitz

Rundgang zu den Highlights von Palm Beach

🅐 Kennedy Mansion – Stararchitekt Mizner baute diese 11-Schlafzimmer-Villa 1925 – mit Pool und Tennisplatz. 1933 erwarb Joseph P. Kennedy die Villa als Feriendomizil für seine Großfamilie. Hier verbrachte sein Sohn, US-Präsident John F. Kennedy, im November 1963 das letzte Wochenende seines Lebens, bevor er weiter nach Dallas flog. 1095 North Ocean Blvd.

🅑 The Breakers – 1896 eröffnete Henry Flagler das Hotel, um die Passagiere seiner neuen Eisenbahnlinie standesgemäß zu beherbergen. Das Haus sollte eine Ergänzung des zwei Jahre älteren Royal Poinciana-Hotel sein. Doch obwohl es bei Großbränden 1903 und 1925 schwer beschädigt wurde, lief es dem Nachbarhotel bald den Rang ab – das Royal Poinciana wurde 1935 abgerissen. The Breakers hingegen ist noch immer ein riesiger Prachtbau. 1 South County Rd.

🅒 Flagler Museum – Dem Begründer des Wohlstands von Palm Beach ist dieses Museum gewidmet. Imponierender Eindruck vom Reichtum des Nobelortes. 1 Whitehall Way.

🅓 Four Arts Gardens – Idyllische Oase mit Floridas üppiger Pflanzenwelt. Der 2004 durch einen Hurrikan verwüstete Garten wurde nach gründlicher Erneuerung 2007 als Skulpturengarten wieder eröffnet. 2 Four Arts Plaza.

🅔 Worth Avenue – Mit ihren Luxus-Shops wird sie auch als »Rodeo Drive der Ostküste« bezeichnet. Theater und Museen haben hier ebenfalls ihre Adresse. Nach einer 10-Millionen-Dollar-Renovierung erstrahlt die Luxusmeile in neuem Glanz.

🅕 Mar-A-Lago – Heute im Besitz von Donald Trump und als exklusiver Club nur Mitgliedern zugänglich, war einst Privathaus. Marjorie M. Post, Inhaberin des Nahrungsmittelkonzerns General Foods, hatte das 126-Zimmer-Gebäude 1927 errichten lassen. Michael Jackson und Lisa Marie Presley verbrachten hier 1994 ihre Flitterwochen. 1100 South Ocean Blvd.

NORTON MUSEUM OF ART

Hier findet der Kunst-
liebhaber beeindruckende
zeitgenössische Werke, unter
anderem von Robert Henri,
Damien Hirst und Jacob Lawrence:
Das Museum gilt als eines der
besten regionalen Häuser in den
USA. Europäische Impressionisten
und moderne Meister werden
durch Werke von Monet, Gauguin,
Picasso und Cezanne vertreten.
Arbeiten von Bellows, O'Keeffe, Hop-
per und Pollock geben einen Überblick über die amerikanische Kunst
bis Mitte des 20. Jahrhunderts. Zur
Zeit wird das Museum nach Plänen
des Stararchitekten Sir Norman
Foster zum »The New Norton« um-
und ausgebaut. 2018 wird das erheblich vergrößerte neue Haus, das
während der Bauzeit geöffnet bleibt,
den Besuchern vorgestellt.

Norton Museum of Art.
Di–Sa 10–17 Uhr, Do 10–21 Uhr,
So 11–17 Uhr, 1451 South Olive
Ave., West Palm Beach, FL 33401,
Tel. 561 832 5196,
www.norton.org

Nicht verpassen

Kunstwerk im Eingangsbereich der
Art Gallery in der Worth Avenue

von Donald Trump und als exklusiver
Club nur Mitgliedern zugänglich, wurde
einst als Privathaus errichtet. Später baute das »neue Geld« prächtige Winterwohn-
sitze. Berühmte Namen wie die der Familien Ford,
Dodge, Astor, Kennedy, Post und Hutton waren
die ersten. Europäer wie die Windsors, Churchills,
Singers, Mercks und Faber-Castells folgten. Die
Nachkommen vieler dieser Dynastien leben noch
immer in Palm Beach – zumindest zeitweise.

Am Anfang war die Ananas

Bereits 1894 erhielt West Palm Beach auf der
westlichen Seite der Lake Worth Lagoon das
Stadtrecht. Neue Baurichtlinien erlaubten fortan
nur noch die Errichtung solider Gebäude. Eine
kluge Politik, denn als in den 20er-Jahren scha-
renweise Investoren nach Florida kamen, stießen
sie hier auf ein bereits gut entwickeltes Gebiet,
das vom einsetzenden Boom profitierte. Weite
Teile des heutigen Stadtgebiets waren früher tropische Wildnis oder Agrarland. Im Bel Air Historic
District und im Viertel Flamingo Park etwa wurden
einst Ananasplantagen betrieben.

Die meisten der Stadtteile entstanden in den
20ern, so auch El Cid. Hier befinden sich mehr als
250 Gebäude aus dieser Zeit, zumeist im mediterranen oder spanischen Missionsstil errichtet.
In den 80er-Jahren erlebte West Palm Beach
vorübergehend einen Niedergang mit steigenden
Kriminalitätsraten. Heute aber hat der Ort dank
vieler Investitionen den Umschwung geschafft.
Zahlreiche Gebäude aus der Boomzeit der 20er-
Jahre wurden restauriert, Beispiele sind unter
anderem an der Clematis Street zu finden. Modernes Leben hingegen boomt in CityPlace mit seinem vibrierenden Mix aus zeitgenössischer Architektur, Gastroszene und lebendigem Nachtleben.

Infos und Adressen

SEHENSWÜRDIGKEITEN

South Florida Science Museum. Unter einem Dach: das South Florida Aquarium, Planetarium-Vorführungen sowie Wissenschaftsausstellungen. Mo–Fr 9–17 Uhr, Sa, So 10–18 Uhr, 4801 Dreher Trail North, West Palm Beach, FL 33405, Tel. 561 832 1988, www.sfsciencecenter.org

ESSEN UND TRINKEN

Buccan. Puristisch und mit den besten Zutaten, das ist die Küche, die Clay Conley seit 2011 vertritt. 350 South County Rd., Palm Beach, FL 33480, Tel. 561 833 3450, www.buccanpalmbeach.com

Chez Jean-Pierre. Französische Küche vom Allerfeinsten und eine beeindruckende Weinkarte. 132 North Country Rd., Palm Beach, FL 33480, Tel. 561 833 1171, www.chezjean-pierre.com

ÜBERNACHTEN

The Brazilian Court. Hotel inmitten eines tropischen Gartens, das zur ersten Liga in Palm Beach zählt. 301 Australian Ave., Palm Beach, FL 33480, Tel. 561 655 7740, www.thebraziliancourt.com

The Breakers. Vereint das Beste, was Palm Beach zu bieten hat: elegante Zimmer, teils mit

In der Nobelherberge The Breakers müssen auch verwöhnte Gäste auf nichts verzichten.

atemberaubendem Meerblick, exzellente Restaurants und Bars sowie einen tropischen Beach Club mit Privatstrand. 1 South County Rd., Palm Beach, FL 33480, Tel. 877 724 3188, www.thebreakers.com

VERANSTALTUNGEN

Grandview Gardens B & B. Inmitten eines tropischen Gartens im denkmalgeschützten Viertel Grandview Heights. 1608 Lake Ave., West Palm Beach, FL 33401, Tel. 561 833 9023, www.grandview-gardens.com

SunFest. Das große Volksfest wird seit 1982 an der neu gestalteten Waterfront gefeiert. Open-Air-Konzerte, Kunst und Kunsthandwerk. Erste Maiwoche, www.sunfest.com

Fünf Whirlpools und vier Pools direkt am Strand – und der Atlantik ist auch noch da.

34 Lake Worth und Boynton Beach
Wo die Tropen beginnen

Mit ihren bildschönen und exklusiven Nachbarinnen Palm Beach im Norden und Delray Beach im Süden können es die beiden Städtchen Lake Worth und Boynton Beach nicht aufnehmen – dafür haben sich hier in den letzten Jahrzehnten zu viele bodenständige »Blue Collar«-Familien angesiedelt. Aber auch Künstler, denen andere Orte zu teuer geworden sind und die sich entschlossen haben, hier »ihr Ding« zu machen.

Das Städtchen Lake Worth bewirbt sich selbst gern mit dem Slogan »Where the Tropics begin«. Tatsächlich fließt der Golfstrom hier näher an der Küste vorbei als anderswo in Florida – und beschert dem Ort ganzjährig warme Temperaturen und gleichbleibend milde Brisen in der Nacht. Eine touristische Perle ist Lake Worth gleichwohl nicht, eher ein Halbedelstein, dem jedoch mancher wünscht, dass er auch in Zukunft nicht allzu glatt geschliffen werden möge…

Noch geht es hier eher rustikal zu. Man gibt sich künstlerisch, mit einer Prise Hippie-Flair. Wer also keinen Wert auf Schickimicki legt, ist hier richtig. Und besucht entlang der Lake Avenue einige schöne Restaurants und Nachtklubs, in der die hiesige Musikszene ihre Auftritte hat. Highlight des 35 000 Einwohner großen Ortes ist neben seinem Pier der feinsandige, weiße Strand, der Sonnenhungrige, Surfer und Taucher anzieht. Mehrere Tauchschulen kümmern sich um die Unterwasser-Klientel und bieten Charterboottouren zu den örtlichen *diving spots* und bis zu den Keys an.

Mitte: Flippige Boutique an der Lake Avenue von Lake Worth
Unten: In Europa umstritten, in den USA erlaubt: Kava-Produkte (Rauschpfeffer)

Lake Wort und Boynton Beach

Viele Besucher nutzen die Stadt als noch immer preiswerten Ausgangspunkt, um die nahe gelegenen Städte Delray Beach, Boca Raton oder Palm Beach zu erkunden oder um auf einem der zahlreichen Golfplätze den Schläger zu schwingen.

Weit über die Stadtgrenzen von Lake Worth hinaus bekannt ist das größte Oktoberfest im Süden Floridas, das vom German American Club of the Palm Beaches organisiert wird. Hier kann man sich auf ein Stück Heimat freuen. Zünftige Mahlzeiten wie Bratwurst, Kartoffelsalat, Sauerkraut, flankiert von musikalischer Unterhaltung werden geboten – und sollte man seinen Banknachbarn nicht verstehen, muss es nicht an einer Maß Bier zuviel liegen: Lake Worth hat einen hohen Anteil an Einwanderern mit finnischen Wurzeln, die Sprache und Brauchtum ebenso pflegen wie die deutschstämmigen Bewohner dieser Region.

Nachkriegs–Boom

Etwas weiter südlich von Lake Worth liegt Boynton Beach, das nach dem aus Michigan stammenden Sezessionskrieg-Major Nathan S. Boynton benannt wurde. Er erwarb 1895 Land und errichtete gemeinsam mit einer Gruppe Kolonisten das Boynton Beach Hotel. Bis zum Ende des Zweiten Weltkrieges war der Ort kaum bekannt. Erst als sich nach 1945 viele Soldaten hier niederließen und Familien gründeten, entwickelte sich die Gemeinde und zählt heute 68 000 Einwohner. Ihr größtes Kapital ist der Strand, insbesondere am Boynton Beach Oceanfront Park. Ein wenig Everglades-Feeling gibt's außerdem im Boynton Beach Mangrove Park. Über Holzstege gelangen Naturfreunde zu einer kleinen Aussichtsplattform, von der aus sie die Marschlandschaft überblicken, in der viele Watvögel, der Schlangenhalsvogel und auch der ein oder andere Alligator ihr Zuhause haben.

Infos und Adressen

SEHENSWÜRDIGKEITEN
Lake Worth Playhouse. In diesem restaurierten ehemaligen Varieté von 1924 wird klassisches Theater gezeigt. 713 Lake Ave., Lake Worth, FL 33460, Tel. 561 586 6410, www.lakeworthplayhouse.org

ESSEN UND TRINKEN
Benny's on the Beach. Gerichte mit frischen Zutaten, entspannter Atmosphäre und Meerblick. 10 South Ocean Blvd., Lake Worth, FL 33460, Tel. 561 582 9001, www.bennysonthebeach.com

Fiorentina Restaurant. Elegantes italienisches Restaurant. Tintenfischringe und Lammkoteletts mit Minze lassen Toskana-Feeling aufkommen. 707 Lake Ave., Lake Worth, FL 33460, Tel. 561 588 9707, www.fiorentinarestaurant.com

ÜBERNACHTEN
Sabal Palm House Bed and Breakfast. Entzückendes B&B mit liebevoll eingerichteten Zimmern, begrüntem Innenhof und Teestunde. 109 North Golfview Rd., Lake Worth, FL 33460, Tel. 561 582 1090, www.sabalpalmhouse.com

Speisekarte mit originellem Inhalt

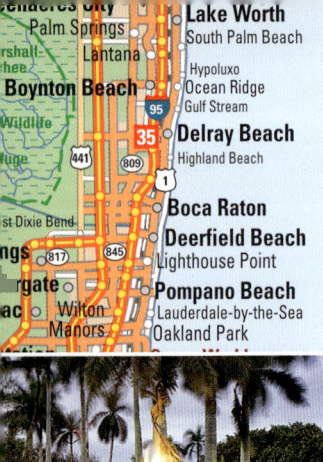

Die Atlantikküste

35 Delray Beach
Spuren aus Übersee

Delray Beach, genau in der Mitte zwischen Fort Lauderdale und Palm Beach gelegen, hat nicht nur kilometerlange, feine Sandstrände zu bieten, sondern auch interessante Events und schöne Hotels. Dazu eine historische Innenstadt mit Restaurants, Galerien und Geschäften, die zum Bummeln einladen. Doch einmal im Jahr dreht sich bei den Bewohnern der Gegend alles um eine streng duftende Knolle ...

So viel europäisches Flair ist in Florida kaum anderswo zu finden. Auf der Atlantic Avenue von Delray Beach stöbert man in kleinen Läden, sitzt draußen im Straßencafé unter freiem Himmel, isst zum Lunch einen Happen oder diniert »al fresco«. Schlemmer haben es schwer, eine Wahl zwischen den vielen Top-Restaurants zu treffen. Die hier angebotenen Fischspezialitäten genießen einen hervorragenden Ruf. Und wenn sich die Sonne über dem Festland senkt, stürzt man sich in ein durchaus lebendiges Nachtleben.

Alles in allem: italienischer Lifestyle an Floridas Atlantikküste. Darüber hinaus finden das ganze Jahr über Veranstaltungen statt. So laden *downtown* jeden Freitagabend die Galerien zum *Gallery Walk* – Einheimische und Touristen bummeln die Atlantic Avenue entlang und bewundern Kunst aus aller Welt. Besonders das *Delray Beach Fine Art Festival* im Februar ist ein Publikumsmagnet. Mehr als 100 Künstler aus den ganzen USA machen das kleine Atlantikstädtchen dann zu einer riesigen Open-Air-Kunstausstellung. Auch die *Delray Fabulous Fashion Week* sorgt im selben Monat für große Aufmerksamkeit. Highlight der Mode-

Mitte: Springbrunnen auf der Atlantic Avenue in Delray Beach
Unten: Intensiv duftend: *Garlic* (Knoblauch) ist das Wahrzeichen von Delray Beach.

woche ist eine Modenschau, bei der ein Laufsteg vor dem historischen Colony Hotel aufgebaut wird und lokale Designer und Boutiquen ihre Mode präsentieren. *Delray Affair*, eines der ältesten und größten Straßenfeste in Südflorida, umfasst zehn Häuserblocks und findet jedes Jahr im April oder Mai statt. Dann stellen mehr als 800 Künstler und Fotografen ihre Arbeiten aus, und es gibt leckere Snacks wie brutzelnd heiße *conch fritters*, knusprige Kroketten aus Jakobsmuscheln.

Nördlich der Atlantic Avenue liegt der sanierte Pineapple Grove Arts District, dessen bunter, vielseitiger Mix aus Cafés, Läden, Galerien und Spas auf Künstler wie ein Magnet wirkt. In Downtown Delray warten mehr als 1100 Geschäfte auf Kunden. Auch hier herrscht mediterranes Flair.

Aromatische Knolle

Die Stadt Delray, die, wie viele andere Küstenstädte auch, ihre attraktive Strandnähe in ihren Namen aufnahm und nun Delray Beach heißt, wurde 1901 gegründet. Ihre erste Glanzzeit erlebte sie bereits in den 20er-Jahren, als die neu gebaute Eisenbahnlinie Touristen aus dem Norden in den Ort brachte. Viele liebevoll renovierte Gebäude zeugen noch heute von dieser Zeit. Auf einer *Historic Architecture Walking Tour* lassen

Einfach gut!

MORIKAMI MUSEUM AND JAPANESE GARDENS

Dieses Museum mit seinem pittoresken Garten erzählt die Geschichte der ersten japanischen Farmer, die sich Anfang des 20. Jahrhunderts als Yamato Colony in der Gegend ansiedelten, um Reis und Tee anzubauen. Das Experiment schlug fehl, nur George Sukeji Morikami blieb – und stieg erfolgreich auf Ananas um. Hinter dem Museumsgebäude im fernöstlichen Stil, in dem Kunsthandwerk und eine Ausstellung zur japanischen Kultur an die frühe Kolonie erinnern, erstreckt sich auf 80 Hektar einer der größten japanischen Gärten der USA. Hier findet man einen künstlichen Wasserfall, der sich in Teiche mit bunt schillernden Koi-Karpfen ergießt, sowie eine große Sammlung prächtiger Bonsaibäume.

Morikami Museum and Japanese Gardens. Di–So 10–17 Uhr, 4000 Morikami Park Rd., Delray Beach, FL 33446, Tel. 561 495 0233, www.morikami.org

Das Colony Hotel ist seit 1929 das Wahrzeichen der Stadt.

Delray Beach

sich Delrays alte Schätze wunderbar entdecken. Die Orientierung hier ist einfach: Zwei Straßen (Nord–Süd) dienen dem Durchgangsverkehr, die dritte Straße, die zum Meer führende Atlantic Avenue, dient dem Flanieren und Vergnügen. Über eine Zugbrücke gelangt man zum weitläufigen Sandstrand mit klarem, warmem Wasser. Ist es zu stürmisch zum Baden, kann man den vielen Kitesurfern bei ihren tollkühnen Sprüngen zuschauen.

Überraschenderweise hat sich Delray Beach keine tropische Pflanze, sondern den Knoblauch zum Wahrzeichen erkoren. Seit fast zwei Jahrzehnten wird der Wunderknolle mit einem jährlich stattfindenden Fest gehuldigt. Dann präsentieren Chefköche ihre schmackhaften Künste rund um die aromatische Lauchpflanze. Ein vielbesuchter Publikumserfolg, der mittlerweile nicht mehr im Stadtzentrum von Delray Beach, sondern als *South Florida Garlic Fest* im John Prince Park (4759 South Congress Ave.) am Lake Osborne nördlich der Stadt stattfindet.

Dorf am Meer

In gemütlichen Hotels und Pensionen können Touristen ihren Urlaub in Delray Beach verbringen. Feinsandige Strände laden zum Entspannen ein, das Meer bietet zahlreiche Wassersportmöglichkeiten. Der Trubel, der in anderen Küstenbadeorten an der Tagesordnung ist, fehlt jedoch. Nicht umsonst haben die Einheimischen ihren Ort Village by the Sea getauft. Urlauber, die relaxen wollen, kommen in Delray Beach ebenso auf ihre Kosten wie Sportbegeisterte.

Seit 2000 findet übrigens jährlich im Februar auf den Hartplätzen des Delray Beach Stadium & Tennis Center das renommierte ATP-Herrenturnier statt, das viele Tennisfans von nah und fern anlockt.

Infos und Adressen

SEHENSWÜRDIGKEITEN
Delray Beach Center for the Arts. Künstlerisches Zentrum im Herzen von Delray Beach mit dem Cornell Museum of Art and American Culture (Di–So 10–16 Uhr) und dem Crest Theatre (Crest Gallery Mo–Fr 9.30–16.30 Uhr), 51 North Swinton Ave., Delray Beach, FL 33444, Tel. 561 243 7922, www.DelrayCenterForTheArts.org

ESSEN UND TRINKEN
Max's Harvest. Öko-Produkte aus der Umgebung, Fleisch aus artgerechter Haltung, Fisch aus nachhaltigem Fang, Wein aus ökologischem Anbau. 169 Northeast 2nd Ave., Delray Beach, FL 33444, Tel. 561 381 9970, www.maxsharvest.com

Saltwater Brewery. Die Braumeister benutzen ganz normales Trinkwasser für ihr Bier, setzen sich aber auch für den Schutz des Ozeans ein, daher das »Salzwasser« im Namen. 1701 West Atlantic Ave., Delray Beach, FL 33444, Tel. 561 865 5373, www.saltwaterbrewery.com

ÜBERNACHTEN
Colony Hotel. Seit 1935 in Familienbesitz, begeistert das Hotel mit Strandzugang nicht nur historisch Interessierte. 525 East Atlantic Ave., Delray Beach, FL 33483, Tel. 561 276 4123, www.colonyflorida.com

Sundy House. Luxuriöse Zimmer, ein exquisites Restaurant und der tropische Garten lassen den Alltag vergessen. 106 South Swinton Ave., Delray Beach, FL 33444, Tel. 561 272 5678, www.sundyhouse.com

36 Boca Raton
Riviera am Atlantik

Sie hat etwas vom Garten Eden, die 85000-Einwohner-Stadt Boca Raton. Der einzige Müll auf den Straßen sind herabgefallene Palmwedel, die Häuser haben Säulen und sind blau, gelb oder rosa getüncht. Auf den Straßen fahren Luxuskarossen der Marke Bentley, Porsche oder Maserati – vorbei an Jachtklubs und Juwelierläden. Ständig muss man aufpassen, nicht von einem der allgegenwärtigen Golfcarts angefahren zu werden.

Boca Raton hat die Villendichte von Beverly Hills, einen Hauch Blasiertheit wie Blankenese und ein Wetter wie in der Karibik. »Boca«, wie Einheimische kurz sagen, ist ein schöner Ort – für jene, die ihn sich leisten können. Die Villen und Residenzen der Superreichen in Boca Raton stehen an der Küste, hohe Zäune und Hecken sorgen dafür, dass Otto Normalverbraucher zumindest von der Straßenseite keine allzu tiefen Einblicke erhaschen kann.

Die frühesten bekannten Einwohner waren die Tequesta-Indianer, die bis ins 18. Jahrhundert an der Küste lebten. Mit der Brücke über den Florida East Coast Canal und dem Bau der Florida East Coast Railway um 1890 kam eine Reihe findiger Pioniere in die Gegend. Doch noch bis zum Ende des Jahrhunderts blieb Boca Raton eine kleine landwirtschaftliche Gemeinde, deren Farmer sich auf die Kultivierung der Ananas spezialisiert hatten.

Glamour und Pleite

Im Mai 1925, auf der Höhe des Florida-Landbooms, beauftragte der Gemeinderat den Archi-

Mitte: So präsentiert sich Boca Raton aus der Vogelperspektive in westlicher Blickrichtung.
Unten: Sportwagen wie dieser rote Flitzer gehören zum Stadtbild von Boca Raton.

Boca Raton

tekten Addison Mizner mit der Planung
einer Feriengemeinde der Superklasse.
Sein exklusives Hotel Cloister Inn, 1926
im pseudo-spanischen Stil fertiggestellt,
war seinerzeit das teuerste der Welt – ausstaffiert
mit Antiquitäten aus Spanien und Südamerika
sowie allem nur erdenklichen Luxus. Natürlich
zog so viel Glamour die bekanntesten Persönlich-
keiten ihrer Zeit an: Harold Vanderbilt, George
Whitney, Florenz Ziegfeld und Elizabeth Arden
gehörten zu den ersten Gästen. Mizners Besitzer-
stolz dauerte jedoch nur eine Saison, dann segelte
er in die Pleite. Der Immobilientycoon Clarence
Geist kaufte das Objekt 1927 seinem insolventen
Schöpfer ab. Später, im Zweiten Weltkrieg, diente
es als Baracke, um schließlich als flamingofarbe-
ner Hotelgigant Boca Raton Resort and Club mit
mittlerweile 1047 Zimmern wiederaufzuerstehen.

Dem Namen Mizner begegnet man in Boca Raton
überall, war die Stadt doch schließlich ein Reiß-
brettprodukt nach seinen Plänen. Sein Traum war
es, aus Boca Raton einen grandiosen Ferienort zu
machen, wie einem Prospekt von 1925 zu entneh-
men ist. Doch die hochfliegenden Pläne fanden
mit dem Immobiliencrash 1926 ein jähes Ende,
und die Stadt fiel für die nächsten Jahre in einen
Dornröschenschlaf.

Neben seinem Prestigeprojekt Cloister Inn sind
der Mizner Park, Old Floresta und die Royal Palm
Plaza weitere Beispiele für die planerische Vision
des Architekten. Bei Letzterem handelt es sich um
einen mit großen Palmen umsäumten Platz, um
den sich exklusive Boutiquen und ambitionierte
Galerien etabliert haben.

Für Kunstinteressierte ist das Boca Raton Museum
of Art, in dem Werke von Degas, Picasso und Matisse zu sehen sind, ein lohnendes Ziel. Künftige

Geheimtipp

VON ITALIEN INSPI-RIERT: FLORESTA

Der Kalifornier Addison
Mizner (1872–1933) war
vernarrt in den »verlotterten
Look« italienischer Palazzi. Seine
eigenen Bauten ließ der Architekt
altern, indem er mit dem Hand-
bohrer künstliche Wurmlöcher ins
Holz bohrte. Hatten seine Hand-
werker einen schönen Kaminsims
oder eine Tür geschaffen, schlug
er zuweilen mit dem Hammer eine
Ecke ab, damit das Teil abgenutzt
aussah. Visionär Mizner errichtete
1924 auch Floresta, eine Siedlung
für die Direktoren seiner Bauge-
sellschaft. 30 Einfamilienhäuser
entstanden im mediterranen Stil.
Mit schmuckvoll verputzten Fassaden, Ziegeldächern und schmiedeeisernen Balkonen. 1990 wurde
Old Floresta unter Denkmalschutz
gestellt und gilt heute als exklusive
und begehrte Wohnlage.

Boca Raton Historical Society.
Mo–Fr 10–16 Uhr, 71 North
Federal Hwy., Boca Raton,
FL 33432, Tel. 561 395 6766,
www.bocahistory.org

Wissenschaftler spricht das Children's Science Explorium an, in dem Naturwissenschaft zum Anfassen, Miterleben und Ausprobieren geboten wird. Und Fans des gediegenen bis gehobenen Shoppings bringen im Town Center at Boca Raton, einer der größten Shopping-Malls der USA, ihre Kreditkarten zum Glühen.

Der Touristenbaum

Naturfreunde kommen im Gumbo Limbo Nature Center auf ihre Kosten. Dort gibt es Informationen über die heimische Flora und Fauna. Die neuen Kenntnisse können auf einem Naturpfad durch die Mangrovensümpfe hin zu einem Aussichtsturm, der einen tollen Ausblick auf die Umgebung bietet, gleich vor Ort überprüft werden. Übrigens: Namensgeber Gumbo Limbo ist ein endemischer Baum mit federähnlichen Blättern und einer glänzend roten, abblätternden Rinde. In Südflorida wird er wegen dieser schuppenden Haut auch »Touristenbaum« genannt – eine augenzwinkernde Mahnung für Besucher, sich regelmäßig mit Sonnenschutzmitteln einzucremen.

Oben: Das Boca Raton Museum of Art zeigt Werke europäischer Malerei.
Unten: Der Gumbo Limbo, auch als Touristenbaum bekannt

Infos und Adressen

SEHENSWÜRDIGKEITEN

Boca Raton Historical Society & Museum. Heimatmuseum mit zahlreichen Exponaten und kundigen Mitarbeitern. 71 North Federal Hwy., Historic Town Hall, Boca Raton, FL 33432, Tel. 561 395 6766, www.bocahistory.org

Boca Raton Museum of Art. Eines der führenden Museen Südfloridas mit Werken von Picasso, Degas und Matisse. Di, Do, Fr 10–17 Uhr, Mi 10–21 Uhr, Sa, So 12–17 Uhr, 501 Plaza Real Mizner Park, Boca Raton, FL 33432, Tel. 561 392 2500, www.bocamuseum.org

ESSEN UND TRINKEN

Casa D'Angelo. Patrone Angelo Elia verwöhnt seine Gäste mit toskanischen und süditalienischen Gerichten. 171 East Palmetto Park Rd., Boca Raton, FL 33432, Tel. 561 996 1234, www.casa-d-angelo.com

Uncle Tai's Hunan Cuisine. Die Kochkunst erlernte Restaurantleiter Howard Tai in Shanghai und New York. Aufgetischt werden Gerichte à la Hunan. 5250 Town Center Circle, Boca Raton, FL 33486, Tel. 561 368 8806, www.uncletais.com

ÜBERNACHTEN

Boca Raton Resort & Club. Auch nach 80 Jahren noch eine der ersten Adressen am Platz. 501 East Camino Real, Boca Raton, FL 33432, Tel. 561 447 3000, www.bocaresort.com

Unterwegs auf dem Gumbo Limbo Boardwalk

Kreativ: der Garten des Hotels Boca Raton Resort & Club

Waterstone Resort & Marina Boca Raton. Das Hotel am Jachthafen überzeugt durch modernes Innendesign. 999 East Camino Real, Boca Raton, FL 33432, Tel. 561 368 9500, www.waterstoneboca.com

AKTIVITÄTEN

Gumbo Limbo Nature Center. Erst im Besucherzentrum die Fauna der Region kennenlernen, dann die Kenntnisse auf einem Pfad durch die Mangrovensümpfe überprüfen. Mo–Sa 9–16 Uhr, So 12–16 Uhr, 1801 North Ocean Blvd., Boca Raton, FL 33432, Tel. 561 544 8605, www.gumbolimbo.org

ARCHITEKTUR:
Stein auf Stein

Blickfang in maurischem Stil: 24 Cathedral Place und Flagler College in St. Augustine

Florida hat der Welt einige architektonische Besonderheiten geschenkt wie den Art Déco District in Miami Beach. Oder auch die mediterranen Bau-Ideale des Architekten Addison Mizner, der Palm Beach und Boca Raton prägte. Derweil planen couragierte Baumeister schon die Denkmäler der Zukunft – von virtuosen Wolkenkratzern in Miamis Brickell Avenue bis zu fantasievollen Resorthotels in Disney World. Tradition hat sich im Norden gehalten: Holzhäuser mit Veranden künden vom beschaulichen Leben der frühen Siedler.

Cracker House. Floridas typische Gebrauchsarchitektur der ersten Stunde ist das oft verspottete Cracker House. Doch waren diese Pionier-Häuser klug gestaltet, um im subtropischen Klima ohne Klimaanlage größtmöglichen Wohnkomfort zu erzielen. Die Häuser wurden aufgestelzt, Fenster und Türen so angebracht, dass Durchzug möglich war, breite Giebel und Veranden sorgten für Schatten. Ein schönes Beispiel ist Marjorie Kinnan Rawlings' Wohnhaus in Cross Creek.

Spanisch-maurischer Stil. Um die Wende zum 20. Jahrhundert machte Henry Flagler einen spanisch-maurischen Stil zur Mode, der »die imposante Architektur Roms, die Ziegeldächer Spaniens, die Schönheit Venedigs und die tropische Zwanglosigkeit Algiers kombinierte«. Beispiele dafür sind das monumentale Hotel Ponce de León in St. Augustine (heute Flagler College), das Whitehall Mansion in Palm Beach (heute Flagler Museum) und der von George Merrick entworfene Stadtteil Coral Gables in Miami.

Mediterranean Revival. Allein in Palm Beach schuf Addison Mizner in den 20er-Jahren 36 prachtvolle Anwesen. Und prägte maßgeblich das Bild der Innenstadt von Boca Raton. Dabei war er vernarrt in den »verlotterten Look« italienischer Palazzi und machte seine Kreationen älter, indem er die Wände mit Flecken versah, die einen Renaissance-Pilzbewuchs vortäuschen sollten. Wenn seine Arbeiter einen handwerklich perfekten Kaminsims oder eine Tür geschaffen hatten, schlug er oft mit einem Vorschlaghammer eine Ecke ab, damit ein altehrwürdiges Aussehen entstand. Bis heute wird Mizner in Florida begeistert nachgeahmt, passt dieser »Look« doch gut zu Klima und Vegetation.

Art Déco Miami Beach. Miami Beach wurde in den 20er- und 30er-Jahren vom Art-déco-Stil erfasst (aus dem der »tropische Déco« wurde) und besitzt heute das größte Ensemble von Art-déco-Bauten in den USA. Die Häuser bröckelten danach bis Mitte der 80er-Jahre vor sich hin, als die Fassaden einen pastellfarbenen Anstrich in Rosa und Aquamarin erhielten: Beginn der atemberaubenden Renaissance von South Beach.

New Urbanism. Weil viele Amerikaner sich in den 70er-Jahren nach dem »Small Town America« des frühen 20. Jahrhunderts zurücksehnten, bedienten Architekten dieses Bedürfnis nach »heiler Welt«. Erstes Beispiel für den New Urbanism ist der ab 1979 von Robert S. Davis gebaute Badeort Seaside. In den 90er-Jahren schuf der Disney-Konzern mit Celebration einen Ort mit dem Charakter älterer amerikanischer Kleinstädte im Stil des 18. und 19. Jahrhunderts.

West Dixie Bend.
Boca Raton
ings 817
Deerfield Beach
Margate 845
Lighthouse Point
rac Wilton
Pompano Beach
Manors 37
Lauderdale-by-the-Sea
Oakland Park
ntation
Ocean World
Davie 595
Fort Lauderdale
Dania
kramar
Ft. Lauderdale-Hollywood
Int. Airport
City
Hollywood
Hallandale
Golden Beach
palocka
North Miami Beach

37 Von Deerfield Beach bis Lauderdale-by-the-Sea
Volles Programm mit Charme

Zwischen ihrem mondänen Nachbarn Boca Raton im Norden und der Metropole Fort Lauderdale im Süden gelegen, haben sich Deerfield Beach, Pompano Beach und Lauderdale-by-the-Sea einen gewissen Kleinstadtcharme erhalten. Ihr Kapital ist ein breiter, sanft ins Meer abfallender Strand, ideal zum Sonnetanken und Faulenzen, zum Sandburgbauen und für ein erfrischendes Bad in den türkisfarbenen Fluten des Atlantiks.

Anglerglück total: Der fast 300 Meter lange Fishing Pier ist Treffpunkt der wettergegerbten Petrijünger in Deerfield Beach. Auch Amateure können die nötige Ausrüstung vor Ort bequem mieten, und für Zuschauer ist es ein Erlebnis zu sehen, welche Fische die Profis hier aus dem Wasser ziehen. Wem der Sinn nach dem *big catch* steht, kann in Deerfields Marina Halb- oder Ganztages-Hochsee-Angeltrips buchen. Für fortgeschrittene Golfer hingegen ist ein Muss in Deerfield Beach ein *Tee off* im berühmten Deer Creek Golf Club, den das *Golf Magazine* schon als einen der zwei besten Championship Golf Courses in Südflorida bewertete.

Nicht genug Zerstreuung? Im Januar veranstaltet die Stadt das *Arts Festival*, im April findet das *Country Music Festival* am Main Beach statt, im Oktober startet der jährliche *Dunn's Run* mit Hunderten von Teilnehmern und jeden Dienstag heißt es am Hauptstrand bei Livemusik *Tuesday Night*

In elegantem Schwarz-Weiß: Das Hillsboro Lighthouse ist das Wahrzeichen von Pompano Beach.

Deerfield Beach

Beach Dances für alle Tanzfreunde. Ein Stück weiter südlich liegt Pompano Beach. Wie in den meisten Städten entlang Südfloridas Atlantikküste begann die Entwicklung des Ortes um 1880, als sich Siedler in der noch unerschlossenen Gegend als Farmer und Fischer niederließen. Die erste Eisenbahn erreichte die winzige Siedlung am 22. Februar 1896. Mit ihr kamen Landvermesser, Eisenbahnarbeiter und Händler, unter ihnen Frank Sheene. Er war es, der der Gemeinde ihren Namen gab – nach dem begehrten Pompano-Speisefisch. 1906 wurde das Hillsboro Lighthouse errichtet, bis heute das Wahrzeichen von Pompano Beach. Ein breiter Strand und das türkisgrüne Wasser des Atlantiks laden hier zum Relaxen und Auftanken ein. Und wer sich als Urlauber mit *fishing* – auch hier lokaler Lieblingssport – vertraut machen möchte, kann dies auf dem 540 Meter ins Meer ragenden Pier versuchen.

Am letzten Wochenende im April lockt das jährlich stattfindende *Pompano Beach Seafood Festival* über 100 000 Besucher an. Einer der Höhepunkte ist die Versenkung eines ausgedienten Frachters als zukünftiges künstliches Riff. Mehr als 20 Schiffe sind auf diese Weise bereits versenkt worden und dienen Fischen, Krebsen und anderen Meeresbewohnern als neue Behausung.

Oase im Beton

Weiter südlich liegt mit Lauderdale-by-the-Sea die kleine Schwester der gleichnamigen Metropole »wie eine Oase in einer Wüste aus sich auftürmendem Beton«, wie ein Stadtschreiber es einmal formulierte. Diese Gemeinde hat es geschafft, sich einen Teil ihrer Ursprünglichkeit und ihres Old-Florida-Charmes zu erhalten. Zu verdanken ist das den lokalen Baubestimmungen, die festlegten, dass Gebäude nicht höher als drei Stockwerke sein dürfen.

Infos und Adressen

ESSEN UND TRINKEN

Blue Moon Fish Co. Laut Eigenwerbung wird hier der »frischeste Fisch in Fort Lauderdale und Umgebung serviert«. 4405 West Tradewinds Ave., Lauderdale-by-the-Sea, FL 33308, Tel. 954 267 9888, www.bluemoonfishco.com

Ocean's 234. Ganz strandnah, ganz hip und sehr angesagt. Mit einer jungen, frischen Küche, viel Fisch auf der Karte und genussbereiten Gästen an den Tischen. 234 North Ocean Blvd., Deerfield Beach, FL 33441, Tel. 954 428 2539, www.oceans234.com

ÜBERNACHTEN

Embassy Suites Deerfield Beach. Gehobenes Kettenhotel mit tollem Meerblick. 950 South Ocean Way, Deerfield Beach, FL 33441, Tel. 954 426 0478, www.embassysuites3.hilton.com

Tropic Seas Resort. Kein Sterne-Luxus, dafür beträgt der Weg vom hoteleigenen Pool zum Strand nur ein paar Schritte. 4616 El Mar Dr., Lauderdale-by-the-Sea, FL 33308, Tel. 954 771 5711, www.tropicseasresort.com

Schutzhütte der *lifeguards* am Strand

38 Fort Lauderdale und Hollywood
Hauptstadt der Jachten

Bekannt ist Fort Lauderdale auch als das »Venedig Floridas«. Zwar schmücken sich weltweit zahlreiche Städte mit der koketten Anspielung auf die Lagunen-stadt – doch ist Fort Lauderdale unter ihnen diejenige, die dabei nicht übertreibt. Zahlreiche Kanäle und Flüsse durchziehen den Ort – 480 Kilometer navigierbare Wasserwege. Kaum ein Hausbesitzer in dieser Gegend, der neben einem Auto nicht auch ein Boot sein Eigen nennt.

Ist der Ruf erst ruiniert ... Viele Jahre lang galt Fort Lauderdale als Zentrum des *Spring Breaks*, der wilden Frühjahrsfete amerikanischer College-Studenten. Mit allen Konsequenzen: Sex, Drugs und Rock'n'Roll am Strand. Als die jungakademische Enthemmungsorgie 1985 ihren Höhepunkt mit 350 000 Studenten erreichte, erließen die örtlichen Behörden Verordnungen, die das Feiern beschränkten. Sogar der Bürgermeister verkündete in der ABC-Fernsehshow *Good Morning America* resolut: »Ihr könnt hier nicht mehr herkommen«.

Ein Appell mit Wirkung: Die wilden Kids haben sich woandershin verzogen, derzeit reisen jähr-lich noch höchstens 15 000 Studenten zum Feiern an. Und der Strand wird heute vorwiegend von Familien, solventen Rentnern und – in festgeleg-ten Abschnitten – homosexuellen Paaren belegt. Eine meist wohlhabende Klientel, die dem Bürger-meister sicher lieber ist ... Seine Stadt hat sich herausgeputzt: Der Straßenverkehr wurde von der 18 Kilometer langen, palmenbepflanzten Strand-promenade verbannt. Neue Luxushotels, Restau-

Mitte: Wer nah am Wasser gebaut hat, braucht ein Boot nötiger als ein Auto.
Unten: Gischt sprüht über den Strand von Fort Lauderdale.

Einfach gut!

rants und Kunstgalerien eröffnen allerorten. Die einst rauere Klientel ist Yuppies und fidelen Mittsiebzigern gewichen.

Mit 166 000 Einwohnern ist die eigentliche Stadt eher klein, doch die umliegenden Gemeinden machen den Großraum zum Tummelplatz von Menschen aus aller Welt – darunter mancher Promi. Wie die benachbarten Städte Wilton Manors und Oakland Park ist Fort Lauderdale für seinen hohen Anteil an homosexuellen Menschen bekannt und ein beliebter Ferienort für Schwule und Lesben. Das Stonewall Library & Archives ist die größte Bibliothek zum Thema Homosexualität im Südosten der USA; Wilton Manors die zweite Stadt in den Staaten (nach West Hollywood), die einen Stadtrat mit homosexueller Mehrheit wählte.

Und dann das Wasser ...

Mit 42 000 Jachten bezeichnet der Großraum Fort Lauderdale sich selbst stolz als die Jachtregion schlechthin. Rund 80 Prozent aller Jachten weltweit werden durch einen der vielen Broker in Fort Lauderdale verkauft. Und die *Fort Lauderdale International Boat Show* lockt jährlich Ende Oktober/Anfang November weitere 125 000 Besucher in die Stadt. Für Touristen ohne eigene Kapitänsmütze empfehlen sich die Wassertaxis, die fast alle Attraktionen innerhalb der Stadt anfahren.

Kanus statt Jachten: Die Gegend des späteren Fort Lauderdale wurde ursprünglich von Indianern des Tequesta-Stammes bevölkert. Der Kontakt mit spanischen Entdeckern im 16. Jahrhundert brachte den Tod: Eingeschleppte Krankheiten rafften die Ureinwohner dahin. Die wenigen Überlebenden wurden 1763 nach Kuba verschifft, als die Spanier Florida an die Briten abtraten. Aufgrund der oft wechselnden Besitzverhältnisse zwischen

JUNGLE QUEEN

Seit 60 Jahren schon tuckert der Schaufelraddampfer *Jungle Queen* durch die Wasserstraßen, mehr als 14 Millionen Gäste genossen bereits die unterhaltsame Fahrt auf dem New River. An Bord werden Barbecues und Shrimp-Dinner angeboten, für Unterhaltung sorgt ein Varieté-Programm. Zunächst geht es den Hafen hinaus auf den Intracoastal Waterway und entlang der »Millionaire's Row«: Hier stehen die Villen von Celebritys, Industriellen und Spitzensportlern. Hollywoodfilme wie *Striptease* oder der Kinofilm zur Kultserie *Miami Vice* wurden hier gedreht. Nach einer Stunde erreicht das Schiff die Insel Jungle Queen Indian Village, wo exotische Vögel, Affen und Alligatoren zu bestaunen sind.

Jungle Queen Riverboat Cruises. Fahrten dreimal tgl., 9.30, 13.30 und 18 Uhr, Bahia Mar Yachting Center, 801 Seabreeze Blvd., Fort Lauderdale, FL 33316, Tel. 945 462 5596, www.junglequeen.com

Spanien, dem Vereinigten Königreich, den Konföderierten Staaten und den Vereinigten Staaten von Amerika entwickelte sich die Gegend bis ins 20. Jahrhundert hinein kaum.

Eine erste, Fort Lauderdale genannte Einfriedung, 1838 errichtet, wurde zu einem Schauplatz des Zweiten Seminolen-Krieges (1835–1842). Kurz nach Kriegsende wurde die Festung aufgegeben – und die Gegend blieb bis in die 1890er-Jahre weitgehend unbewohnt. Erst als 1892 der Fährbetrieb über den New River begann und 1896 die Florida East Coast Railway ihre Schienen bis hierhin verlegte, endete der Dornröschenschlaf: 1911 wurde die Stadt Fort Lauderdale gegründet. Was in all den Jahrhunderten gleich blieb, war die Schönheit der weißen Sandstrände entlang des Atlantiks. Wo einst Indianer ihre Boote an Land zogen, lädt heute die Strandpromenade zum Inlineskaten und Flanieren. Hier beginnt der Las Olas Boulevard, einer der Nervenstränge der Stadt. Da, wo der Boulevard den New River überquert, hat man Einblick in das luxuriöse Stadtviertel The Isles. Das prominenteste Wohngebiet in Fort Lauderdale wurde in den 20er-Jahren auf Schwemminseln in der Mündung des New River errichtet und wird von künstlichen Kanälen durchzogen. Hier besitzt jede Villa einen eigenen Bootsanleger. Den besten Blick auf diese Pracht hat man von der Bar des Hyatt Regency Pier 66.

Oben: »Schau mir in die Augen, Kleines« – Wandbild in einer Bar an der Strandpromenade
Mitte: Eine prachtvolle Bougainvillea auf einem Balkon
Unten: Die Liegeplätze im Hafen von Fort Lauderdale sind heiß begehrt.

Fort Lauderdale

Nicht verpassen

Der touristisch interessanteste Teil des Las Olas Boulevard liegt zwischen der 6th und 11th Avenue und ist leicht an den üppigen Bäumen in der Mitte der Straße und den kleinen, malerischen Geschäften zu erkennen. Boutiquen und Galerien, aber auch viele Bars und Restaurants laden tagsüber und nachts zum Besuch ein. Weiter führt der Boulevard direkt in das Finanzviertel. Im Schatten der Bankhochhäuser liegt das historische Fort Lauderdale. Der Riverwalk, eine palmengesäumte Uferpromenade von rund zweieinhalb Kilometern Länge, beginnt am Stranahan House, einem alten Handelsposten. Der Weg führt am Fluss entlang zu einem kleinen Park, um den sich die alten Gebäude der Stadt gruppieren.

Kultursuchende werden im Broward Center for the Performing Arts mit zwei Theatern, in der Florida Grand Opera, im Museum of Art, im Museum of Discovery & Science sowie in vielen weiteren kleinen Museen und Theatern fündig. Und auch Sportler kommen nicht zu kurz: Die Golfplätze in Fort Lauderdale zählen zu den besten und schönsten in ganz Amerika. Es gibt mehr als 50 Golfanlagen im Umkreis von maximal 30 Autominuten. Jeden März spielt die *PGA Tour* auf dem TPC Heron Bay, und das Palm Aire Resort ist der Austragungsort der *Florida Open*.

Ein ganz besonderes Naturerlebnis bietet Butterfly World in Coconut Creek (www.butterflyworld. com), wo 20 000 Schmetterlinge aus aller Welt (mehr als 80 Arten) in ihrer ganzen Farbenpracht zwischen der üppigen Vegetation umherschwirren.

Auf dem Rad zur Kultur

Direkt im Süden von Fort Lauderdale liegt Hollywood, eine Stadt mit Charme, die sich am besten mit dem Rad erkunden lässt. Es geht entlang des

STRANAHAN HOUSE

Das zweistöckige Holzrahmenhaus mit der umlaufenden Veranda ist das älteste Gebäude in Broward County und ein wunderbares Beispiel für die Pionier-Architektur Floridas. Der ehemalige Handelsposten, den Pionier Frank Stranahan aufbaute, um Siedler und Seminole-Indianer zu versorgen, ist heute ein beliebtes Ausflugsziel und Museum. Frank Stranahan kam 1892 nach Fort Lauderdale, anders als die meisten seiner Zeitgenossen schloss er Freundschaft mit den Seminolen und handelte mit ihnen. 1901 baute er ein Lager und danach dieses Haus. Im Inneren findet man eine kunstvoll gefertigte Wandvertäfelung aus Dade-County-Kiefer. Heute wird das Gebäude eingerahmt von den Türmen der Banken und Appartementhäusern.

Stranahan House.
Mi–Sa 10–15 Uhr, So 13–15 Uhr,
335 Southeast 6th Ave.,
Fort Lauderdale, FL 33301,
Tel. 954 524 4736,
www.stranahanhouse.org

Hollywood Beach Boardwalks, der auf knapp vier Kilometern gesäumt wird von einer illustren Mischung aus gut besuchten Cafés, trubeligen Restaurants und schicken Boutiquen. Diese autofreie Zone wird neben den Bikern auch von vielen Fußgängern, Joggern und Rollerbladern genutzt.

Vor allem aber ist Hollywood eines: eine kulturelle Perle. Beim *Boardwalk Friday Fest* etwa erleben die Gäste eine hochkarätige Mischung aus internationalen Musikern. Im Hollywood Beach Theater, einem Freilufttheater direkt am Meer, finden jeden zweiten und vierten Freitag im Monat kostenlose Konzerte statt. Von Kubanisch über Italienisch bis hin zu Lateinamerikanisch: Alle möglichen Musikrichtungen sind vertreten. Nach den Konzerten ziehen Musiker und Besucher weiter in die vielen Bars und Restaurants des Boardwalks. Beim stets gut besuchten *Art Walk*, der am dritten Samstag des Monats stattfindet, schlendern Kunstliebhaber am Abend durch die Straßen des Zentrums und erkunden bei Jazz- und Klassikmusik die Galerien der Stadt. Neben spannenden Werken regionaler Künstler werden auch Wein und Hors d'œuvres goutiert. Ebenfalls im Zentrum Hollywoods befindet sich das Hard Rock Hotel & Casino mit seinem Hard Rock Café, das regelmäßig von internationalen Superstars beehrt wird.

Infos und Adressen

SEHENSWÜRDIGKEITEN

Fort Lauderdale Antique Car Museum.
Oldtimer von 1900 bis 1940. Mo–Fr 9–15 Uhr,
1527 Southwest 1st Ave., Fort Lauderdale,
FL 33315, Tel. 954 779 7300,
www.antiquecarmuseum.org

International Swimming Hall of Fame.
Ruhmeshalle im Fort Lauderdale Aquatic
Complex. Mo–Fr 9–17 Uhr, Sa, So 9–14 Uhr,
1 Hall of Fame Dr., Fort Lauderdale, FL 33316,
Tel. 954 462 6536, www.ishof.org

NSU Art Museum. Eines der besten
Kunstmuseen Floridas mit Exponaten von
Dalí, Picasso, Warhol sowie der Gruppe CoBra.
Di, Mi und Fr, Sa 10–17 Uhr, Do 10–20 Uhr,
So 12–17 Uhr, 1 East Las Olas Blvd.,
Fort Lauderdale, FL 33301, Tel. 954 525 5500,
www.nsuartmuseum.org

ESSEN UND TRINKEN

Café Seville. Stimmungsvolles Restaurant
mit spanischer Küche. 2768 East Oakland
Park Blvd., Fort Lauderdale, FL 33306,
Tel. 954 565 1148, www.cafeseville.com

Coconuts Waterside. Top Fisch- und
Grillrestaurant mit Blick aufs Wasser.

429 Seabreeze Blvd. Fort Lauderdale,
FL 33316, Tel. 954 525 2421,
www.coconutsfortlauderdale.com

ÜBERNACHTEN

Pineapple Point Guesthouse & Resort.
Luxuriöses B&B speziell für homosexuelle
Gäste. 315 Northeast 16th Terrace,
Fort Lauderdale, FL 33301, Tel. 954 527 0094,
www.pineapplepoint.com

The Ritz-Carlton Fort Lauderdale. Edles
Ambiente im Stil eines alten Luxusliners.
1 North Fort Lauderdale Beach Blvd.,
Fort Lauderdale, FL 33304, Tel. 954 465 2300,
www.ritzcarlton.com

W Fort Lauderdale. Der Luxus gibt sich hier
betont puristisch und kühl. 401 North Fort
Lauderdale Beach Blvd., Fort Lauderdale,
FL 33304, Tel. 954 414 8200,
www.wfortlauderdalehotel.com

AKTIVITÄTEN

Bergeron Rodeo Grounds of Davie. Hier
lernt man, wie einheimisches Bullenreiten und
Lassowerfen funktioniert. Yee-haw! 4271 Davie
Rd., Davie, FL 33314, Tel. 954 797 1153,
www.davieprorodeo.com

Ausflugsboot auf dem Intracoastal Waterway

ORLANDO UND DIE PARKS

39 Orlando, Winter Park, Kissimmee
Spielplatz der Welt

Orlando steht bei fast allen Florida-Touristen auf dem Besuchsprogramm. Aus gutem Grund: Der Ort in Zentralflorida hat sich zu einem wahren Themenpark-Mekka entwickelt. Alles begann mit Walt Disney, der hier in den 60er-Jahren auf einem Sumpfgelände sein Magic Kingdom errichtete. Das kann man mögen, muss es aber nicht. Denn auch ohne Mickey Mouse & Co. ist Orlando durchaus einen Besuch wert.

Schicke Kunstgalerien und Museen. Atemberaubende Golfplätze. Ausgesuchte Restaurants. Energiegeladenes Nachtleben. Inspirierende Ansichten und Landschaften. Shopping auf Top-Niveau. Und natürlich dann doch die zahllosen Themenparks und Attraktionen. All das an einem Platz – Orlando im sonnigen Zentralflorida. Selten bietet

GUT ZU WISSEN

ECHT ODER UNECHT?
Auf der einen Seite profitiert Orlando von den Touristen aus aller Welt, die sich hier bespaßen lassen wollen. Auf der anderen Seite schüttelt's den kritischen Zeitgenossen vor lauter Künstlichkeit. Was ist echt, was nicht – und kann das Unechte schön sein, oder sind wir gar nicht mehr fähig, das Echte zu würdigen? Wer mit Mickey Mouse & Co. so gar nichts anfangen kann, dem bleiben Ausflüge in die nähere Umgebung der Spaßfabriken. Denn die ist vielerorts idyllischer, als die meisten Besucher Orlandos ahnen.

Vorangehende Doppelseite:
Publikumsmagnet Epcot Center in Disney World Orlando
Mitte: Blick über den Lake Eola auf Orlandos modernes Stadtzentrum
Unten: Shopping wird in Orlando großgeschrieben.

Einfach gut!

eine Destination so eine Fülle spektakulärer und unterschiedlicher Angebote für
jedes Alter und jedes Interesse. Und so ist
es auch kein Wunder, dass Orlando eines
der führenden Urlaubsziele weltweit ist. Mehr als
55 Millionen Besucher kommen jährlich hierher.

Schöne künstliche Welt

Ein klares Votum der Touristen also. Doch während die einen hingerissen sind von spektakulären Attraktionen, riesigen Hotelkomplexen und
Mega-Themenrestaurants, empfinden andere es
als eine Welt, die an Künstlichkeit nicht zu über-
bieten ist. An Orlando scheiden sich die Geister.
Irgendjemand hat einmal errechnet, dass derjenige, der alle Freizeitparks, Shows, Wasserrutschen und Achterbahnfahrten erleben will, sich
etwa 67 Acht-Stunden-Tage Zeit nehmen muss ...
Und in dieser Rechnung ist der Freizeitspaß
»Shopping« noch nicht einmal berücksichtigt.
Die Stadt ist innerhalb der letzten Jahre zu einem
Mekka der Schnäppchenjäger geworden, mit
unzähligen Luxusgeschäften, Boutiquen, Outlet
Malls, Antiquitätenläden und Bauernmärkten auf
fast fünf Millionen Quadratmetern Verkaufsfläche.

Orlando für Romantiker

Es geht jedoch auch beschaulicher – oder auf
Neudeutsch: »authentischer«. Lake Eola Park im
Zentrum von Orlando präsentiert sich beispielsweise mit wunderschönen Gärten, einem Am-
phitheater und Paddelbooten. Thornton Park
mit seinem Boheme-Flair, Bars und Restaurants
ist ein Magnet für Orlandos trendige Jugend.
Der benachbarte Milk District lädt zu seinen *tasty
tuesdays* (18.30–22 Uhr) mit bunten Restaurant-
Trucks, die dort für einen Abend parken und
Leckereien auf den Teller zaubern. Und in den

LEGOLAND: FUN AUF SKANDINAVISCH

Wenn es Europäer schaffen, ihre Art von Themenpark erfolgreich in die USA zu transportieren, ist das schon bemerkenswert. Auf dem Gelände des ehemaligen Vergnügungsparks Cypress Gardens gelingt Legoland seit einigen Jahren dieses Kunststück. Es mixt den botanischen Garten des Vorgängers mit einem Freizeit- und einem kindgerechten *Waterpark* und bietet so ein umfangreiches Angebot für Familien mit jüngerem Nachwuchs. Eine Runde mit dem Fahrgeschäft *Island in the Sky* ermöglicht aus gut 40 Metern Höhe einen ersten Überblick über die Anlage. Dann kann man entscheiden, ob man sich eine Fahrt mit einer Achterbahn gönnen oder es im *Duplo Village* mit den Karussells für kleine Gäste eher ruhiger angehen lassen möchte.

Legoland. Mo–Fr 10–17 Uhr, Sa 10–20 Uhr, So 10–19 Uhr, 1 Legoland Way, Winter Haven, FL 33884, Tel. 877 350 5346, www.legoland.com

Geheimtipp

CELEBRATION: WOHN»IDYLL« AUS DER RETORTE

Saubere Straßen, Vorzeigerasen und sorgsam gestutzte Hecken: In den 90er-Jahren errichtete der Walt-Disney-Konzern 20 Kilometer südlich von Orlando die Bilderbuchkleinstadt Celebration. Ein Sozialidyll? »Der Ort, nach dem Ihre Seele gesucht hat«, stand auf Plakaten, die harmonisches Vorgartenleben zeigten. Es gab ein alles regelndes 70-seitiges Musterbuch und sogar eine Kleiderordnung. Inzwischen hat sich Disney offiziell zurückgezogen, nun regiert eine Betreibergesellschaft. Europäer schütteln bei soviel Spießigkeit den Kopf: Der Traum von Heimeligkeit scheint sich ad absurdum geführt zu haben. Wirklich? Die Idee eines »New Urbanism«, orientiert an den Prinzipien historischer Städte, wird bis heute unter Amerikas Städteplanern heiß diskutiert. Und ist nicht widerlegt, nur weil ein Mäuse-Imperium mit seiner Version einer »heilen Welt« übers Ziel hinausgeschossen ist.

Harry P. Leu Gardens sind unter anderem ein Rosengarten, ein Schmetterlingsgarten und ein Magnoliengarten zu bestaunen. Orlando für Romantiker? Oh ja! Hier finden Veranstaltungen wie der sanfte *Jazz Stroll* und die *Valentine's Movie Night* statt.

Kulturell anspruchsvoll zeigt sich auch das Orange County Regional History Center, wo man viel über die Geschichte Zentralfloridas erfährt. Das Wells Built Museum of American History and Culture (511 West South St.) gibt einen Einblick in Orlandos reiche afroamerikanische Geschichte. Das Orlando Museum of Art hat sich mit seinen Ausstellungen und Events inzwischen in die Top-Liga katapultiert. Das Mennello Museum of Art bietet neben Werken des naiven autodidaktischen Malers Earl Cunningham (1893–1977) Wechselausstellungen. Das Cornell Fine Arts Museum am Rollins College (Building No. 303, 1000 Holt Ave., Winter Park) beherbergt eine der ältesten Kunstsammlungen Floridas. In der City Arts Factory (29 South Orange Ave.) kann man mehrere Kunstgalerien mit wechselnden Ausstellungen besuchen, und die Gallery at Avalon Island (39 South Magnolia Ave.) zeigt Ausstellungen örtlicher Künstler.

Tödlicher Indianerpfeil

Lange Zeit deutete nichts darauf hin, dass sich Orlando einmal zum Spielplatz eines vergnügungssüchtigen Millionenpublikums entwickeln würde. Viehzucht und Baumwolle bildeten die Existenzgrundlage der frühen Siedler, daneben spielte natürlich der Anbau von Zitrusfrüchten eine gewichtige Rolle. Orlando hieß ursprünglich Jernigan, benannt nach Aaron Jernigan, der aus Georgia stammte und sich 1843 hier niederließ. Die Stadt wuchs langsam um den alten Armeeposten Fort Gatlin, der 1849 verlassen wurde. 1857 erhielt die

Stadt ihren heutigen Namen. Um seinen Ursprung ranken sich viele Geschichten, doch nach der offiziellen Version gedachte man damit des US-Soldaten Orlando Reeves, der 1835 auf seinem Wachposten durch einen Indianerpfeil getötet wurde.

Startschuss zur Freizeitmetropole

Die steigende Nachfrage nach Rindfleisch war Hauptgrund für Orlandos Wachstum vor 1863. Begleitet wurde der Boom von Viehdiebstählen, Schießereien mitten in der Stadt, kurzum, Zuständen wie im Wilden Westen. Später verlegten sich die Menschen auf den weniger gefährlichen – und lukrativeren – Baumwollanbau. Als jedoch die Arbeiter während des Bürgerkrieges die Felder verließen und dann 1871 auch noch ein verheerender Hurrikan große Teile der Ernte vernichtete, orientierten sich die Farmer wieder einmal um: Nun waren Zitrusfrüchte angesagt. Mit der steigenden Nachfrage nach Grapefruits, Mandarinen und Orangen im ganzen Land, die einherging mit dem Ausbau der Eisenbahn nach Zentralflorida im Jahr 1880, florierte das Geschäft. Dann zerstörte 1894 die Kältewelle Big Freeze die Orangenernte – und John B. Steinmetz, ein geschäftstüchtiger Zitrusbauer, verwandelte sein Packhaus kurzerhand in eine Schlittschuhbahn, fügte Picknickplätze und ein Badehaus hinzu und baute eine Sommerrodelbahn. Seinen kleinen Freizeitpark könnte man mit viel gutem Willen als Startschuss für Orlandos Aufstieg zur Unterhaltungsmetropole interpretieren.

Doch erst mit der Eröffnung von Walt Disney World im Jahr 1971 begann Orlandos Weg zum Urlaubs- und Erholungsmekka von Weltrang. Dann aber ging es Schlag auf Schlag: Dem Magic Kingdom folgte 1973 SeaWorld Orlando. Über die Jahre expandierte Walt Disney World stetig mit

Oben: Die 50er-Jahre lassen grüßen – Mel's Drive-in Diner in den Universal Studios.
Mitte: Das Team Disney Building punktet mit postmoderner Architektur.
Unten: Ein riesiger Wissenstempel: das Orlando Science Center

seinen Themenparks Epcot, Disney-MGM Studios und Animal Kingdom. Dazu gesellten sich dann 1990 die Universal Studios. 1999 öffnete Universal Orlando Resort einen zweiten Themenpark, Islands of Adventure, gefolgt von dem Unterhaltungskomplex Universal CityWalk und drei Hotels. Und seit seiner Eröffnung im Jahr 2000 schlägt ein weiterer Themenpark Wellen: Discovery Cove, wo man mit Delfinen und Stachelrochen schwimmen kann. Dass im Windschatten der Großen auch kleinere Wasserparks und kleine Zoos wie Gatorland mit seinen Alligatoren und Krokodilen, Ballonfahrt-Veranstalter wie Magic Sunrise Ballooning oder Richard Pettys NASCAR-Rennkurs florieren – *good for them!* So behalten Disney & Co. wenigstens nicht gänzlich das Gute-Laune-Monopol.

Abenteuer Abendessen

Selbst das Abendessen kann in Orlando zu einem Erlebnis werden. Es gibt viele verschiedene Dinner-Theater in Orlando und Umgebung. Bei mittelalterlichen Gelagen in Kissimmee etwa schlemmt man an langen Tischen, die rund um eine große Arena angeordnet sind, in der Ritter in voller Rüstung ihre Kämpfe ausführen. Ähnliche Shows nennen sich *King Henry's Feast*, *Arabian Nights*, *Capone's Diner Show*, *Pirates in Colossal Studios* oder *Wild Bill's West Dinner Extravaganza* (www.internationaldriveorlando.com). Wem nach dem Dinner zum Feiern zumute ist, kann dies in Downtown Orlando tun. Der Großteil der Partyszene findet auf der Wall Street Plaza und um die Orange Avenue statt.

Geplantes Idyll

Gemächlicher geht es in Winter Park zu, etwas nördlich des Stadtzentrums von Orlando. Seit über 100 Jahren ist dies ein Platz der Reichen und Arri-

Oben: Sonnenaufgang am Lake Tohopekalinga bei Kissimmee
Unten: Das *Silver Spurs Rodeo* ist das größte Rodeo im Osten der Vereinigten Staaten.

vierten. Abseits von den großen Vergnügungsparks laden schicke Boutiquen, Restaurants mit Außenterrassen, feine Galerien und verwinkelte Straßen und Gassen zum Bummeln und Verweilen ein. Die Menschen sitzen gelassen in den Straßencafés vor alten Backsteinhäusern, lesen Zeitung oder ein Buch – sämtliche Comic-Helden und Superlative dieser Welt kann man hier leicht vergessen.

Winter Park war der erste am Reißbrett geplante Ort Amerikas. Chefplaner Oliver Chapman legte 1880 Straßen an, baute das Rathaus und pflanzte Orangenbäume. Und achtete darauf, dass alles stilvoll blieb. Die Landpreise explodierten, es entstanden vornehme Hotels, in denen die Reichen aus dem kalten Norden gerne abstiegen. Sehr angenehm ist es, vom Wasser aus die hochherrschaftlichen Villen und Landhäuser des alten Geldadels zu bestaunen – bei einer Bootsfahrt über kleine Seen, die durch Kanäle verbunden sind. Hier liegen die Villen und Landhäuser des »alten Geldes« (Scenic Boat Tours, 312 East Morse Blvd., www.scenicboattours.com).

Home of the Wiederkäuer

Handfester gibt sich Kissimmee, 30 Kilometer südlich von Orlando. Hier liegt das Zentrum der Rinderzucht Floridas am Lake Tohopekaliga. Im Februar und Juni zieht das *Silver Spurs Rodeo* einige der besten Cowboys Amerikas hierher, um an Wettbewerben wie Bullen- und Broncoreiten, Fassrennen (*barrel races*) und Stierkämpfen – den sogenannten *calf ropings* – teilzunehmen. Das größte Rodeo im Osten der USA erinnert seit 1941 an die reiche Geschichte und Tradition der Viehzucht in Kissimmee (1875 Silver Spur Lane, Kissimmee, FL 34744, Tel. 321 697 3495, www.silverspursrodeo.com).

Geheimtipp

ZUM ANTIQUITÄTEN-SHOPPEN

Nicht mal eine Stunde Autofahrt von Disney World, Universal Studios und SeaWorld entfernt liegt unweit des U.S. Highways 441 der Ort Mount Dora. Sanft schmiegt sich das Städtchen mit seinen viktorianischen Häusern an die Hügel um Lake Dora, beschattet von uralten, mit Spanischem Moos behangenen Eichen. Der Ortskern verzaubert mit Cafés, Restaurants und hübschen Geschäften für Antiquitäten und Handwerkskunst. An jedem Sonntag (9–14 Uhr) findet im Elizabeth Evans Park der Mount Dora Village Market unter freiem Himmel statt – der einzige Wochenmarkt in Florida, den man auch per Boot ansteuern kann. Sehr reizvoll ist eine Fahrt über den Lake Dora und durch den Dora Canal, der zum Lake Eustis führt. Unzählige Vogelarten, Alligatoren und Schildkröten bevölkern den Urwald aus bis zu 2000 Jahre alten Sumpfzypressen, die den Wasserweg säumen.

Infos und Adressen

SEHENSWÜRDIGKEITEN

Charles Hosmer Morse Museum of American Art. Hier kann man die weltweit größte Sammlung der bunten Glasfenster von Louis Comfort Tiffany bewundern. Do–Sa 9.30–16 Uhr, So 13–16 Uhr, 445 North Park Ave., Winter Park, FL 32789, Tel. 407 645 5311, www.morsemuseum.org

Dinosaur World. Mehr als 150 lebensgroße Dinosaurier locken in diesen Park vor den Toren Orlandos – sehr realistisch und furchteinflößend! 5145 Harvey Tew Rd., Plant City, FL 33565, Tel. 813 717 9865, www.dinosaurworld.com

Dr. Phillips Center for the Performing Arts. 429 Millionen Dollar teures Kulturzentrum mit Opernhaus, Broadway-Theater und Kleinkunstbühne. 445 South Magnolia Ave., Orlando, FL 32801, Tel. 407 839 0119, www.drphillipscenter.org

Gatorland. Tgl. 10–17 Uhr, 14501 South Orange Blossom Trail, Orlando, FL 32837, Tel. 407 855 5496, www.gatorland.com

Harry P. Leu Gardens. Tgl. 9–17 Uhr, 1920 North Forest Ave., Orlando, FL 32803, Tel. 407 246 2620, www.leugardens.org

Magic Sunrise Ballooning. 603 North Garfield Ave., DeLand, FL 32724, Tel. 866 606 7433, www.magicsunriseballooning.com

Mennello Museum of American Art. Di–Sa 10.30–16.30 Uhr, So 12–16.30 Uhr, 900 East Princeton St., Orlando, FL 32803, Tel. 407 246 4278, www.mennellomuseum.com

Orlando Museum of Art. Di–Fr 10–16 Uhr, Sa, So 12–16 Uhr, 2416 North Mills Ave., Orlando, FL 32803, Tel. 407 896 4231, www.omart.org

Orlando Science Center. Ausstellungen zu Naturgeschichte, Technik und Raumfahrt.

Experimentieren im Orlando Science Center

Jeden Freitag- und Samstagabend finden hier sogenannte Cosmic Concerts statt – mit Rockmusik untermalte Lightshows. 777 East Princeton St., Orlando, FL 32803, Tel. 407 514 2000, www.osc.org

ESSEN UND TRINKEN

Bull and Bear. Das noble Steakhouse serviert Klassiker und Trends vom Grill und aus der Pfanne – mit Blick auf den Golfplatz des Waldorf Astoria Resort. 14200 Bonnet Creek Resort Lane, Orlando, FL 32821, Tel. 407 597 5500, www.bullandbearorlando.com

Ethos Vegan Kitchen. Überzeugende Vielfalt, die nichts Tierisches vermissen lässt. 601-B South New York Ave., Winter Park, FL 32789, Tel. 407 228 3898, www.ethosvegankitchen.com

Le Coq au Vin. Der Name lässt's vermuten: feine französische Küche, mehrfach ausgezeichnet. 4800 South Orange Ave., Orlando, FL 32806, Tel. 407 851 6980, www.lecoqauvinrestaurant.com

Luma on Park. Ein Hotspot der Gourmetszene, mit Schwerpunkt auf heimischen Zutaten. Mit Stolz werden hier 70 Weine aus allen Lagen der Welt angeboten. 290 South Park Ave., Winter Park, FL 32789, Tel. 407 599 4111, www.lumaonpark.com

Norman's. Im Ritz Carlton Grande Lakes lockt Küchenchef Norman Van Aken in seinem Vorzeigerestaurant mit »New World Cuisine«. 4012 Central Florida Pkwy., Orlando, FL 32837, Tel. 407 393 4333, www.ritzcarlton.com

Primo. Italienisch inspirierte Cuisine. Viele Zutaten bezieht Chefin Melissa Kelly von Bio-Farmen aus der Umgebung oder aus dem eigenen Garten. 4040 Central Florida Pkwy., Orlando, FL 32837, Tel. 407 393 4444, www.marriott.com

Savion's Place. Chef Pouchon Savion kombiniert bewährte nordamerikanische Küche mit purer Kreativität. 16 East Dakin Ave., Kissimmee, FL 34741, Tel. 407 572 8719, www.savionsplace.com

The Ravenous Pig. Mehrfach ausgezeichnet, legt das »heißhungrige Schweinchen« Wert auf beste lokale Produkte, die passioniert und schnörkellos in Gaumenerlebnisse verwandelt werden. 565 W Fairbanks Ave., Winter Park, FL 32789, Tel. 407 628 2333, www.theravenouspig.com

ÜBERNACHTEN

Courtyard at Lake Lucerne. »Old Orlando« erleben die Gäste des historischen B&B. Vier liebevoll renovierte Gebäude im viktorianischen Stil inmitten eines Gartens mit insgesamt 30 Betten bieten trotz des nahen Highways angenehme Ruhe. 211 North Lucerne Circle West, Orlando, FL 32801, Tel. 407 648 5188, www.orlandohistoricinn.com

Gaylord Palms Resort & Convention Center Resort. Luxuriöse Nobelherberge, die insbesondere mit ihrem Relâche Spa & Salon in Floridas Spitzenklasse mitspielt. 6000 West Osceola Pkwy., Kissimmee, FL 34746, Tel. 407 586 0000, www.marriott.com

JW Marriott Orlando Grande Lakes. Gleich neben dem Ritz Carlton gelegen, ist das Hotel verwöhnten Reisenden eine komfortable Herberge. Shuttle-Service zu den Parks. 4040 Central Florida Pkwy., Orlando, FL 32837, Tel. 407 206 2300, www.marriott.com

AUSGEHEN

Minus 5° Ice Bar. Alles ist hier aus echtem Eis: Deko, Lampen, Mobiliar und Gläser. Für Gäste gibt's Leihmäntel und heiße Rhythmen. 9101 International Dr., Orlando, FL 32819, Tel. 407 704 6956, www.orlandoicebar.com

The Pub Orlando. Die riesige Holztheke stammt aus *good old England*, die über 20 Biersorten können selbst gezapft werden. 9101 International Dr., Orlando, FL 32819, Tel. 407 352 2305, www.experiencethepub.com

Feine Grillspezialitäten werden im Steakhouse Bull and Bear in Orlando aufgetischt.

40 Walt Disney World
Jede Menge Mäuse

Walt Disney World Resort ist für Besucher ein Muss. Ob mit oder ohne Kinder – man muss es einfach gesehen haben. Vier Vergnügungsparks – Magic Kingdom, Epcot Center, Disney's Hollywood Studios und Disney's Animal Kingdom – dazu mehrere Wasserparks. Golfplätze, Hotelanlagen, Restaurants, Cafés und ein Nachtklub- und Vergnügungsviertel: eine gigantische Welt der Heiterkeit und des Nervenkitzels.

Schon in den ersten zwölf Monaten nach der Eröffnung im Oktober 1971 durchschritten zehn Millionen Besucher die Tore zum 122 Quadratkilometer großen Disney-Fantasiereich. Heute kommen 52 Millionen Menschen pro Jahr – Weltrekord für ein Vacation Resort.

Magic Kingdom Park

Für Kinder und Kindgebliebene: Selbst große Skeptiker erleben hier, wie es den Disney-Machern gelingt, die Besucher in eine heile, märchenhafte Welt zu ziehen – und lassen sich bald tragen vom Diktat ewiger Heiterkeit und Freude. Das Beglückungsprogramm in diesem typischsten aller Disney-Themenparks findet in sechs »magischen Ländern« statt: Main Street, U.S.A., Fantasyland (mit dem Storybook Circus und dem Enchanted Forest), Adventureland, Frontierland, Tomorrowland und Liberty Square.

Mitte: Mickey und Minnie, wohin das Auge blickt
Unten: Die Main Street im Magic Kingdom der Disney World Orlando

Also los: Auf der Main Street, U.S.A., wird die Architektur eines kleinen Städtchens im Mittleren Westen nachempfunden. Schon am Morgen weht

Walt Disney World

hier der Geruch von frischem Popcorn durch die makellos saubere Straße. Diese führt – am berühmten Cinderella Castle vorbei – schnurstracks in eine Wunderwelt. Für das märchenhafte Fantasyland standen Bauten des mittelalterlichen Frankreichs sowie das bayerische Königsschloss Neuschwanstein Pate. Hier trifft man Peter Pan, Alice im Wunderland, Winnie the Pooh, Mickey Mouse und Donald Duck. Die Karussells sind vor allem auf die kleinen Besucher zugeschnitten, so *The Barnstormer*-Familienbahn oder *Dumbo, the Flying Elephant*. Kleine Prinzessinnen treffen ihre großen Vorbilder in der *Princess Fairytale Hall*. Niedlich!

Etwas weiter warten im Adventureland Abenteuer rund um die Welt. Hier lauern Fahrgeschäfte wie *Pirates of the Caribbean* oder *Jungle Cruise*. Im Frontierland kann man den Wilden Westen erleben. Hauptattraktionen: die *Big Thunder Mountain Railroad*, die Baumstamm-Wasserrutsche *Splash Mountain* und die *Country Bear Jamboree*.

Ab in die Zukunft führt das Tomorrowland. Oder zumindest in Fahrgeschäfte wie *Space Mountain* oder das witzige *Buzz Lightyear's Space Ranger Spin*. Im *Carousel of Progress* wird die Geschichte einer amerikanischen Familie im Laufe der Jahrzehnte gezeigt – und dabei das Hohelied auf den Siegeszug der Elektrizität in die Haushalte gesungen. Hier ist der ungebrochene Fortschrittsglaube des Nachkriegsamerikas spürbar.

Liberty Square repräsentiert einen kleinen Ort aus der Zeit der amerikanischen Revolution. Attraktionen sind hier das *Liberty-Square* Riverboat, das über die Gewässer »raddampfert«, die *Haunted Mansion* und die *Hall of Presidents*. Letztere ist in der Tat durchaus eindrucksvoll – gerade auch für

Nicht verpassen

PRÄSIDIALES STELLDICHEIN

Zu Gast bei den ganz Großen: Schon im Foyer der Hall of Presidents am Liberty Square im Magic Kingdom beeindrucken prächtige Gemälde den Besucher. Nachdem er dann im prunkvollen Theater Platz genommen hat, sieht er zuerst einen Film über Geschichte, Präsidenten und Verfassung. Danach hebt sich die Leinwand vorn, und der Blick landet auf einer Bühne, auf der sämtliche 45 Präsidenten der Vereinigten Staaten als audio-animatronische Figuren zu sehen sind. In chronologischer Reihenfolge werden die »mächtigsten Männer der Welt« vorgestellt und nicken dem Publikum zu, erheben sich oder winken – sehr lebensecht! Abraham Lincoln rezitiert aus seinen Reden, und George Washington blickt zurück in die Geschichte. Jeder Chef-Wechsel im Weißen Haus bedeutet auch Arbeit für Disneys Techniker und Künstler, denn dann muss die Show aktualisiert und um den neuen Präsidenten ergänzt werden.

Spaß mit Mickey Mouse haben diese kleinen Besucher.

Eltern, die eine Pause brauchen und sich auf-
atmend in einen der 700 bequemen Theatersessel
fallen lassen.

Nicht verpassen darf man natürlich die tägliche
Parade *Share a Dream Come True*, die um 15 Uhr
vom Frontier Land zur Main Street führt, sowie die
neue Pyrotechnik-Lightshow *Happily Ever After*
über dem Cinderella Castle, das den Tag in dieser
heilen Zuckerwatte-Wohlfühl-Welt beschließt.

Disney's Hollywood Studios

In den Disney's Hollywood Studios (bis 2008
Disney MGM Studios) kann man – mit etwas
Glück – bei Dreharbeiten zusehen und mit Stars
und Sternchen aus Hollywood auf Tuchfühlung
gehen. In jedem Fall werden Filmtechniken erläutert; der Themenpark umfasst ein komplettes
Film- und Fernsehstudio. Sehenswert sind die
Frozen-Shows und Aktionen rund um *Star Wars*.
Fünfmal täglich stehen *Beauty and the Beast* live
auf der Bühne; *Indiana Jones* begeistert in seiner
Show mit spektakulären Stunts. Abends verzaubert die Liveshow *Fantasmic* mit Licht-, Feuer-
werk- und Lasereffekten.

Oben: Futuristisches Outfit –
das illuminierte Epcot Center
Unten: Donald Duck, die berühmteste Ente der Welt, stellt sich
gern für einen Schnappschuss
in Positur.

Epcot Center

Der 1982 eröffnete Park teilt sich in die Themenbereiche Future World und World Showcase auf und beschäftigt sich mit dem technologischen Fortschritt und den verschiedenen Kulturen der Welt. Hauptattraktionen der Future World sind das schon von Weitem als riesige Kugel erkennbare *Spaceship Earth*, *Test Track*, eine Autoteststrecke, bei der Besucher die Rolle eines Crashtest-Dummys einnehmen, und *Mission: SPACE*, eine höchst realistische Marsmission. Das beliebteste Fahrgeschäft ist jedoch *Soarin'*, bei dem Flugszenen auf eine IMAX-Dome-Leinwand projiziert werden. Wartezeiten bis zu einer Stunde sind hier keine Seltenheit.

Weiter geht es in den World Showcase, in dem sich elf Staaten der Erde vorstellen. In Norwegen fährt der Besucher durch die Sagenwelt des Landes. Frankreich, Kanada und China werben in Filmen für ihre Schönheiten. Ach ja, und dass Deutschland sich hier als lederbehostes Hofbräuhaus in Fachwerkromantik samt Bratwurst und Sauerkraut präsentiert – das ist so schaurig-kitschig, dass es schon fast wieder Kult ist.

Jeden Abend um 21 Uhr findet auf der World Showcase Lagoon, einem großen, künstlich angelegten See, die Licht- und Feuerwerkshow *IllumiNations: Reflections of Earth* statt.

Animal Kingdom

Mit 250 Hektar ist das 1998 eröffnete Disney's Animal Kingdom der größte Bereich des Disney-World-Komplexes, aufgeteilt in die Themen Africa, Asia, DinoLand U.S.A., Rafiki's Planet Watch, Oasis und Discovery Island. Eine der Hauptattraktionen: die *Kilimanjaro Safari* mit

Nicht verpassen

FEEL THE POWER OF THE FORCE!

Eines ist sicher: Egal wie es wird, es wird »außerirdisch« gut. So das Versprechen der Planer. 2012 erwarb die Walt Disney Company für mehrere Milliarden Dollar die Rechte an allen *Star Wars*-Filmen und ihrer Vermarktung. Und so entsteht nun, zeitgleich im kalifornischen Disneyland und in Disney's Hollywood Studios in Florida, jeweils ein gigantisches *Star Wars*-Land, das Fans und Gäste in noch »nie dagewesene« Welten entführt. Auf einer Fläche von mehr als fünf Hektar und mit Attraktionen, die vom Treffen mit Han Solo, Prinzessin Leia, Darth Vader & Co. bis zu wilden Ritten durch die Galaxien reicht. Was bisher auf der Leinwand blieb, soll nun alle Sinne ansprechen, genaue Details wollen die Macher aber vorab nicht verraten. Die Jedi-Ritter und ihre Freunde müssen Geduld aufbringen: Eröffnungstermin ist im Sommer 2019.

echten Nilpferden, Löwen und Giraffen in einer nachgebauten Savanne. Die *Expedition Everest* im asiatischen Teil ist eine atemberaubende Achterbahn inmitten einer 60 Meter hohen Nachbildung des Himalaja-Gebirges – Yeti inklusive. Wahrzeichen des Animal Kingdom: ein überdimensionaler, künstlicher Baum, der *Tree of Life*, in dem sich Hunderte von Tierskulpturen verbergen.

Neu eröffnete Attraktion: *The World of Avatar* mit schwimmenden Bergen, leuchtenden Pflanzen im Regenwald und Flügen durch die Welt von Pandora.

Die Disney-Wasserparks

Im Disney Blizzard Beach Water Park stehen einige der höchsten Hochgeschwindigkeitsrutschen der Welt in einer originell gestalteten Winterlandschaft. Der Wasserpark verfügt über rasante Rutschen sowie »eisige« Bobbahnen, die in Wirklichkeit angenehm warm sind. Der Disney's Typhoon Lagoon Water Park begeistert mit Stromschnellen, neun Wasserrutschen und künstlicher Brandung im größten Wellenbecken der USA.

Disney Springs, das Stadtzentrum, beherbergt zahllose Geschäfte, Restaurants und Entertainment und ist in die Bereiche Marketplace, Town Center, The Landing und West Side unterteilt. In Letzterem fasziniert eine ständige Show des weltberühmten Cirque du Soleil.

Oben: Willkommen in Disney's Hollywood Studios in Orlando, einem der meist besuchten Freizeitparks der Welt
Unten: Cinderella Castle im Magic Kingdom

Infos und Adressen

SEHENSWÜRDIGKEITEN

Walt Disney World Resort. Öffnungszeiten variieren, siehe Website, Lake Buena Vista, FL 32830, Tel. 407 939 52 77, www.disneyworld.disney.go.com

ESSEN UND TRINKEN

California Grill. Schmackhafte Küche der Westküste mit Schwerpunkt Sushi. 4660 World Dr., Lake Buena Vista, FL 32830, Tel. 407 939 3463, www.disneyworld.disney.go.com

Jiko – The Cooking Place. Mischung aus afrikanischer und indischer Küche im Animal Kingdom. 2901 Osceola Pkwy., Lake Buena Vista, FL 32830, Tel. 407 938 4733, www.disneyworld.disney.go.com

Monsieur Paul. Der noble Gourmet-Spot im Epcot-Themenpark bietet französische Cuisine. 200 Epcot Center Dr., Orlando, FL 32830, Tel. 407 939 5277, www.disneywold.disney.go.com

Victoria and Albert's. Das Flair erinnert an eine Ära, als ein Diner noch ein elegantes Ritual war. 4401 Floridian Way, Orlando, FL 32830, Tel. 407 939 3862, www.victoria-alberts.com

ÜBERNACHTEN

Disney's Animal Kingdom Lodge. Vom Hotelbalkon hat man Ausblick auf drei »Savannen«. 2901 Osceola Pkwy., Orlando, FL 32821, Tel. 407 938 3000, www.disneyworld.disney.go.com/resorts/animal-kingdom-lodge

Disney's Grand Floridian Resort & Spa. Prunk und Plüsch im viktorianischen Stil. 4401 Floridian Way, Lake Buena Vista, FL 32830, Tel. 407 824 3000, www.disneyworld.disney.go.com/resorts/grand-floridian-resort-and-spa

Disney's Pop Century Resort. Der 5760 Zimmer große Hotelkomplex thematisiert die Popgeschichte des 20. Jhs. 1050 Century Dr., Lake Buena Vista, FL 32830, Tel. 407 938 4000, www.disneyworld.disney.go.com/resorts/pop-century-resort

In der Nähe der Themenparks in Orlando warten »märchenhafte« Hotels auf ihre Gäste.

41 Universal Orlando Resort und Volcano Bay
Zwischen Weltrettern, Dinos und Butterbier

Staunen, Herzklopfen, Gänsehaut: Hollywood–Produktionen und Motive aus der Popkultur standen in den beiden Themenparks des Universal Orlando Resorts Pate: Universal Studios Florida entführt in die spannende Welt des Kinos, Universal's Islands of Adventure bietet vor allem aufregende »rides«. Dazwischen befindet sich der Universal CityWalk, ein riesiger Restaurant-, Shopping- und Unterhaltungskomplex.

Gemeinsam mit Harry Potter über Hogwarts schweben, sich mit Spider-Man durch Häuserschluchten schwingen, sich bei Fahrgeschäften wie *The Simpsons Ride*, *Hollywood Rip Ride Rockit* und *Despicable Me: Minion Mayhem* ins Vergnügen stürzen oder gar Optimus Prime in der Mega-Attraktion *Transformers: The Ride–3D* bei seinem Kampf für die Rettung der Menschheit unterstützen? Im Universal Orlando Resort sind der Vergnügungssucht kaum Grenzen gesetzt. Fantasievoller durchgeschüttelt als hier wird man jedenfalls kaum anderswo auf der Welt.

Die Studios wurden 1990 eröffnet, die Islands of Adventure folgten neun Jahre später. Ersteres ist ein Filmstudio, in dem immer noch gedreht und produziert wird. Im Bereich Production Central hingegen trifft Hollywood auf Orlando. Und die Besucher können hier – ein wenig Glück und richtiges Timing vorausgesetzt – einer echten Filmcrew in die Arme laufen. Spannend!

Mitte: Weltbekannt – Universal's Islands of Adventure
Unten: Eingang zum *Krustyland* in den Universal Studios

Universal Orlando Resort

Universal Studios

Die tatsächlich für Film- und Fernseh-
produktionen genutzten Universal
Studios sind ein abwechslungsreicher Themenpark, in dem Filme und ihre Superhelden
lebendig werden. Hier erlebt man Leinwand-
geschichten hautnah – bei aufregenden und
berauschend schnellen Achterbahnfahrten und
Unterhaltungsshows. Die Fahrt *Revenge of the
Mummy – The Ride* etwa ist ein unheimliches
Abenteuer in einer der schnellsten Indoor-Achter-
bahnen der Welt. Jüngste Mega-Attraktion ist
Skull Island: Reign of Kong, die ihre Besucher
auf eine Expedition zur Heimatinsel des berühmten Riesenaffen mitnimmt. Hier treffen sie im
Dschungel auf gigantische Insekten, mysteriöse
Ureinwohner, einen drei Stockwerke großen,
furchterregenden King Kong – alles höchst eindrucksvoll dank innovativer 3D-Effekte und auf-
wendiger Animatronik.

Aber in den Universal Studios gibt es nicht nur
Fahrten. Die Attraktion Fear Factor Live mit
Publikumsmitwirkung etwa nennt sich selbst die
»extremste Show aller Zeiten«. Man kann sich frei-
willig melden, um selbst verrückte Stunts aus der
beliebten Fernsehshow zu proben. Nicht verpassen
sollte man *Shrek 4-D*, einen 3D-Film mit sensori-
schen Spezialeffekten und *Terminator 2: 3D* mit
Live-Stunts. Voller Magie hingegen: die Beratung
in Ollivander's Zauberstab-Laden.

Amerikas beliebteste Fernsehfamilie kann man
im Fahrsimulator *The Simpsons Ride* erleben
und anschließend den Simpsons-Themenbereich
Springfield erkunden. Natürlich begrüßen einen
überall im Park bekannte Figuren, und die kleinen
Gäste locken Spielbereiche wie Curious George
Goes to Town und Fievel's Playland, eine Kletter-
und Rutschenwelt aus der Mäuseperspektive.

Nicht verpassen

VOLCANO BAY

Nach 39 nassen und
wilden Jahren war es
am Silvestertag 2016
vorbei: Wet'n Wild Orlando,
einer der beliebtesten Wasserparks der USA schloss seine Pforten. Doch mit Volcano Bay gibt
es seit Mai 2017 auf 21 Hektar
großartigen Ersatz. Inspiriert von
polynesischen Inseln ragt hier, inmitten der Bereiche Wave Village,
River Village und Rainforest
Village, der Krakatau, ein 61 Meter
hoher künstlicher Vulkan, in den
Himmel. In seinem Umland warten
Freifall- und Rafting-Rutschen,
Strömungskanäle, Wasserfälle,
Wellenbecken und Pools auf Besucher. Und eine Rutsche führt sogar
durch den Berg, dessen Lava
nachts rot aufglüht.

231

TOTAL BLAUE JUNGS

Nicht verpassen

Die weltberühmte Show mit den lustigen blauen Männern ist ein perfekter Abschluss für einen Tag in den Universal-Parks. Die Blue Man Group bietet mit ihrer einzigartigen und fesselnden Mischung aus energiegeladener Musik, Comedy und Interaktion mit dem Publikum beste Unterhaltung. In der aktuellen Show entdecken die Herren mit ihrem speziellen Humor die Besessenheit der Welt von allerneuesten Technologien – und bieten ein rasantes Finale mit original Blue-Man-Group-Musik, bei der es die Gäste nicht auf den Sitzen hält. Sicher, man kann die Herrschaften auch in Las Vegas, New York oder Berlin erleben. Aber im Sharp Aquos Theater des Universal Orlando Resorts hat man das Gefühl, dass die blauen Jungs daheim sind. Früh buchen, da die Preise an der Abendkasse teurer sind!

Tickets unter Tel. 407 258 3626 oder www.universalorlando.com

Weitere sehenswerte Attraktionen sind die Achterbahn *Hollywood Rip, Ride, Rockit*, die Show *Universal's Cinematic Spectacular: 100 Years of Movie Memories* und natürlich die beliebte allabendliche *Superstar Parade*, auf der sich von Spongebob bis Dora & Diego der gesamte populäre Hochadel des Universal-Unterhaltungsimperiums präsentiert.

Universal Islands of Adventure

Gleich neben den Universal Studios befindet sich der Schwesternthemenpark Islands of Adventure. Dieser ist in sieben »Inseln« unterteilt, auf denen, wie der Name schon verspricht, Fahrten für Abenteuerlustige stattfinden. Nach dem Eingangsbereich Port of Entry folgen im Urzeigersinn Marvel Super Hero Island, Toon Lagoon, Jurassic Park, The Wizarding World of Harry Potter, The Lost Continent und schließlich Seuss Landing. Die meisten Fahrten hier fallen in die Kategorie Nervenkitzel – mit wahnsinnigen Geschwindigkeiten, schwindelerregenden Höhen, Kurven, Wendungen und spritzendem Wasser. Hauptattraktion auf Marvel Super Hero Island ist die Simulation *The Amazing Adventures of Spider-Man*, in der eine nächtliche Abenteuerfahrt durch New York nachgestellt wird. Gleich nebenan schüttelt die Furcht einflößende Achterbahn *Incredible Hulk Coaster* ihre Besucher kräftig durch. Und im *Dr. Doom's Fearfall* kann man die Freuden eines freien Falls erleben.

In Toon Lagoon gibt es zwei »nasse« Fahrten – eine Kanal- und eine Wildwasserstromschnellenfahrt. Anders als auf Marvel Super Hero Island wurden hier kinderfreundlichere Themen und Cartoons gewählt, zum Beispiel der starke Popeye. Der stets Spinat futternde Seemann schmückt den *Rapid River Popeye and Bluto's Bilge-Rat*

Barges, der neben der Wildwasserbahn *Dudley Do-Right's Ripsaw Falls* zu den Hauptattraktionen zählt.

Im Jurassic Park kann man an der Floßfahrt *River Adventure* teilnehmen, bei der man beim Trip durch dichtes Urwaldgrün großen Raubvögeln sowie Tyrannosaurus Rex und seinen Artgenossen schon fast ein wenig zu nahe kommt. Eine weitere Achterbahn des Parks sind die sanft gleitenden *Pteranodon Flyers*, die allerdings nur für Kinder und deren (erwachsene) Begleitpersonen zugelassen sind.

Gleich nebenan in der Wizarding World of Harry Potter können Fans die wohlbekannten Szenerien der Zauberwelt durchwandern, in den Andenkenläden von Hogsmeade Souvenirs kaufen und aufregende Fahrten mit *Flight of the Hippogriff*, *Dragon Challenge* und *Harry Potter and the Forbidden Journey* erleben. Im Three Broomsticks werden bekannte Köstlichkeiten wie Kürbissaft und Butterbier ausgeschenkt.

Im durch Mythen und Legenden inspirierten Lost Continent geht man mit Sindbad, dem Seefahrer, auf die *Eighth Voyages of Sinbad* und erlebt *Poseidon's Fury* in einer explosiven Show der Spezialeffekte. In *Seuss Landing* schließlich werden die beliebten Bücher des amerikanischen Kinderbuchautors Dr. Seuss Realität. Die sich drehende

Oben: Ab durch die Stromschnellen – Erfrischung garantiert!
Unten: Die faszinierende Welt der Comic-Superhelden zeigt Marvel Super Hero Island.

233

und schlingernde Fahrt *The Cat in The Hat* ist nicht nur für Fans der legendären Cartoonfigur ein tierischer Spaß.

Dieser Bereich ruft Mythen der Alten Welt in Erinnerung und wurde mit vielen künstlichen Felsen errichtet. Dabei ist das Restaurant Mythos besonders erwähnenswert, das sich in diese sagenhafte Steinwelt einfügt und schon oft als bestes Themenpark-Restaurant der Welt ausgezeichnet wurde. Hier findet der Gast Platz im Ambiente einer Grotte, einer Mischung aus künstlichen Felsen und Art-déco-Elementen.

CityWalk

Dieser riesige Shopping- und Unterhaltungskomplex zählt zu den besten Adressen Orlandos, wenn es ums Nachtleben geht. Hier befinden sich mehrere Restaurants, darunter Jimmy Buffett's Margaritaville, Emeril's Restaurant Orlando und das größte Hard Rock Café der Welt. Nicht nur für Fans des Tom-Hanks-Films *Forrest Gump* gibt es bei Bubba Gump Shrimp Co. Spezialitäten wie Shrimp New Orleans, Shrimper's Heaven und Shrimp Po' Boy. Die vielen Nachtklubs des CityWalks bieten für jeden Musikgeschmack etwas. So gibt es hier unter anderem einen Nachbau der berühmten Bar Pat O'Brian's in New Orleans und Bob Marley – A Tribute to Freedom, wo jeden Abend Live-Reggaemusik gespielt wird.

Oben: Orlandos Hard Rock Café ist das größte der Welt.
Unten: Und abends leuchten unzählige bunte Lichter.

Infos und Adressen

ESSEN UND TRINKEN

Bob Marley – A Tribute to Freedom. Fotos, Andenken und die jamaikanische Küche zollen dem »King of Reggae« Tribut. 6000 Universal Blvd., Orlando, FL 32819, Tel. 407 224 2262, www.universalorlando.com/Restaurants/CityWalk/Bob-Marley-Tribute-Freedom.aspx

Bubba Gump Shrimp Co. Auf der Karte dominieren Shrimps, Krabben und Krebse. 6000 Universal Blvd. Suite 735, Orlando, FL 32819, Tel. 407 903 0044, www.bubbagump.com

Emeril's Restaurant. Starkoch Emeril Lagasse glänzt hier mit Kreolischem. 6000 Universal Blvd., Suite 702, Orlando, FL 32819, Tel. 407 224 2424, www.emerilsrestaurants.com/emerils-orlando

Finnegan's Bar & Grill. Pub im traditionellen irisch-amerikanischen Stil. Sehr lecker: das Guinness Beef Stew. 1000 Universal Blvd., Orlando, FL 32819, Tel. 407 363 8757, www.universalorlando.com

Jimmy Buffett's Margaritaville. »Floribbean Cuisine« – und Margaritas! 6000 Universal Studios Plaza, Suite 704, Orlando, FL 32819, Tel. 407 224 2155, www.margaritavilleorlando.com

Fangfrisch: Shrimps bei Bubba Gump Shrimp Co.

ÜBERNACHTEN

Hard Rock Hotel. Energiegeladenes Resort mit Rock-'n'-Roll-Flair. 5800 Universal Blvd., Orlando, FL 32819, Tel. 407 503 2000, www.hardrockhotelorlando.com

Loews Portofino Bay Hotel. Hier werden Charme und Romantik des italienischen Küstenorts Portofino eingefangen. 5601 Universal Blvd., Orlando, FL 32819, Tel. 407 503 1000, www.loewshotels.com/Portofino-Bay-Hotel

Loews Royal Pacific Resort. Der Pool ist wie eine Lagune gestaltet. 6300 Hollywood Way, Orlando, FL 32819, Tel. 407 503 3000, www.loewshotels.com/royal-pacific-resort

Marmorglanz im Hard Rock Hotel

42 SeaWorld, Discovery Cove, Aquatica
Ganz nah am Wasser gebaut ...

Drei Parks, dreimal das Thema »Wasser«. In Orlando bietet das Unternehmen SeaWorld Parks & Entertainment drei Attraktionen rund ums kühle Nass: den Meeres- und Abenteuerpark SeaWorld, die Discovery Cove, wo das Schwimmen mit Delfinen und das Schnorcheln mit Rochen zu den Höhepunkten zählt, sowie den Wasser- und Rutschenpark Aquatica, der für jedes Temperament die richtige Fallhöhe bereithält.

SeaWorld ist sozusagen der große Bruder des Wasser-Trios. Seit 1973 ganzjährig geöffnet, lockt er seine Besucher mit dem Slogan »The Journey begins ...«. Der kleinere Bruder Discovery Cove, der wie eine tropische Insel anmutet, öffnete im Sommer 2000 als Badeparadies seine Pforten, und die quirlige Schwester Aquatica lässt seit 2008 ihre Besucher die steilsten Wasserrutschen hinun-

Mitte: Publikumslieblinge in SeaWorld: Orca Shamu ...
Unten: ... und seine freundlichen Nachbarn, die Großen Tümmler

GUT ZU WISSEN

EIN ENDE DER ORCA-SHOWS
Jahrelang wurde SeaWorld von Tierschützern vorgehalten, Delfine und Orcas als »Clowns« zu missbrauchen. Jetzt hat die Themenpark-Kette bekannt gegeben, keine Orcas mehr zu züchten oder in der Wildnis zu fangen. Die 29 noch in den Parks von Orlando und San Diego lebenden Tiere werden jedoch nicht ausgesetzt, da sie in Freiheit nicht überleben würden. Die Shows, so SeaWorld, sollen von einer Haltung, die das natürliche Verhalten der Tiere zeigt, abgelöst werden.

terbrausen. Komplettiert wird das muntere Dreierlei von mehreren Restaurants.

SeaWorld Orlando

Auf rund 80 Hektar warten hier rasante *rides*, Shows und jede Menge Tierbegegnungen auf große und kleine Abenteurer. Direkt am Haupteingang ist ein schöner tropischer Garten angelegt, hier kann man sich unter einem Leuchtturm mit Shamu, dem netten Orca-Maskottchen, fotografieren lassen.

Kurz danach geht's schon zu *Manta*, der ersten Achterbahn des Parks. Der Zug hat die Form eines Rochens und gleitet mit maximal 90 km/h über den ganzen Park. Wild wird es auch mit *Kraken* und *Journey to Atlantis*, in denen die Besucher kräftig durcheinandergewirbelt werden. Nach einer Atempause warten Killerwale, Seelöwen, Haie und andere Meeresbewohner auf staunende Betrachter.

Wer sich für die einheimischen Tiere der Florida Keys interessiert, sollte sich Key West at SeaWorld mit seinen Delfinen, Stachelrochen und Schildkröten anschauen. In der Manati-Station finden verwundete Seekühe vorübergehend ein neues Zuhause. Ziel ist es, diese Tiere später wieder an die Natur zu gewöhnen. Seelöwen und Seehunde können im Pacific Point Preserve beobachtet werden. Der Shark Encounter gewährt im weltweit größten Glastunnelsystem Zutritt in die Tiefen des Ozeans mit zahlreichen – oder besser zahnreichen – Raubfischen wie Haien, Barrakudas und Muränen. Possierlicher gibt sich Antarctica: Empire of the Penguin mit mehr als 200 Pinguinen und Papageientauchern.

Der Parkbereich Shamu's Happy Harbor ist für kleine Gäste angelegt und bietet einen Wasser-

Nicht verpassen

NICHTS FÜR SCHWACHE NERVEN

Krake hieß ein mythologisches Ungeheuer, das von Poseidon unter Wasser gefangen gehalten wurde. Heute trägt eine beeindruckende Stahlachterbahn in SeaWorld Orlando diesen Namen. In sieben variantenreichen Inversionen geht es in rasender Höllenfahrt über die Strecke. Die dicht aufeinanderfolgenden Loopings lassen keine Zeit zum Luftholen. Kaum hat man einige Sekunden gefühlter Schwerelosigkeit erlebt, wird man auch schon mit dem Mehrfachen des Körpergewichts in den Sitz gepresst, um im nächsten Moment nahezu kopfüber in die Tiefe zu stürzen. Noch extremer erlebt man diese Fahrt in der ersten Sitzreihe des Waggons, wenn nichts als die schmale Schiene noch etwas Halt suggeriert. Zur gelungenen Streckenführung gehört auch die Durchfahrung von dunklen Höhlen. Spaß und hohe Adrenalinausschüttung sind da garantiert – nicht nur in der ersten Reihe.

TRAINER FÜR EINEN TAG

Einen Tag lang mit Delfinen spielen und schwimmen sowie eine Fütterung der Meeressäuger vorbereiten und durchführen? In der Discovery Cove ist dies bei Trainer for a Day möglich. Das Programm enthält neben allen Attraktionen des normalen All-Inclusive-Angebots zusätzlich intensiven Umgang mit Delfinen und Trainern, Fütterungen im nicht-öffentlichen Bereich des Korallenriffs, Fütterung und Pflege exotischer Vögel in der Voliere sowie Spiel und Training mit Kleinsäugern. Um beim »Ein Tag als Trainer«-Programm mitmachen zu können und Flipper & Co. ganz nahe zu sein, wird eine gute körperliche Verfassung vorausgesetzt, und die Teilnehmer müssen mindestens sechs Jahre alt sein. Die Zahl ist zudem auf 24 Teilnehmer pro Tag begrenzt, also empfiehlt es sich unbedingt, im Voraus zu buchen. Ganz billig ist der Spaß mit den Delfinen allerdings nicht …

spielplatz, die Junior-Achterbahn *Shamu Express* sowie das Shamu-Stadion. The Waterfront ist von Flora und Fauna des Mittelmeeres inspiriert und zeigt ein kleines Dorf mit netten Geschäften und Restaurants. Hier kann man mit dem *Sky Tower* fast 100 Meter hoch über den Park schweben – Rundumblick inklusive. In Wild Arctic begegnet man Eisbären, kolossalen Walrossen und gigantischen Beluga-Walen aus der kalten Welt im arktischen Eis.

Besonders bekannt ist SeaWorld für seine Shows. Die berühmteste ist wohl *OneOcean*, in der Orcas dem Publikum mit ihren Dressurkunststücken den Atem rauben. Doch Vorsicht: Auf den unteren Rängen muss man vor allen Dingen wegen des starken Spritzwassers aufpassen, diese Plätze werden als *Soak Zone* gekennzeichnet. Harmlose Dusche? Nicht unbedingt, denn das Wasser kann durchaus streng nach Wal »duften«.

Ein lustiges Abenteuer mit Seelöwen, Ottern und Walrossen erwartet die Besucher bei Clyde and Seamore's Sea Lion High. Und ein besonders sehenswertes Erlebnis ist der Film *Turtle Trek*: In einem 3D/360-Grad-Kino erleben Besucher die Unterwasserwelt, und zwar aus der Perspektive einer Meeresschildkröte.

Parallel dazu sind Besucher eingeladen, an einem der vielen Sonderprogramme des Parks teilzunehmen – gegen Aufpreis allerdings. Während der Dolphins Up-Close Tour etwa kommt man Flipper und seinen Freunden ganz nahe. Wer sich in Gegenwart eines weißen Giganten wohler fühlt, der kann am zweistündigen Beluga Interaction Program teilnehmen. Im Rahmen der Marine Mammal Keeper Experience geht man den Pflegern zur Hand und füttert verschiedene Meeressäuger.

Neben dem Tagesprogramm bietet SeaWorld aber auch Konzertreihen, akrobatische Shows nach Art des Cirque du Soleil sowie ein Dinner-Theater mit wechselnden Vorstellungen.

Discovery Cove

Kein klassischer Wasserpark, sondern ein Natur-erlebnis mit einzigartigen Tierbegegnungen: In der Discovery Cove kann in The Grand Reef mit tropi-schen Fischen und sogar Haien – sicher hinter einer Glasscheibe – getaucht werden.

Auch Landtiere haben hier ihr Zuhause: In den Explorer's Aviaries findet man Vögel und die Mini-Rehe Muntjaks, die gefüttert werden dürfen. In der Freshwater Oasis trifft man auf Otter und verspielte Marmosetten-Äffchen.

Unbestrittenes Highlight ist sicher das Delfin-schwimmen. In kleinen Gruppen von fünf bis acht Personen moderiert ein erfahrener Tiertrainer das 30-minütige Rendezvous mit den Tümmlern. Bei aller Freude an diesem ganz besonderen und unvergesslichen Aufeinandertreffen steht die Sicherheit – für Mensch und Tier – ganz obenan. So gibt es nach dem Check-In nicht nur einen kur-zen Informationsfilm, sondern der Trainer erläutert auch Verhaltensregeln, die beim Schwimmen mit den intelligenten Meeressäugern zu beachten sind. (Anschließend müssen die Teilnehmer noch eine

Ob Schnorcheln, Tauchen oder Schwimmen mit Delfinen – in der Discovery Cove ist alles möglich. Nur 800 Besucher erhalten täglich Zutritt.

239

juristische Abtretungserklärung mit Haftungsausschluss unterschreiben – Amerikaner sind da lieber vorsichtig.) Dann geht's ins Wasser zu den eleganten Schwimmern, die erst einmal gestreichelt werden wollen – bis sie schließlich ihre zweibeinigen Besucher durch ihr Element ziehen. Ein einzigartiges Erlebnis. Mit einigen besonderen Sprüngen verabschiedet sich Flipper dann von der Menschengruppe.

Nicht nur beim Delfin-Schwimmen ist die Teilnehmerzahl begrenzt. Täglich können maximal 800 Gäste den Park besuchen. Daher sind Reservierungen erforderlich.

Aquatica

Rutschen, Planschbecken, Wellenbad und ein herrlicher Strand: Das ist der Wasserpark Aquatica mit spritzigen Bespaßungen für alle Temperamente. Interessant für große und kleine Wasserratten ist die *Dolphin Plunge*: In einer Acrylglas-Röhre geht es durch ein Becken, in dem sich Delfine tummeln. Turbulente Abenteuer versprechen *Roa's Rapids* und *Omaka Rocka* mit Halfpipes und fast senkrechten Abschnitten. Von der Fliehkraft die Wände hochgedrückt, vor und zurück geschüttelt, erleben Rutschfans ein Gefühl von Schwerelosigkeit. Nervenschonender geht es in der *Loggerhead Lane* zu, in der man beschaulich in einem Reifen durch die bunte Unterwasserwelt treibt und verschiedenen Fischarten begegnet.

Oben: Erst einmal streicheln
Mitte: Ob *Dolphin Plunge* oder …
Unten: … *Roas Rapids* – ein bisschen Mut gehört in Aquatica dazu.

Für Mutige: *Ihu's Breakaway Falls*. Die Wasserrutsche mit ihrem 13 Meter freien Fall ist die höchste und steilste Rutsch-Attraktion in ganz Orlando. Auf dem *Taumata Racer*, einer über 90 Meter langen Rennrutsche mit acht Bahnen, Tunnel und 360-Grad-Drehung, wird der Adrenalinspiegel abenteuerlustiger Gäste beschleunigt.

Infos und Adressen

SEHENSWÜRDIGKEITEN

Aquatica. Tgl. 9–18 Uhr, 5800 Water Play Way, Orlando, FL 32821, Tel. 407 545 5550, www.aquaticabyseaworld.com

Discovery Cove. Tgl. 9–18 Uhr, 6000 Discovery Cove Way, Orlando, FL 32821, Tel. 407 513 4600, www.discoverycove.com

SeaWorld Orlando. Tgl. 9–18 Uhr, 7007 SeaWorld Dr., Orlando, FL 32821, Tel. 407 545 5550, www.seaworldparks.com

»Hai life«: Sharks Underwater Grill

ESSEN UND TRINKEN

Banana Beach Buffet. Hier warten Burger, *french fries,* Hotdogs, Salat und Rib-Fleisch in BBQ-Sauce. 5800 Water Play Way, Orlando, FL 32821, Tel. 407 351 3600, www.aquatica byseaworld.com/en/orlando/dine-and-shop/dining/banana-beach

Dine With Shamu. Auf der Terrasse kann man sich typisch amerikanisch verwöhnen lassen mit *Slow Roasted and Smoked Chicken, Seasonal Pasta* und gigantischen Desserts. 7007 Sea Harbor Dr., Orlando, FL 32821, Tel. 407 351 3600, www.seaworldparks.com/en/seaworld-orlando/dine-and-shop/dining/dine-with-shamu

Discovery Cove. Im Eintrittspreis enthalten ist ein Frühstücksbuffet mit Müsli, Brötchen, Muffins, Früchten etc. Lunch beinhaltet Pasta, Salate und Hühnchen. 6000 Discovery Cove Way, Orlando, FL 32821, 407 513 4600 und 407 370 1280, www.discoverycove.com

Sharks Underwater Grill. Bestes Restaurant in SeaWorld Orlando, in einem riesigen Aquarium mit über 30 Haien. Hat man einen Fensterplatz, schwimmen die Fische direkt vorbei. 7007 Sea World Dr., Orlando, FL 32821, Tel. 407 545 5550, www.seaworld parks.com/en/seaworld-orlando/dine-and-shop/dining/sharks-underwater-grill

Discovery Cove: auf Tuchfühlung mit einem Mantarochen

DER NORDEN

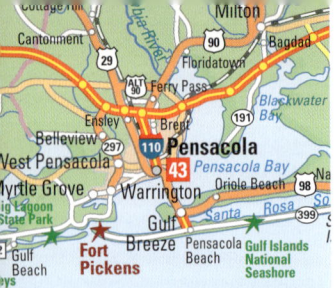

43 Pensacola und Pensacola Beach
Prächtige Villen im Schatten

Pensacola im äußersten Nordwesten atmet Geschichte. Bereits 1559 gründete hier Don Tristán de Luna y Arellano die erste von Europäern bewohnte Siedlung der heutigen Vereinigten Staaten. Nur zwei Jahre später fegte ein gewaltiger Hurrikan den Pionierort hinweg. Dann dauerte es 140 Jahre, bis die Gegend erneut von Spaniern besiedelt wurde. Heute bezaubert die Stadt mit ihrer pittoresken Südstaatenatmosphäre.

In Pensacola herrscht ein für die USA ungewöhnliches Geschichtsbewusstsein: Im Stadtzentrum führt die Universität West Florida ständig archäologische Ausgrabungen durch. Und mit viel Bürgerstolz wurden in den letzten Jahren die Häuser des Historic Pensacola Village sowie des Seville Square Historic District zwischen East Government Street und South Alcaniz Street restauriert. Große Eichen vor den prächtigen Häusern spenden Schatten, viele der Gebäude mit ihren Balkonen und schmiedeeisernen Gittern verströmen den Charme von »Old Dixie«.

Der North Hill Preservation District nördlich des Seville Square Historic District lädt zum Flanieren ein. Die prachtvollen Villen, zwischen 1870 und 1930 erbaut, liegen in üppig bepflanzten Parks unter alten, mit Spanischem Moos behängten Bäumen. Sehenswert sind auch der alte Friedhof St. Michael's Cemetery an der Garden/Alcaniz Street und das T. T. Wentworth Jr. Florida State Museum im ehemaligen Rathaus, das Ende des 19. Jahrhunderts im Renaissancestil erbaut wurde.

Vorangehende Doppelseite:
Mehr Nähe zum Wasser geht nicht: Restaurant in Cedar Key
Mitte: Impression am Pensacola Beach im Norden Floridas
Unten: Das T.T. Wentworth Jr. Florida State Museum bewahrt die Geschichte Pensacolas.

Kilometerlanger Sand

Richtung Süden sind die dem Festland vorgelagerten Inseln Santa Rosa Island und Perdido Key ein Paradies für Sonnenanbeter und Wassersportfans. Mit ihren über 64 Kilometer langen Stränden, über die Hälfte davon als Naturparks geschützt, bieten sie die traumhafte Kulisse für einen Sprung in die smaragdgrünen Fluten des Golfs von Mexiko.

Fährt man, von Pensacola kommend, im Süden über die Pensacola Bay Bridge und weiter über die Three Mile Toll Bridge, empfängt den Besucher Casino Beach, das Herz von Pensacola Beach. Der Lieblingsstrand der Einheimischen ist ideal zum Sonnetanken, Schwimmen und Schnorcheln. Der Pensacola Beach Fishing Pier ist ein guter Platz zum Angeln. Hotels, Shops, Bars, Cafés und Restaurants bilden den lebendigen Rahmen dieser Sommerfrische. East Park, am östlichen Ende von Pensacola Beach, ist weniger stark frequentiert und bietet neben den hölzernen Stegen zum Strand auch einen romantischen Naturpfad. In Quietwater Beach, am Santa Rosa Sound in unmittelbarer Nähe des Geschäftszentrums von Pensacola Beach, kann man sich beim Parasailing in die Lüfte tragen lassen und fantastische Ausblicke auf Meer und Bay genießen. Taucher finden an der USS Oriskany, einem versenkten Flugzeugträger und größten künstlichen Riff der Welt, ideale Bedingungen zur Erkundung der Unterwasserwelt.

Im dünn besiedelten Norden von Pensacola erstreckt sich bis zur Grenze nach Alabama ein von Kiefernwald bedecktes Hügelland. Hier befindet sich der Blackwater River State Forest, in dem das Tannin der Bäume das klare Wasser der Flüsse dunkelbraun färbt und ihnen eine geheimnisvolle Aura verleiht. Beliebtester Fluss zum Kanu- und Kajakfahren ist der Coldwater Creek.

Infos und Adressen

SEHENSWÜRDIGKEITEN
Blackwater River State Forest. Tgl. von 8 Uhr bis Sonnenuntergang, 7720 Deaton Bridge Rd., Holt, FL 32564, Tel. 850 983 5363, www.floridastateparks.org/blackwaterriver

Fort Barrancas. Patriotischer Salut an die Militärgeschichte Pensacolas. 3182 Taylor Rd., Pensacola, FL 32508, Tel. 850 455 5167, www.www.nps.gov

ESSEN UND TRINKEN
McGuire's Irish Pub. Bodenständige Küche, rustikales Ambiente. 600 East Gregory St., Pensacola, FL 32502, Tel. 850 433 6789, www.mcguiresirishpub.com

ÜBERNACHTEN
Crowne Plaza-Pensacola Grand Hotel. Kein architektonisches Kleinod, aber zentral gelegen. 200 East Gregory St., Pensacola, FL 32501, Tel. 850 433 3336, www.pensacolagrandhotel.com

New World Inn. Boutiquehotel mit 15 geschmackvollen Zimmern. 600 South Palafox St., Pensacola, FL 32502, Tel. 850 432 4111, www.newworldlanding.com

Rettungsschwimmer im Dienst

44 Von Fort Walton Beach bis Panama City Beach
Von schick bis ... naja

Von Rummel über Anglerglück und New Urbanism bis zur »Redneck Riviera« mit Ballermann-Feeling: Die Region von Fort Walton Beach bis Panama City bietet Sommerfrischlern die gesamte Palette möglicher Sommerfreuden. Mitunter sind es nur ein paar Kilometer von schick bis ... naja. Oder anders ausgedrückt: Hier kann jeder nach seiner Fasson selig werden. Und die Sonne strahlt stets auf alle.

Strandgeschäfte, Bars, Gokart-Bahnen, Vergnügungsparks, Wassersportangebote und Strandzugänge flankieren die Hauptstraße entlang dem Strand von Fort Walton Beach bis Okaloosa Island. Die Uferpromenade ist ein quirliges Zentrum mit Restaurants, Clubs, dem städtischen Angelpier, Strandvolleyball und dem klassischen Florida Gulfarium, das seit 1955 Familien mit springen-

GUT ZU WISSEN

ES MAL RICHTIG KRACHEN LASSEN ...!
Mancher mag es ja als authentisch empfinden, wenn jeden Sommer Hunderttausende vergnügungssüchtiger Touristen aus Alabama, Mississippi oder Georgia hier einfallen, um es mal »so richtig krachen zu lassen«. Oder im März Scharen von Studenten Stressabbau betreiben, indem sie sich volllaufen und die Hüllen fallen lassen. Wer will schon auf Dauer Ballermann-Ambiente? Insofern gilt für Floridas »Redneck Riviera«: anschauen ja – aber dann weiterziehen und ein ruhiges, beschauliches Fleckchen suchen.

Mitte: Eine Oase der Ruhe ist der Strand im Naturschutzgebiet Henderson Beach State Park.
Unten: Ein Pick-up am Rand eines Flohmarktes

Fort Walton Beach

den Delfinen und lustigen Robben unterhält.

Auf dem Festland, von der Insel durch die weite, bildschöne Choctawhatchee Bucht getrennt, liegt Fort Walton Beach, dessen Rang als eine der größten militärischen Städte rasch offensichtlich wird, vor allem im U.S. Air Force Armament Museum, in dem sich alles um Waffen und Kampfflugzeuge dreht. Die Stadtmitte umfasst ein paar Häuserblocks entlang der Bucht mit kleinen Läden, einem Park und dem Emerald Coast Science Center, einem naturwissenschaftlichen Museum zum Anfassen, das auch Kinder begeistert.

Die Brücke nach Destin überquert den Ostpass und durchzieht einen Teil des Gulf Island National Seashore, eine dramatisch wirkende Landschaft aus verwehtem, blendend weißem Sand, der Besucher aus dem Norden oft an Schnee erinnert. Destin verdankt seinen Namen als »erfolgversprechendstes Fischfangdorf der Welt« seiner Lage: Dank der tiefen Golf- und Küstengewässer, in denen es vor Fächerfischen, Barschen, Schwertfischen, Makrelen, Spindelfischen und Tarpons nur so wimmelt, gibt es hier eine große Flotte von Fischfang-Charterbooten, Angelwettbewerbe und eine herrliche Auswahl an Restaurants mit Meeresfrüchten auf der Speisekarte.

Einen Abstecher wert sind der Henderson Beach State Park und der James W. Lee Park am östlichen Ende der Stadt – weit abseits der Hauptstraße U. S. 98. Der weiche und schneeweiße Sand hier ist einmalig. Er besteht aus pulverisiertem Quarz, der auf seinem langen Weg von den Appalachian Mountains in North Carolina millionenfach gewaschen, gerüttelt, gerieben und letztlich hier abgelagert wird. Und beim Gehen unter den Füßen knirscht.

Geheimtipp

INDIAN TEMPLE MOUND MUSEUM

Die Geschichte der Indianer im Nordwesten Floridas ist eine tragische, denn viele Angehörige vom Stamm der Apalachee und der Timucua starben nach der Eroberung der Halbinsel durch die Spanier an eingeschleppten Krankheiten. Sklavenhändler lockten rund 12 000 Ureinwohner in die Gefangenschaft. Das Indian Temple Mound Museum beherbergt zahlreiche archäologische Funde von Indianern, die früher hier ansässig waren, und den Fort Walton Mound, einen fünf Meter hohen künstlichen Erdhügel aus dem 13. oder 14. Jahrhundert, der an der Oberseite eine abgeflachte Plattform besitzt und auf dem der Nachbau eines indianischen Kulthauses steht.

Indian Temple Mound Museum. Mo–Fr 12–16.30 Uhr, Sa 10–16.30 Uhr, 139 Miracle Strip Pkwy. SE, Fort Walton Beach, FL 32548, Tel. 850 833 9595, http://fwb.org/museums/indian-temple-mound-museum

Nostalgische Sommerfrische

Die kleine Küstenstadt Seaside, die zu Santa Rosa Beach gehört, wurde in der ersten Hälfte der 80er-Jahre von einem Immobilienspekulanten in der Wildnis angelegt und folgt dem Postulat eines New Urbanism. Als Ferienort am Meer in Auftrag gegeben, der viktorianische Badeorte zum Vorbild hatte, gilt der Ort bis heute als erfolgreichstes Beispiel einer neotraditionalistischen Stadtplanung. Cineasten kennen Seaside als Location des Films *Die Truman Show* (1998) mit Jim Carey. Errichtet wurde die Küstenstadt nach Entwürfen des US-Architektenduos Duany und Plater-Zyberk. Die Planer wollten den Bewohnern ein Stück jener Lebensqualität zurückgeben, die in durchschnittlichen US-Mittelklassevororten verloren gegangen ist. Statt Einkaufszentren mit bis zum Horizont reichenden Parkplätzen gibt es im fußgänger-freundlichen Seaside einen Dorfplatz mit Cafés und Läden, statt kilometerlanger Zufahrten kleine Straßen mit kompakten Einfamilienhäusern.

Ein völlig anderes Ambiente – um es vorsichtig auszudrücken – bietet das weiter östlich gelegene Panama City Beach: Zentrum der rund 30 Kilometer langen »Redneck Riviera« mit endlosen Reihen gesichtsloser Hotelkästen. Gegründet wurde der Ort 1902 mit dem Ziel, über ein Eisenbahnterminal mit Hafen die Region um Atlanta mit der karibischen Welt und dem Panamakanal zu verbinden. Der neue Name der Stadt am Golf war gefunden: Panama City. Heute fallen hier im Sommer unzählige Erholungssuchende aus Alabama, Mississippi und Georgia ein, die mit ihren Familien und schmalem Budget ihr Urlaubsglück finden wollen. Sollte die Devise da nicht schlicht »Weiträumig umfahren« lauten? Nicht unbedingt, denn außer Ballermann-Tourismus in seiner amerikanischen Variante hat der Landstrich durchaus malerische Seiten und bildschöne Sandstrände.

Oben: Sanderlinge aus der Familie der Strandläufer am Spülsaum des Meeres
Unten: Das fußgängerfreundliche Seaside ist bekannt aus dem Kinofilm *The Truman Show*.

Infos und Adressen

SEHENSWÜRDIGKEITEN

Ripley's Believe It or Not! Kuriositäten und Skurriles in einem markanten Gebäude, das wie ein sinkendes Schiff anmutet. So–Do 9–22 Uhr, Fr, Sa 9–23 Uhr, 9907 Front Beach Rd., Panama City Beach, FL 32407, Tel. 850 230 6113, www.ripleys.com/panamacitybeach

St. Andrew State Park. Naturschutzgebiet am Ostende des Panama City Beach. Spazierwege führen durch Dünen und Salzwassermarschen. Tgl. 8 Uhr bis Sonnenuntergang, 4607 State Park Lane, Panama City, FL 32408, Tel. 850 233 5140, www.floridastateparks.org/standrews

U.S. Air Force Armament Museum. Zeigt alle Waffensysteme der Luftwaffe, die vom Zweiten Weltkrieg bis zum Golfkrieg eingesetzt wurden. Mo–Sa 9.30–16.30 Uhr, 100 Museum Dr., Eglin AFB, Fort Walton Beach, FL 32542, Tel. 850 882 4062, www.afarmamentmuseum.com

ESSEN UND TRINKEN

Fish Out of Water Restaurant. Frischer Fisch und Muscheln in köstlichen Variationen. 34 Goldenrod Circle, Santa Rosa Beach, FL 32459, Tel. 850 534 5050, www.watercolorresort.com

Originell! Der Eingang in Panama City Beach ist einem Haifischmaul nachempfunden.

Great Southern Café. Internationale Küche mit Südstaaten-Akzenten. 83 Central Square, Santa Rosa Beach, FL 32459, Tel. 850 231 7327, www.thegreatsoutherncafe.com

ÜBERNACHTEN

Emerald Grande. Familienhotel mit Pool, Spa und tollem Blick auf den Hafen. 10 Harbor Blvd., Destin, FL 32541, Tel. 800 676 0091, www.emeraldgrande.com

WaterColor Inn and Resort. Prämiertes Haus mit modernen Zimmern und Cottages im Seaside-Look. 34 Goldenrod Circle, Santa Rosa Beach, FL 32459, Tel. 850 534 5000, www.watercolorresort.com

Motels – Parkplatz direkt vor dem Zimmer

45 Apalachicola und St. George Island
Vor allem Austern...

Die Forgotten Coast rund um das alte Hafenstädchen Apalachicola trägt ihren Namen nicht ganz zu Unrecht. Vergessen ist sie zwar nicht, aber Touristen finden nur selten den Weg an diesen Küstenabschnitt. Dabei ist hier ein Paradies für Liebhaber von Meeresfrüchten, vor allem Austern gibt es reichlich. Und St. George Island, die vorgelagerte Insel, verzaubert mit kilometerlangen, weißen Stränden.

Wer heute Apalachicola besucht, kann sich nur schwer vorstellen, dass das verträumte Fischerstädchen einst der drittwichtigste Hafen am Golf von Mexiko war. Damals bestimmten die Verschiffung von Baumwolle und das Schwammtauchen, vor allem von griechischen Einwanderern in der Tradition ihrer Heimat betrieben, das Leben im Hafen. Heute findet nahezu die komplette Austernproduktion Floridas in der Bucht von Apalachicola statt und ist Lebensgrundlage der Einheimischen. Geschützt durch die vorgelagerten Inseln St. Vincent und St. George sind die Zuchtbedingungen in der Bucht für Austern einfach ideal. In flachen Holzbooten und mit langstieligen Zangen ernten die Fischer die begehrte Delikatesse.

Historische Bauten

Wenn man die eindrucksvolle Brücke über den Apalachicola River von Osten her überquert, fühlt man sich in die Zeit vor dem amerikanischen Bürgerkrieg zurückversetzt. Historische Backsteinbauten entlang des Flussufers – Apalachicola rühmt sich, mehr Vor-Bürgerkriegs-Bauten zu besitzen

Mitte: Teich in den Dünen im St. George Island State Park
Unten: Auslaufendes Fischerboot im Sonnenaufgang bei Apalachicola

Apalachicola, St. George Island

als irgendeine andere Gemeinde Floridas. Mehr als 200 Wohnhäuser und kommerziell genutzte Gebäude, darunter Boutiquen, Galerien, Restaurants, B&Bs und Kirchen, sind im Nationalen Register für Historische Bauten eingetragen. Das 1912 erbaute Dixie Theatre gehört dazu und ist heute Gastgeber einer Sommerschauspieltruppe. Natürlich ist es hier ein Muss, Austern zu essen. Diese werden allerdings nicht wie in Europa üblich im Naturzustand serviert, sondern gebraten oder frittiert.

Föhren, Sand und wilder Rosmarin

Vom kleinen Nachbarort Eastpoint aus kann man über eine Brücke die abgelegene, 45 Kilometer lange Insel St. George mit ihren blendend weißen, von Dünen gekrönten Sandstränden erreichen. Der St. George Inn und ein paar Ferienwohnungen am Strand bieten den Besuchern Unterkunft. Der beste Ort, um einen Beach-Tag zu verbringen, ist St. George Island State Park mit seinem naturbelassenen Strand, umgeben von Weißkrabben, vom Salz verkrüppelten Föhren und wildem Rosmarin. Schwerfällig bewegen sich Karrett- und Seeschildkröten an Land, um dort jeden Sommer ihre Eier zu legen. Die von Salzsümpfen geprägte Bucht zwischen Insel und Festland ist die Heimat von Schlangen, Schildkröten und zahllosen Fischen.

Im nahen Port St. Joe ist die Buchten-Kammmuschel *(scallop)* die begehrteste Meeresfrucht, die im Sommer auch von Urlaubern geerntet wird. Charterboote bringen die Touristen hinaus zu den Fanggründen, aber auch zum Schnorcheln und Tauchen. Bei so viel Natur vergisst man schnell, dass man sich an einem durchaus historischen Ort befindet: In Port St. Joe fand Floridas erste verfassungsgebende Versammlung statt, ein kleines Museum gedenkt dieses Ereignisses.

Infos und Adressen

SEHENSWÜRDIGKEITEN
Apalachicola National Estuarine Research Reserve.
Ausstellungen zur heimischen Flora und Fauna mit Vogelgehege. 108 Island Dr., Eastpoint, FL 32328, Tel. 850 670 7700, www.apalachicolareserve.com

ESSEN UND TRINKEN
Boss Oyster Restaurant.
Austern in allen Variationen. 125 Water St., Apalachicola, FL 32320, Tel. 850 653 9364, www.bossoyster.com

The Owl Cafe. Frische Austern und Shrimps in historischem Interieur. 15 Ave. D, Apalachicola, FL 32320, Tel. 850 653 9888, www.owlcafeflorida.com

ÜBERNACHTEN
Coombs House Inn.
Gemütlicher Inn im Südstaatenstil. 80 6th St., Apalachicola, FL 32320, Tel. 850 653 9199, www.coombsinnandsuites.com

St. George Inn. Hübscher Inn, der mit seinem Antik-Mobiliar südliches Flair verströmt. 135 Franklin Blvd., St. George Island, FL 32328, Tel. 850 927 2903, www.stgeorgeinn.com

St. George Island State Park

VOM GLÜCK,
in Florida zu leben

Paradiesische Natur, Sonne und Wärme: Florida bürgt für Lebensqualität.

Das Glück ist also doch quantifizierbar! Ein amerikanisches Forschungsinstitut jedenfalls fand heraus, dass der Sunshine State der »happy
place« schlechthin sei – zumindest für jene, die nach ihrem Berufsleben
den Bürostuhl gegen eine Sonnenliege eintauschen können. Bei der
Wahl des besten Ruhesitzes in den Vereinigten Staaten setzte die Ana-
lyse dabei auf ganz nüchterne Parameter wie Lebenshaltungskosten, Ge-
sundheitswesen oder Steuerbelastung. Oder das kulturelle Angebot und
die Kosten von Pflegediensten.

Glücksforscher mögen darüber streiten, ob eine nicht länger an Produktivität gemessene Zeit auf dem Golfplatz oder am Strand der Schlüssel für ein zufriedenes Dasein ist. Laut Sokrates ist Glücklichsein eine Steigerungsform der Zufriedenheit. Zusammengesetzt aus vielen kleinen Highlights, die man ab und zu, oft auch erst im Nachhinein, empfindet.

Überwiegend heiter

Doch wer in Florida lebt, kennt diese Momente zuhauf. Augenblicke, in denen man die ganze Welt umarmen könnte. Liegt das an Sonne, Meer, blauem Himmel und/oder der Freundlichkeit der Menschen? Florida ist für viele Therapie, ein »Hin« zu mehr Lebensqualität, mehr Glück. Die Stimmung entspricht den Wetteraussichten: überwiegend heiter.

Die letzten 100 Jahre haben das Land mit seinen heute über 20 Millionen Einwohnern nicht nur zum drittbevölkerungsreichsten Bundesstaat gemacht, sondern auch zu einem der wohlhabendsten. In einer Pressemitteilung versuchte sich der amtierende Gouverneur jüngst an einer Glückserklärung: Mehr als eine Million neue Arbeitsplätze seien in den letzten fünf Jahren geschaffen, eine Milliarde Dollar an Steuersenkungen verabschiedet worden. Und die Kriminalitätsrate so niedrig wie seit 44 Jahren nicht mehr.

Natürlich hat der Boom auch Schattenseiten. Unter dem Druck der wachsenden Bevölkerung, des Touristenansturmes und der damit verbundenen Zersiedelung wurden etwa die Everglades im letzten Jahrhundert auf die Hälfte ihrer Fläche reduziert. Raubbau an der Natur. Auch die regelmäßige Algenplage an Floridas Stränden trägt nicht gerade zum Hochgefühl bei. Wer in Miami, Tampa oder sogar im ehemals beschaulichen Naples auf drei- bis vierspurigen Straßen zu Stoßzeiten im Stau steht, mag sich fragen, wie viel vom paradiesischen La Florida, der »Blühenden«, wie die Spanier vor 300 Jahren jubelten, übrig geblieben ist. Der berüchtigte *urban sprawl*, das Auswuchern der Vorstädte, hat viele Gemeinden nicht gerade schöner werden lassen.

Doch dann gibt es immer wieder jene Momente, in denen man als Floridianer Mitte Januar den Fernseher einschaltet – und plötzlich auf dem Bildschirm dick vermummte TV-Wetterfrösche in Chicago, Milwaukee oder anderswo die Schneefallhöhen der nächsten Tage vorhersagen. Dann setzt man sich mit seiner Piña Colada auf die Terrasse und betrachtet die Sonne, die sich gerade sanft auf die Kante des Horizonts setzt und ein magisches Farbenspiel aus Pink, Orange und Zinnoberrot an den Himmel zaubert. Und man denkt sich: Ja, so muss wohl doch das Glück aussehen!

46 Quincy und Havana
Reich mit brauner Brause

Spanisches Moos, blühende Azaleen und das Flair des alten amerikanischen Südens: Der kleine Ort Quincy nordwestlich von Tallahassee verströmt aus jeder Ritze seines Kopfsteinpflasters den verführerischen Zauber von »Old Dixie«. Viktorianische Villen zeugen vom einstigen Reichtum der Gemeinde. Und »Schuld« am märchenhaften Wohlstand hatten ein Provinzbanker und ein Brausehersteller aus Atlanta …

Beverly Hills? Palo Alto? Oder doch Palm Beach? Nein, noch bis vor Kurzem galt die verschlafene Gemeinde Quincy mit ihren 8000 Einwohnern als Ort mit dem höchsten Pro-Kopf-Vermögen in den USA. Und das kam so: Der Provinzbanker Mark W. Munroe unterhielt Anfang des vergangenen Jahrhunderts Geschäftskontakte zu einer Firma in Atlanta, die 1919 ihre Aktien an den Mann bringen wollte: die Coca-Cola Company.

Der Bankchef sorgte dafür, dass fast jeder Farmer aus Quincy ein paar Aktien jener Firma erwarb, die ein Produkt verkaufte, das damals noch als Heilmittel galt: Coca-Cola. Doch die braune Brause wurde zum Welterfolg – aus jedem 1919 gekauften 40-Dollar-Papier sind bis heute durch Splits 4608 Aktien im Wert von rund 6,7 Millionen Dollar geworden. Und das Farmernest Quincy konnte zwischenzeitlich mit mehreren Milliardären aufwarten. Übrig geblieben ist von dem Reichtum auf den ersten Blick nicht viel: ein paar Straßenzüge mit viktorianischen Villen, versteckt hinter riesigen Eichen, ein schmuckes Gerichtsgebäude, ein paar Coca-Cola-Wandmalereien in einer ansonsten typisch amerikanischen Kleinstadt. Die Milliarden

Mitte: Herrschaftliches Südstaaten-Haus mit alten, moosbehangenen Virginia-Eichen.
Unten: Der Reichtum kam mit der braunen Brause.

scheinen sich in alle Himmelsrichtungen verflüchtigt zu haben. Doch hinter mancher Fassade sitzen die Erben steinreicher Herrschaften, die aus Sparsamkeit und Stolz nie auch nur eine einzige Aktie verkauft haben.

Coca-Cola hat nicht nur die Bürger, sondern auch die Gemeinde wohlhabend gemacht. Quincy verfügt über rund 60 Kirchen, ein Musiktheater, eine Privatschule, das Veranstaltungshaus Quincy Garden Center und eine Kunstgalerie – allesamt Einrichtungen, die mit Spenden der Coke-Millionäre finanziert wurden. Rings um den grünen Town Square erinnern noch wenige kleine Läden an das kommerzielle Herzstück des Städtchens. Nicht verpassen sollte man das Gadsden Arts Center, das in einem ehemaligen Eisenwarengeschäft von 1910 untergebracht ist. Die Historie des Gebäudes wurde auf behutsame Weise ins Museum integriert – von den rollenden Holzleitern bis zum antiken Safe. Dazu gibt es Ausstellungen zeitgenössischer, meist lokaler Künstler und einen gut bestückten Souvenirladen.

Starker Tobak

Einen Katzensprung entfernt Richtung Osten erreicht man über idyllische Landstraßen den kleinen Ort Havana. Auch hier gibt es deutliche Anzeichen früheren Reichtums. Diesmal war es der Tabak, der in Gadsden County Millionäre machte. Auf den fruchtbaren Böden wurde hier der ausgesuchte Shade Tobacco angebaut, der zum Rollen von Zigarren verwendet wurde. Viele der ehemaligen Tabaklagerhallen aus Backstein beherbergen heute ganz andere Schätze: Havana gilt als *Antique Shopper's Paradise*. Egal ob Möbel, Geschirr, Bücher oder Schmuck – hier wird jeder fündig. Einige hübsche Cafés und Restaurants im Ortskern laden zum Verweilen und Schlemmen ein.

Infos und Adressen

ESSEN UND TRINKEN

The Whip Waterfront Pub n Grub. »Toller Blick, gutes Essen, mieser Service«, so der augenzwinkernde Werbespruch dieses rustikalen Restaurants. 3129 Cooks Landing Rd., Quincy, FL 32351, Tel. 850 875 2605, www.fishthewhip.com/pubgrub.html

ÜBERNACHTEN

Allison House Inn. Puppenstube im Herzen von Quincy. Besonders zu empfehlen: das englische Frühstück. 215 North Madison St., Quincy, FL 32351, Tel. 850 875 2511, www.allisonhouseinn.com

McFarlin House. Spanisches Moos, blühende Azaleen, Schaukelstühle auf der Veranda und das Flair des alten amerikanischen Südens: Gäste spüren hier schnell den verführerischen Zauber von »Old Dixie«. 305 East King St., Quincy, FL 32351, Tel. 850 875 2526, www.mcfarlinhouse.com

EINKAUFEN

Wanderings. Auf Möbel und Einrichtungsgegenstände aus aller Welt spezialisiert. 312 NW 1st St., Havana, FL 32333, Tel. 850 539 7711, www.thewanderings.com

Ein Kleinod: das Allison House Inn

47 Wakulla Springs State Park
Sprudel aus der Tiefe

Inmitten einer Waldlandschaft von Zypressen, Pinien und Laubbäumen liegt der Edward Ball Wakulla Springs State Park. Er beherbergt mit die größten Süßwasserquellen der Welt: die Wakulla Springs. 2,5 Millionen Liter Wasser sprudeln pro Minute aus dem alten Erosionstrichter und speisen den Wakulla River. An einem heißen Sommertag gibt es kaum etwas Erfrischenderes als ein Bad in dem glasklaren Wasser.

Auch Johnny Weissmüller alias Tarzan sprang hier schon mit seinem weltberühmten Jodler in die konstant 22 Grad kühlen Fluten. 1932 wurde im State Park der erste Lendenschurz-Film gedreht – Cineasten als *Tarzan, der Affenmensch* ein Begriff. Später folgten der Gruselstreifen *Der Schrecken vom Amazonas* (Original: *Creature from the Black Lagoon*) aus dem Jahr 1953 und *Airport '77 – Verschollen im Bermuda-Dreieck*.

Die Wakulla Springs gehören zu den größten und tiefsten Süßwasserquellen der Welt. Überall in Nord- und Mittelflorida sind derartige Quelltöpfe zu finden. Sickerwasser, das in den Boden eindringt, schuf im Laufe von Jahrtausenden ein weit verzweigtes unterirdisches Höhlensystem, in dem es sich sammelt, um dann an vielen Stellen wieder an die Oberfläche zu drücken. Im State Park bildet dieses Wasser auch den Ursprung des Wakulla Rivers, der sich südwärts durch ein mit Zypressen bewachsenes Sumpfgebiet schlängelt. Sein Weg ist nicht lang – bereits nach 18 Kilometern mündet er in den St. Mark's River. Doch diese kurze Strecke

Mitte: Im Wakulla River schwamm schon Tarzan im Lendenschurz.
Unten: Mit etwas Glück kann man ein Gürteltier in freier Wildbahn erleben.

Wakulla Springs State Park

reicht aus, um ihn mit seinem kristallklaren Wasser zu einem beliebten Revier für Kanu- und Kajakfahrer zu machen. Täglich werden im Wakulla Springs State Park geführte Touren im Glasbodenboot angeboten, die Einblicke in die unberührte Unterwasserfauna und -flora geben. Wie im Aquarium können Fischschwärme im glasklaren Fluss beobachtet werden, während sich gleichzeitig am Ufer Alligatoren und Schildkröten ein Sonnenbad gönnen. Sie scheinen sich an die Besucher gewöhnt zu haben. Im oberen Teil des Parks durchziehen Naturlehrpfade 3000 Hektar unberührtes Waldgebiet. Der Wakulla Springs State Park ist ein idealer Ort, um eine Vogelwelt mit mehr als 180 gefiederten Arten zu beobachten.

Mammut im Topf

Mutige Taucher dringen bis auf den Boden des mehr als 50 Meter tiefen Quelltopfes vor. Hier liegen die Knochen eines urzeitlichen Mastodons, eines amerikanischen Mammuts, das vermutlich im Quartär aus nördlicheren Regionen nach Florida kam – und dann ins Wasser plumpste. Für weniger Ambitionierte eignet sich ein kühlendes Bad in der Nähe der Quelle. An einem kleinen Strand inmitten üppiger subtropischer Vegetation sind Schwimmen und Planschen erlaubt: willkommene Erfrischung in einem der schönsten Naturfreibäder Floridas. Wer Glück hat, begegnet einem Manati – aber: bitte nicht anfassen! Gleich nebenan beginnt das Reich der Alligatoren und Schildkröten, die sich an die Anwesenheit der Badebesucher längst gewöhnt haben. Sie lassen sich von den Zuschauern bei ihrem täglichen Treiben jedenfalls kein bisschen aus der Ruhe bringen.

Für Nimmermüde, die keine Stufen scheuen: Einen tollen Blick über das Gelände bietet der Sprung- und Aussichtsturm am oberen Ende der Quelle.

Infos und Adressen

ESSEN UND TRINKEN
Wakulla Springs Lodge Ball Room Dining. In edlem Ambiente: Spezialitäten im *southern style.* Tgl. 7.30–14 Uhr, Dinner 17–21 Uhr, 550 Wakulla Park Dr., Wakulla Springs, FL 32327, Tel. 850 421 2000

ÜBERNACHTEN
Magnuson Hotel Wildwood Inn. Einfaches, aber zweckmäßig eingerichtetes Hotel mit eigenem 18-Loch-Golfplatz, 3896 Coastal Hwy., Crawfordville, FL 32327, Tel. 850 926 4455, www.innatwildwood.com

Wakulla Springs Lodge. Idyllisch direkt im Park und am Quelltopf gelegen, bietet dieses Hotel Übernachtungsmöglichkeiten im reizvollen Ambiente der 30er-Jahre. 550 Wakulla Park Dr., Wakulla Springs, FL 32327, Tel. 850 984 3966, www.wakullaspringslodge.com

INFORMATION
Edward Ball Wakulla Springs State Park. Tgl. 8 Uhr bis Sonnenuntergang, 465 Wakulla Park Dr., Wakulla Springs, FL 32327, Tel. 850 561 7276, www.floridastateparks.org/wakullasprings

Gediegene Gastlichkeit erwartet den Gast in der Wakulla Springs Lodge.

48 Tallahassee
Verträumtes Zentrum politischer Macht

Nur keine falsche Bescheidenheit! Die Einwohner von Tallahassee vergleichen ihre Stadt gerne mit Rom, das bekanntlich auch auf sieben Hügeln erbaut wurde. Provinzieller Hochmut? Tatsächlich verirren sich nur wenige Touristen in die 135 000-Seelen-Gemeinde – sie jedoch erleben eine wirklich charmante, gewachsene Stadt mit jeder Menge historischem Flair.

Hier schlägt das ruhigere Herz der Südstaaten, die Nähe zu Georgia ist in Tallahassee besonders in der Architektur und dem entspannten Lebensstil spürbar. Die Häuser mit ihren Holz- oder Metallbalkonen zeugen vom Wohlstand des frühen 19. Jahrhunderts. Und in der näheren Umgebung der Stadt findet sich noch eine Vielzahl von Plantagen, deren vergangene Pracht an *Vom Winde verweht* erinnert. Auch auf einer Fahrt entlang der berühmten Alleen (*canopy roads*) mit ihren üppigen Blätterdächern würde man sich nicht wundern, wenn plötzlich Rhett Butler und Scarlett O'Hara in der offenen Kutsche um die Ecke bögen. Hier sind die alten Eichen mit Epiphyten baldachinartig zugewachsen, hängen in dichten Schleiern tief herab und bilden eindrucksvolle Tunnel.

Aufstieg zur Hauptstadt

Bei allem beeindruckenden Lokalkolorit – wer weiß schon, dass die eher behäbige Metropole die Hauptstadt Floridas ist? Und warum eigentlich? Die Antwort erzählt von einem einzigen Hin und Her: Im Rahmen des Pariser Friedens von 1763 erhielt England die Herrschaft über Florida zuge-

Historie und Poesie: Das Knott House in Tallahassee, heute ein Museum, schrieb im Mai 1865 Geschichte.

Rundgang Tallahassee

Ⓐ Knott House Museum – Hier wurde am 20. Mai 1865 die Befreiung der Sklaven Floridas proklamiert. Später schrieb seine Bewohnerin Luella Knott, Frau des Politikers William Knott, Gedichte und befestigte sie mit Satinbändern im ganzen Haus, weshalb das Haus den Beinamen »The House that Rhymes« (»Das Haus, das dichtet«) erhielt. Führungen zu jeder vollen Stunde, Eintritt frei, Mi–Fr 13–15 Uhr, Sa 10–15 Uhr, 301 East Park Ave.

Ⓑ John G. Riley House and Museum – Die Sammlung und ihre Exponate sind der Freiheitsbewegung der farbigen Bevölkerung gewidmet. Mo–Fr 10–16 Uhr, Sa 10–14 Uhr, Eintritt frei (eine Spende wird erwartet), 419 East Jefferson St.

Ⓒ State Capitol – Von seiner Aussichtsgalerie gibt es einen Panoramablick – und man vermeidet den Anblick des architektonisch fragwürdigen Turmes.

Ⓓ Old Capitol – Hübscher als sein direkter Nachbar, beherbergt das repräsentative Gebäude mit seiner klassizistischen Kuppel heute das **Florida Historic Capitol Museum**.

Ⓔ Museum of Florida History – Einen Blick in die früheste und in die jüngste Geschichte Floridas bieten unzählige Exponate, Schriften und Schaukästen. 12 000 Jahre der geologischen und historischen Entwicklung werden hier beleuchtet. Unbestrittener Star des Museums ist das riesige Skelett eines Amerikanischen Mastodons, das in den 30er-Jahren im nahe gelegenen Wakulla Springs State Park ausgegraben wurde. Mo–Fr 9–16.30 Uhr, Sa 10–16.30 Uhr, So 12–16.30 Uhr, Eintritt frei, 500 South Bronough St., www.museumoffloridahistory.com

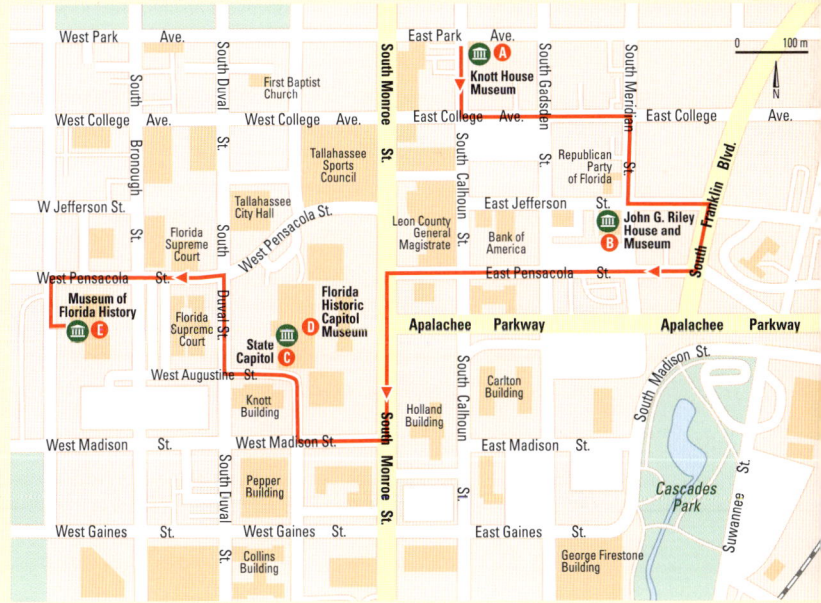

Geheimtipp

BAUSÜNDE MIT RUNDUMBLICK

So etwas darf man getrost Bausünde nennen: Der Turm des State Capitol, 1977 fertiggestellt, passt mit seiner klotzigen Gestalt nur sehr bedingt ins Kleinstadtgepräge Tallahassees. Vielen gilt er gar als »hässlichster Regierungssitz in den USA«. Immerhin: Von der Aussichtsgalerie im 22. Stock hat man einen herrlichen Blick. Viel charmanter wirkt das in direkter Nachbarschaft liegende Old Capitol mit seinen Marmorsäulen. Der Kuppelbau mit den rot-weiß gestreiften Markisen wurde 1845 erbaut und beherbergt das Florida Historic Capitol Museum mit Ausstellungen zur Geschichte Floridas.

Florida Historic Capitol Museum.
Mo–Sa 10–16.30 Uhr,
So 12–16.30 Uhr, Eintritt frei,
400 South Monroe St., Tallahassee,
FL 32399, Tel. 850 487 1902,
www.flhistoriccapitol.gov

State Capitol. Mo–Fr 8–17 Uhr,
400 South Monroe St., Tel.
850 488 6167, www.flsenate.gov

sprochen – und teilte die Halbinsel in einen Ost- und Westteil mit den jeweiligen Hauptstädten St. Augustine und Pensacola.

Schon bald erwies es sich nicht als praktisch, ständig für Verwaltungsaufgaben zwischen St. Augustine und Pensacola hin und her zu pendeln. So wurde nach einem zentralen Ort gesucht, und im Oktober 1823 fand man ihn in Tallahassee. Man traf sich – im wahrsten Sinne des Wortes – in der geografischen Mitte.

Wissen und Macht

Heute stehen neben der Politik und der öffentlichen Verwaltung als Hauptarbeitgeber vor allem Bildung und Erziehung im Mittelpunkt, denn hier ist der Standort zweier renommierter Universitäten; die Florida State University zählt 40 000 Studenten, während die Florida Agricultural & Mechanical University 15 000 Studenten ausbildet. Der kleinstädtische Charme und das gemütliche Treiben wird höchstens im Herbst etwas gestört, wenn die FSU-Football-Teams die Saison eröffnen und Zehntausende Fahnen schwingender Fans sämtliche Hotels und Restaurants Tallahassees bevölkern.

Unbedingt besuchen sollten Besucher den Apalachicola-Nationalpark im Westen der Stadt. Für Anhänger der Südstaaten-Romantik ist die Plantation Goodwood (1600 Miccosukee Rd.) mit ihren alten, moosbehangenen Eichen ein beliebtes Besuchsziel – und ideal für stimmungsvolle Fotos. Im Tallahassee Museum im Südwesten der Stadt (3945 Museum Rd.) kann man sich eine Vorstellung davon machen, wie das Landleben um 1880 in Florida aussah. Ausstellungsstücke aus über 100 Jahren Automobilgeschichte finden Fans im Tallahassee Automobile Museum (6800 Mahan Dr.).

Infos und Adressen

ESSEN UND TRINKEN

Andrew's 228 Grill & Bar. Im Herzen des Regierungsviertels gelegen, treffen sich hier die Macher des politischen Florida zum Lunch bei gehobener, italienisch angehauchter Küche. 228 South Adams St., Tallahassee, FL 32301, Tel. 850 222 3444, www.andrewsdowntown.com

Cypress Restaurant. Mit viel Liebe zeichnet das junge Ehepaar David und Elizabeth Gwynn für moderne, frische Gerichte verantwortlich, die ihre Südstaatenwurzeln nicht verleugnen. 320 East Tennessee St., Tallahassee, FL 32301, Tel. 850 513 1100, www.cypressrestaurant.com

Food Glorious Food. Mehrfach prämiert: Seit 28 Jahren überzeugen hier Ambiente, Service und eine Speisekarte mit Meeresfrüchten über Fleisch bis hin zu *heavenly desserts.* 1950 Thomasville Rd., Tallahassee, FL 32303, Tel. 850 224 9974, www.foodgloriousfood.com

ÜBERNACHTEN

Aloft Tallahassee Downtown. Gegenprogramm zum historischen Charme vieler Hotels: Das Haus wartet mit urbanem Chic und puristischem Design auf. 200 North Monroe

Ein lauschiger Ort: das Café Paisley an der Thomasville Road in Tallahassee

St., Tallahassee, FL 32301, Tel. 850 513 0313, www.alofttallahassee.com

Governors Inn. Nur einen Straßenzug vom Capitol entfernt: Das üppig ausgestattete, in einem ehemaligen historischen Lagerhaus untergebrachte Hotel ist ein idealer Standort zur Erkundung der Stadt. 209 South Adams St., Tallahassee, FL 32301, Tel. 850 681 6855, www.thegovinn.com

INFORMATION

Tallahassee Area Visitor Information Center. Mo–Fr 8–17 Uhr, Sa 9–13 Uhr, 106 East Jefferson St., Tallahassee, FL 32301, Tel. 850 606 2305, www.visittallahassee.com

Eine historische Schatzkammer: das Museum of Florida History in Tallahassee

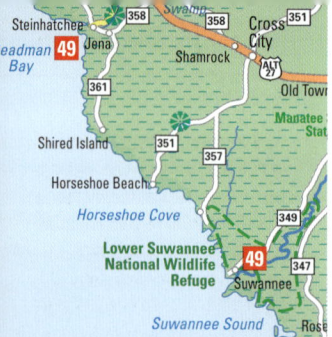

49 Cedar Key, Suwannee und Steinhatchee
Refugien zwischen Salz und Quellen

Die von Buchten gesäumte Küste von Cedar Key und Steinhatchee bildet einen einmaligen Lebensraum, der durch den Zusammenfluss von Süß- und Salzwasser geschaffen wird. Ein Landstrich voll rauer Natur und maritimem Reiz inmitten von Wind und Mangroven. Er ist einer von Floridas bestgeschützten Ökosystemen – und ein zu Unrecht oft übersehenes Stück »Old Florida«.

Big bend (»Große Biegung«) werden das Naturschutzgebiet Cedar Key National Wildlife Refuge und unzählige weitere kleine Nachbarinseln an der zerklüfteten Küste genannt. Vielen Fisch- und Vogelarten bietet die Inselgruppe Nahrung im Überfluss. Die Menschen hier mussten hingegen umdenken: Nachdem die örtliche Bleistiftindustrie die Zedernwälder dezimiert hatte, gewann der Fischfang notgedrungen an Bedeutung.

Der Ort Cedar Key befindet sich auf Way Key, der einzigen bewohnten Insel der Kette. Von hier aus kann man Angeltouren per Charterboot buchen. Oder auf eigene Faust mit dem Kajak Inseln besuchen, um Scharen von Vögeln zu beobachten: Das Eiland Seahorse Key etwa ist Brutplatz für Braune Pelikane, Silber- und Graureiher sowie Ibisse. Während der Nistzeit von März bis Juni ist der Zugang allerdings nicht gestattet. Das rustikale Cedar Key ist für seine Kunsthandwerksläden sowie seine Fischlokale entlang der Dock Street bekannt. Jährlich im Oktober feiert der Ort

Mitte: Ein bisschen flippig und leger: bemalter Wohnwagen …
Unten: … und der mögliche Künstler

das *Seafood Festival* und im April das *Cedar Key Sidewalk Arts Festival*.

Unbekannter Fluss

Auf der Fahrt von Cedar Key nach Norden erreicht man die Mündung des Flusses, den der Komponist Stephen Foster (1826–1864) mit seinem berühmten Song *Way down upon the Suwannee River* beschrieb. Das Lied gilt als inoffizielle Hymne des Bundesstaates. Ironie am Rande: Foster hat in seinem Leben das besungene Gewässer nie gesehen. Heute erkunden Kajakfahrer und Hausbootbesitzer den romantischen Fluss, der von Alligatoren, Manatis und dem Golfstör bewohnt wird. Sporttaucher stürzen sich in seine Fluten, vor allem in Hawkerville und dem dortigen Underwater Archaeological Preserve, um am Wrack eines Dampfschiffes aus den 20er-Jahren zu tauchen.

Im Lower Suwannee National Wildlife Refuge stehen seit 1979 rund 210 Quadratkilometer Naturpark unter Schutz. Das Gebiet gehört zu den größten naturbelassenen Mündungsdeltas der USA. Stromaufwärts gelangt man zu einigen Quellen, die den Fluss auf seiner Reise vom Okefenokee Swamp in Georgia speisen. Allein jene im Manatee Springs State Park hat pro Tag einen Ausstoß von über 400 Millionen Litern kristallklaren Wassers.

An vielen Orten der Küste ist die Suche nach Kammmuscheln *(scallops)* ein beliebter Zeitvertreib. Im Sommer wird das Fischerdörfchen Steinhatchee zum Mekka für Genießer der edlen Meerestiere. Sportangler haben die Wahl zwischen Unterkünften in Anglercamps oder dem im viktorianischen Stil erbauten Steinhatchee Landing Resort. Als Gastgeber von Ex-Präsident Jimmy Carter und Gattin Rosalynn sowie anderen Prominenten trug es zur heutigen Berühmtheit des Ortes bei.

Infos und Adressen

ESSEN UND TRINKEN

Roy's Restaurant. Vom Fischerboot direkt auf den Tisch – frischer kann man keine Meeresfrüchte servieren. Herrliche Sonnenuntergänge gibt's inklusive. Tgl. 11–21 Uhr, 100 1st Ave. SW, Steinhatchee, FL 32359, Tel. 352 498 5000, www.roys-restaurant.com

Tony's Seafood Restaurant. Bekannt für seine *World Champion Clam Chowder.* So–Do 11–20 Uhr, Fr, Sa 11–21 Uhr, 597 2nd St., Cedar Key, FL 32625, Tel. 352 543 0022, www.tonyschowder.com

ÜBERNACHTEN

Steinhatchee Landing Resort. Das direkt am Steinhatchee River gelegene Resort vermietet Kanus und Kajaks. 203 Ryland Circle, Steinhatchee, FL 32359, Tel. 352 498 3513, www.steinhatcheelanding.com

AKTIVITÄTEN

Suwannee Guides & Outfitter. Verleih von Kanus und Kajaks sowie geführte Touren entlang des Suwannee River. P.O. Box 304, Suwannee, FL 32692, Tel. 352 542 8331, www.suwanneeguides.com

Wegweiser zum viel besungenen Suwannee River

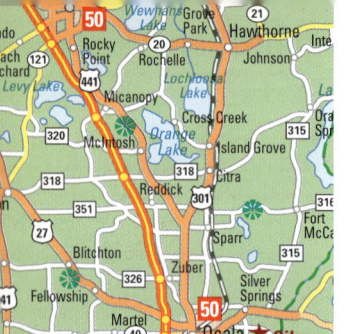

50 Gainesville und Ocala
Junge Szene zwischen den Meeren

Eine junge Stadt, in der fast die Hälfte der Bevölkerung Studenten sind. Und dazu eine Gemeinde, die vom Bürgerkrieg und von Bränden heimgesucht wurde und heute das Zentrum der floridianischen Pferdezucht ist: Die Bildungsmetropole Gainesville und der alte Plantagenort Ocala erschließen sich mit ihrem Süd-staaten-Charme ihren Besuchern manchmal erst auf den zweiten Blick.

Breite Boulevards, gepflasterte Straßen und Stadt-häuser aus dem frühen 20. Jahrhundert geben Gainesvilles alter Ortsmitte ein fast pittoreskes Flair. Der Besucher hat viel zu entdecken: den Turm mit der Originaluhr aus dem alten Gerichts-haus. Oder das prächtige Postamt von 1909 im Beaux-Arts-Stil mit seinem korinthischen Säulen-gang, das heute das Hippodrome State Theatre beherbergt.

Ein Ort mit zahlreichen Parks und historischen Gebäuden, in dem es sich offenbar gut leben lässt: Vor ein paar Jahren wurde Gainesville zur US-Stadt mit der höchsten Lebensqualität gewählt. Das war nicht immer so: Während des amerikani-schen Bürgerkriegs war sie Stützpunkt der Kon-föderierten Armee und Schauplatz zweier großer Schlachten. Nach dem Ende der Auseinanderset-zungen im Jahr 1865 entwickelte sich die Stadt dann zum Handelszentrum, vor allem für Baum-wolle und Zitrusfrüchte. Und prosperierte weiter. Nach zwei Großbränden Ende des 19. Jahrhunderts wurden Holzhäuser durch massive Backsteinge-bäude ersetzt. Mit dem Ausbau der Eisenbahn-

Mitte: Das Hippodrome State Theatre im Zentrum der Stadt
Unten: Im Ben Hill Griffin Sta-dium ist das Football-Team der *Florida Gators* zu Hause.

Gainesville und Ocala

anbindung stieg auch die Einwohnerzahl. Bald war Gainesville die größte und
fortschrittlichste Stadt in Florida. Mit einer unterirdischen Wasserversorgung,
Telefon, elektrischem Licht – und einer Oper.
Der Ausbau der Eisenbahn und damit der Trans-
portwege brachte weiteren Aufschwung im Handel mit Zitrusfrüchten und Phosphat. Bald wurde
das Gebiet interessant für Investoren, Spekulanten und Touristen. Heute wird das Stadtbild
wesentlich von der University of Florida und ihren
50 000 Studenten geprägt. Die Hochschule wurde
1906 gegründet, war schon zwei Jahrzehnte später der wichtigste Arbeitgeber und trug als Wirt-
schaftsfaktor dazu bei, Gainesville ab 1929 durch
die schwere Zeit der Depression zu helfen. Mittlerweile ist sie die größte Universität des Sunshine
States und hält zahlreiche Professoren und wissenschaftliche Angestellte in Lohn und Brot. Das
Santa Fe College als weitere Hochschule macht
den Rang Gainesvilles als Bildungsmetropole Floridas perfekt. Mit sichtbaren Folgen für die gesamte
Stadt und ihre Bürger: Man kann hier abends gut
ausgehen, das Nachtleben ist lebendig, die Szene
jung und modern. Und sportlich: Besonders lokal-
patriotisch wird es im Ben Hill Griffin Stadium auf
dem Campus der Universität. Fast 90 000 Plätze
hat die Schüssel, in der das Football-Team der
Florida Gators beheimatet ist – eine Mannschaft
mit einer fanatischen Fangemeinde.

Wer sich für das Einst und Heute Gainesvilles interessiert, sollte das Matheson Historical Center
nicht verpassen. Das Museum und seine botanischen Gärten stellen die Geschichte der Stadt, des
Alachua Countys und Nordfloridas zur Schau.
Kunstfreunde finden im Harn Museum of Art die
größte Einrichtung einer Universität im Südosten,
die sich der Sammlung, Präsentation, Darstellung
und Deutung von Kunstwerken widmet. Gezeigt

Geheimtipp

PAYNES PRAIRIE PRESERVE STATE PARK

Eine Besonderheit ist das
südlich von Gainesville gelegene
Becken, das an der breitesten
Stelle 13 Kilometer misst und
durch das Absinken des Kalkstein-
betts entstanden ist. Heute grasen
auf der Savanne Büffelherden.
Während der spanischen Kolonialzeit standen noch Rinder einer
großen Hacienda auf der Prärie.
Doch vor 120 Jahren blockierte ein
Gesteinsrutsch den Abfluss der
Quelle des Alachua-Trichters. Für
einige Jahrzehnte entstand in der
Senke ein See, auf dem sogar
Schaufelraddampfer verkehrten.
Dann bahnte sich das Wasser
einen neuen Weg, so als hätte je-
mand den Stöpsel aus einer Bade-
wanne gezogen: Tausende von
Fischen verendeten im Schlamm,
und die Schiffe lagen auf dem
Trockenen.

**Paynes Prairie Preserve State
Park.** Besucherzentrum tgl. 9–
16 Uhr, 100 Savannah Blvd., Micanopy, FL 32667, Tel. 352 466 3397,
www.floridastateparks.org/
paynesprairie

werden über 9000 Werke zeitgenössischer Kunst, aber auch historische afrikanische und asiatische Exponate.

Gainesville mit seinen 125 000 Einwohnern liegt – untypisch für Florida – nicht am Meer. Sowohl der Golf von Mexiko als auch der Atlantik sind jedoch in Ausflugsentfernung zu erreichen. Und auch andere Ziele lohnen: Einen Abstecher wert ist unbedingt die Devil's Millhopper State Geological Site. Dieses Senkloch ist über 40 Meter tief und 150 Meter breit und hat sich vor mehr als 10 000 Jahren durch einen Gesteinseinbruch gebildet. Hier überrascht ein Mini-Regenwald mit Pflanzen und Tieren, die eigentlich im weit nördlicheren Appalachen-Gebirge beheimatet sind. Über Treppen (mehrere Hundert, zum Teil glitschige Stufen) und schmale Wege am Kraterrand kann man fast bis auf den Grund wandern und das eindrucksvolle Senkloch erforschen. Wer die fast mystische Atmosphäre in Ruhe genießen möchte, sollte sich schon am frühen Morgen auf den Weg machen.

Welthauptstadt der Pferde

Als Ort mit Tradition versteht sich die Stadt Ocala, 1846 gegründet und südlich von Gainesville gele-

Oben: Die University of Florida in Gainesville mit dem Century Tower im Hintergrund
Unten: Laptop statt Geplauder – typische Szene vor einem Café in Gainesville

Gainesville und Ocala

gen. Der Name stammt von dem ausge-
storbenen Indianer-Stamm der Timu-
cuan, der hier in einem Dorf namens
Ocali lebte. Seit seiner Gründung ist Ocala
Verwaltungssitz des Marion County, nach dem
Kriegshelden General Francis Marion benannt.

Anfang der 50er-Jahre des 19. Jahrhunderts
wanderten reiche Farmer aus South Carolina in
das Umland Ocalas ein und gründeten riesige
Plantagen. Ab 1858 war Ocala das wichtigste
Geschäfts- und Gesellschaftszentrum Floridas.
Doch der amerikanische Bürgerkrieg verwüstete
alle Plantagen und Geschäfte und ließ die Bevölkerung auf 200 Einwohner schrumpfen. Im
Jahr 1883 zerstörte dann ein Großbrand während
des Erntedankfestes die gesamte Innenstadt. Seit
diesem Tag wurden neue Häuser nur noch aus Zie-
gelsteinen gebaut, was der Stadt auch den Namen
»Backsteinstadt« einbrachte. Heute gilt Ocala als
Zentrum für die Zucht amerikanischer Vollblüter
und nennt sich stolz »Welthauptstadt der Pferde«.
Im hügeligen Umland widmen sich rund 400 Ge-
stüte mit ihren typischen weißen Holzzäunen der
Zucht und Ausbildung edler Vierbeiner.

Wälder, Sümpfe und Seen

Ocala ist ein guter Ausgangspunkt für Besuche
im Ocala National Forest, einem der größten
Waldgebiete Floridas. Der Wald erstreckt sich
über ein Gebiet von 1742 Quadratkilometern.
Hier leben Alligatoren und Schildkröten, in den
Lüften schweben Weißstörche. Die Landschaft ist
abwechslungsreich: Neben Kiefern- und Eichen-
wäldern gibt es Prärien und Weiden. Unbedingt
besuchen sollte man Silver Springs, artesische
Quellen, die zu den weltgrößten zählen. Die einzigartige Landschaft diente in den 30er-Jahren
zahlreichen *Tarzan*-Filmen als Filmkulisse. Für

Einfach gut!

ÖKOSYSTEME
UNTER DER LUPE
Das Florida Museum
of National History zählt zu
den besten naturgeschichtlichen
Museen der USA, ist auf dem
Campus der University of Florida
angesiedelt und beherbergt
25 Millionen Exponate: von Am-
phibien, Vögeln, Schmetterlingen,
Fischen, Säugetieren, Reptilien bis
hin zu versteinerten Pflanzen. Das
Museum beleuchtet Ökosysteme
wie Korallenriffe, Savannen sowie
gemäßigte und tropische Wälder.
Im Bereich Windows into Natural
History können kleine und große
Forscher mithilfe wissenschaft-
licher Geräte die Pflanzen- und
Insektenwelt Floridas erkunden.
Darüber hinaus werden Kunst-
gegenstände von Timucuan-,
Seminole- und Calusa-Indianern
gezeigt, die hier in der Region
einst ansässig waren.

**Florida Museum of National
History.** Mo–Sa 10–17 Uhr,
So 13–17 Uhr, 3215 Hull Rd.,
Gainesville, FL 32611,
Tel. 352 846 2000,
www.flmnh.ufl.edu

Naturfreunde, die gerne wandern, Kanu fahren und sich für die Flora und Fauna interessieren, bietet die Region perfekte Bedingungen. Speziell die Quellgebiete der Flüsse sind (in der Regel als kostenpflichtiger State Park oder Recreation Area) für Touristen erschlossen. So gibt es hier meist ein großes Badeareal, einen Bootsverleih, einen Campingplatz sowie gute Wandermöglichkeiten. Touristen, die während der Wintermonate kommen, können sogar Seekühe in den Flüssen und Quellen beobachten. Eine besonders genüssliche Art der Fortbewegung ist es, sich mit Reifen auf einem der vielen Flüsse wie etwa dem Rainbow River oder dem Ichetucknee River stromabwärts treiben zu lassen. Zahlreiche Anbieter offerieren das sogenannte Tubing, Rücktransport inklusive. Dabei ist es lohnenswert, sich mit Schnorchel und Maske die glasklare Unterwasserwelt anzuschauen.

Oben: Um amerikanische Vollblüter dreht sich alles in der »Welthauptstadt der Pferde«.
Unten: Im Juniper Springs Ocala National Forest

Wer es lebhafter mag und obendrein gern ländlich-urig feiert, sollte sich das letzte Oktoberwochenende freihalten. Dann lädt der kleine Ort Inverness zum *Great American Cooter Festival* (www.cooterfestival.com), einem rustikalen Fest mit Barbecue, Triathlon, Misswahl und Modeschau.

Infos und Adressen

SEHENSWÜRDIGKEITEN

Samuel P. Harn Museum of Art. Ständige Sammlung von 40 000 Objekten in einem auffälligen postmodernen Gebäude. Wechselausstellungen zeigen amerikanische Kunst des frühen 20. Jhs., lateinamerikanische Kunst, Stammeskunst aus Westafrika und Neuguinea und präkolumbische Keramiken. Di–Fr 11–17 Uhr, Sa 10–17 Uhr, So 13–17 Uhr, 3259 Hull Rd., Gainesville, FL 32611, Tel. 352 392 9826, www.harn.ufl.edu

University Gallery. Zeitgenössische und experimentelle Kunst mit Schwerpunkt auf aufstrebenden jungen Künstlern. Mo–Fr 10–17 Uhr, Sa 13–17 Uhr, im College of Fine Arts an der University of Florida, Kreuzung 400 SW 13th St. und 4th Ave., Gainesville, FL 32611, Tel. 352 273 3000, www.arts.ufl.edu/galleries

Typisch für die schmackhafte *Southern Kitchen* sind üppige Portionen.

ESSEN UND TRINKEN

Emiliano's Cafe. Tapas, saftige argentinische Steaks und leckere Mojitos. 7 SE 1st Ave., Gainesville, FL 32601, Tel. 352 375 7381, www.emilianoscafe.com

Paramount Grill. Küchenchef Cliff Nelson verspricht innovative Küche: Tofu, Meeresfrüchte, Fleisch und köstliche Desserts. 12 SW 1st Ave., Gainesville, FL 32601, Tel. 352 378 3398, www.paramountgrill.com

ÜBERNACHTEN

Herlong Mansion Bed & Breakfast.
B&B im herrschaftlichen Kolonialstil in einem traumhaften Garten mit altem Baumbestand. 402 NE Cholokka Blvd., Micanopy, FL 32667, Tel. 352 466 3322, www.herlong.com

Magnolia Plantation Inn. B&B in einer Villa von 1885 im viktorianischen Stil, 1990 renoviert; jedes Gästezimmer hat einen Kamin. 309 SE 7th St., Gainesville, FL 32601, Tel. 352 375 6653, www.magnoliabnb.com

Hübscher Shop im historischen Stadtzentrum

REISEINFOS

Anreise

Florida verfügt über mehrere internationale Flughäfen. Größere Städte wie Miami, Orlando, Tampa, Fort Lauderdale und Fort Myers werden von Europa aus direkt per Charter oder Linie angeflogen, bei anderen Destinationen ist ein Zwischenstopp notwendig. Nonstop dauert ein Flug neun bis zehn Stunden, ein Zwischenstopp kann die Reisezeit deutlich verlängern. Während der Ferienzeit (Oster-, Sommer- und Weihnachtsferien) sind die Flüge erheblich teurer als in der Nebensaison. Auch Flüge am Wochenende kosten in der Regel mehr als an Werktagen.

Auskunft

In allen größeren Orten findet man die Visitors & Convention Bureaus. Hier erhalten Touristen Informationsmaterial zu den lokalen Sehenswürdigkeiten.

Einreise

Für einen Aufenthalt in den Vereinigten Staaten brauchen Reisende aus Deutschland, Österreich und der Schweiz kein Visum mehr. Sie sind jedoch verpflichtet, bis spätestens 72 Stunden vor Reiseantritt per Flugzeug oder Schiff eine ESTA-Genehmigung einzuholen (https://esta.cbp.dhs.gov). Für den Antrag sind eine Kreditkarte und ein Internetzugang notwendig. Benötigt wird zudem der Reisepass, der für die Dauer des Aufenthaltes gültig sein muss. Diese Einreisebedingung gilt auch für Jugendliche und Kinder.

Bereits am Check-In-Schalter am Flughafen muss die Kontaktadresse in den USA hinterlegt werden. Dies kann ein Hotel, eine Ferienwohnung oder die Mietwagenstation sein. Diese Daten werden bereits vor dem Abflug an die US-Behörden weitergeleitet – wenn der Reisende amerikanischen Boden betritt, ist er kein Unbekannter mehr.

Feiertage

1. Januar: Neujahr
3. Montag im Januar: Martin Luther King Day
3. Montag im Februar: President's Day
17. März: St. Patricks Day (kein gesetzlicher, aber dennoch ein gefeierter Gedenktag!)
Letzter Montag im Mai: Memorial Day
4. Juli: Independence Day
1. Montag im September: Labor Day
2. Montag im Oktober: Columbus Day
1. Dienstag im November: Election Day
11. November: Veterans Day
4. Donnerstag im November: Thanksgiving
25. Dezember: Weihnachten

FKK

Freikörperkultur ist an vielen Stränden Floridas nicht erlaubt; Verstöße werden mit Geldstrafen geahndet. In einigen Strandhotels in Miami Beach und Key West und im Resort Paradise Lakes bei Tampa ist FKK am Meer gestattet. An allen Stränden in Miami Beach wird »oben ohne« toleriert, nicht jedoch an anderen Orten der Ost- und Westküste.

Parade zum Nationalfeiertag, dem 4. Juli,
in Key Largo

entfliehen will, findet hier eine große
Auswahl an Plätzen und Herausforderungen. In den Sommermonaten ist
wegen der Hitze und hohen Luftfeuchtigkeit keine Saison. Wer bereit ist,
bereits früh am Morgen zu spielen,
den erwarten gute Konditionen.
www.floridagolf.com

Geld

Kreditkarten (MasterCard, VISA) werden
fast überall akzeptiert. Zudem ist das
telefonische Reservieren von Hotelzimmern, Veranstaltungstickets und Mietwagen vor Ort ohne Kreditkarte kaum
möglich. An Bankautomaten kann Bar-
geld mit Kreditkarte und Geheimzahl ab-
gehoben werden, dabei fallen Gebühren
von bis zu vier Prozent an.

Es ist in Geschäften und Restaurants
weder üblich, die passende Summe in
Scheinen und Münzen auf den Tresen
zu legen, noch mit großen Scheinen zu
bezahlen.

Golfen

Florida gilt als das »Land der 1100 Golf-
plätze«. Von Oktober bis April ist das
Klima ideal für den Sport auf grünem
Rasen. Wer den heimischen Wintergreens

Information/Internet

Die Fremdenverkehrsämter von Visit
Florida sind unter www.visitflorida.com
zu erreichen. Empfehlenswert ist die
Website www.nps.gov, auf der sich alle
Nationalparks vorstellen. Viele Infos zu
Bundesstaaten, Städten, Kultur und Politik gibt es auf www.usacitylink.com.
Eine gute Informationsquelle ist auch
das deutschsprachige Florida Sun Magazine (www.floridasunmagazine.com),
das an über 400 Stellen (Immobilienagenturen, deutsche Restaurants und
Läden etc.) kostenlos ausliegt.

Klima/Reisezeit

Florida wird in zwei Klimazonen geteilt:
die warm-gemäßigte/subtropische im

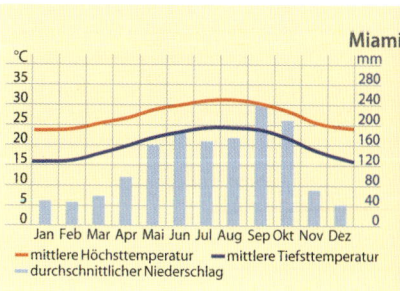

JANUAR

Florida Manatee Festival. Hier stehen Floridas friedliche Seekühe im Mittelpunkt eines fröhlichen Festes. Crystal River, www.gomanateefest.com (3. Wochenende im Januar)

JANUAR/FEBRUAR

Gasparilla Pirate Festival. Schon seit 1904 kapituliert die Stadt Tampa Jahr für Jahr vor dem spanischen Freibeuter José Gaspar – mit einer großen Parade und tollen Kostümen. www.gasparillapiratefest.com (Ende Januar/Anfang Februar)

FEBRUAR

Garlic Fest. Chefköche präsentieren, was sie mit dem aromatischen Knoblauch alles zubereiten: »The Best Stinkin' Party in South Florida«. Lake Worth, www.dbgarlicfest.com (2. Februarwoche)

Art Wynwood. Mehr als 70 internationale Top-Galerien stellen sich und ihre Kunst vor. Miami, www.art-wynwood.com (Mitte Februar)

Edison Festival of Light. Paraden, Mitmach-Aktivitäten, Musik, Kunst- und Handwerksmärkte – Fort Myers feiert seinen großen Erfinder Thomas Alva Edison. www.edisonfestival.org (Mitte Februar)

Meeresfrüchte stehen im Mittelpunkt der Seafood Festivals in Florida.

Seminole Tribal Fair Pow Wow. Livemusik, Alligatoren-Show, Kunsthandwerk und ein Pow-Wow-Tanzwettbewerb zeigen die Kultur der Seminole-Indianer. Hollywood, www. semtribefairandpowwow.com (Mitte Februar)

Daytona 500. Seit mehr als einem halben Jahrhundert gilt das prestigeträchtige NASCAR-Rennen als »Super Bowl des Motorsports«. Daytona Beach, www.nascar.com (Ende Februar)

MÄRZ

Florida Strawberry Festival. Alles rund um die roten Früchtchen. Highlight ist die Wahl der Erdbeerkönigin. Plant City, www.flstrawberry-festival.com (11 Tage, Anfang März)

Concours d'Elegance. Chromglänzende Raritäten sind auf dieser Autoshow zu sehen. Amelia Island, www.ameliaconcours.org (1 Tag, 2. Märzwoche)

Daytona Bike Week. Ein Treff für Hunderttausende Motorradliebhaber aus aller Welt; mit Rennen und Party. Daytona Beach, www. daytonabikeweek.com (9 Tage, Mitte März)

APRIL

Delray Affair. Künstler und Kunsthandwerker zeigen bei dieser riesigen Open-Air-Ausstellung die Ergebnisse ihres Schaffens. Delray Beach, www.delrayaffair.com (3 Tage, Anfang April)

Seven Mile Bridge Run. Jedes Jahr laufen 1500 Teilnehmer für einen guten Zweck 6,8 Meilen auf der Brücke zwischen Knight's Key und Little Duck Key. www.7mbrun.com (Anfang April)

Old Florida Celebration of the Arts. Prämierte Kunstausstellung unter freiem Himmel. Cedar Key, www.cedarkeyartsfestival.com (2 Tage, 2. Aprilwoche)

Paddle Florida. Erst paddeln auf dem Suwannee und dem Withlacoochee River und dann feiern ... Suwannee River State Park, www.paddleflorida.org (3 Tage, 2. Aprilwoche)

Country Music Festival. Neben tollen Rhythmen gibt es noch eine sehenswerte Classic-Car-Ausstellung. Deerfield Beach, www.deerfield-beach.com (1 Tag, Mitte April)

Miami Rum Renaissance Festival. Größtes Rum-Festival der Welt mit Produzenten, Experten und Genießern. Miami, www.rumrenaissance.com (2 Tage, 3. Aprilwoche)

Conch Republic Independence Celebration Die Abspaltung der Florida Keys vom Rest der USA scheiterte 1982, seitdem wird der Jahrestag schrill und bunt gefeiert. Key West, www.conchrepublik.com (10 Tage, Ende April)

Pompano Beach Seafood Festival. Musik, Strand, gute Laune und jede Menge gutes Essen – ein bewährtes Konzept. Pompano Beach, www.pompanoseafoodfest.com (3 Tage, Ende April)

MAI

Shrimp Festival. Shrimps satt, Piratenparade und Misswahl. Amelia Island, www.shrimpfestival.com (ein Wochenende Anfang Mai)

SunFest. Musikspektakel (Rock, Pop, Punk, Indie) mit 50 Bands auf drei Bühnen. West Palm Beach, www.sunfest.com (5 Tage, Anfang Mai)

JUNI

Silver Spurs Rodeo. Riesiges Rodeo mit Bullen- und Bronco-Reiten, Fassrennen und Stierkämpfen. Kissimmee, www.silverspursrodeo.com (2 Tage, Anfang Juni)

Sarasota Music Festival. Hunderte von Musikstudenten präsentieren drei Wochen lang ihr Können. Sarasota, www.sarasotaorchestra.org/festival (erste drei Juniwochen)

JULI

Kingfish Tournament. Einer der ältesten Angelwettbewerbe Floridas mit mehr als 300 Booten und 20 000 Zuschauern. Jacksonville, www.kingfishtournament.com (5 Tage, Mitte Juli)

Hemingway Days. Mit Schreibwettbewerben, Hochseeangeln und Lesungen wird »Papa« Hemingway drei Tage lang gefeiert. Key West, www.fla-keys.com (3. Juliwoche)

AUGUST

Kingfish Shootout. Wer fängt den größten Kingfish und wer die größte Spanish Mackerel? Wichtiger Angel-Wettkampf und Charity-Event. Carrabelle, www.c-quatersmarina.com (2 Tage, Anfang August)

SEPTEMBER

NFK Surf Festival. Beliebtes wohltätiges Sportevent und Szenetreff für Surfer. Cocoa Beach, www.nkfsurf.com (Anfang September)

OKTOBER

Johns Pass Seafood Festival. Musik, Entertainment und Leckeres aus dem Meer. Madeira Beach, www.johnspassseafoodfestival.com (3 Tage, Ende Oktober)

Great American Cooter Festival. Cooter heißt die kleine Schildkröte, Wappentier des Festivals, das mit Grillwettbewerb, Triathlon und Zombie-Rennen für Spaß bürgt. Inverness, www.cooterfestival.com (Ende Oktober)

NOVEMBER

International Boat Show. Fünf Tage lang dreht sich hier alles um Jachten, Boote und Schiffe. Fort Lauderdale, www.flibs.com (Anfang November)

DEZEMBER

Art Basel Miami Beach. Vier Tage lang regiert hier großartige Kunst aus aller Welt. Miami Beach/Miami. www.miamiandbeaches.com/art-basel (Anfang Dezember)

Holiday Parade. Weihnachtsparade auf der berühmten 7th Ave. Schneefall garantiert! Historic Ybor City, www.snowon7th.com (Anfang Dezember)

Marie Selby Botanical Gardens. Elf Abende lang verzaubert Lichtkunst bei *Lights in Bloom* den herrlichen Garten. Sarasota, www.selby.org (Mitte bis Ende Dezember)

Domino-Spieler in Little Havana

weise der lokalen Sicherheitsbehörden beachten. Hohe Temperaturen herrschen während der Monate Juli und August, in denen es aufgrund der hohen Luftfeuchtigkeit auch extrem schwül sein kann.

Der Wasserreichtum, die Sumpfgebiete und die hohe Luftfeuchtigkeit machen Florida zum Paradies für Moskitos. Vorbeugend sollten Insektenschutzmittel direkt auf die Haut und auf die Kleidung aufgetragen werden. Dies gilt erst recht für Tigermücken, die den Zika-Virus übertragen können. Lästig, aber weniger gefährlich: *No-see-ums* (»man sieht sie nicht«) – diese beißenden Sandfliegen sind mit bloßem Auge nicht zu erkennen und schaffen es sogar durch die winzigen Löcher der Fliegengitter. Einzige Abhilfe: Insektenschutzmittel.

Mietfahrzeuge/Verkehr

Wer ein Auto mieten will, muss mindestens 25 Jahre alt sein und einen gültigen Führerschein besitzen. Autovermietungen (Hertz, Budget, AVIS, Alamo etc.) sind an allen Flughäfen zu finden. Bei Abholung des Mietwagens wird eine Kreditkarte benötigt. Man sollte klären, ob eine Haftpflichtversicherung im Mietpreis enthalten ist. Eine Kaskoversicherung ist meistens nicht im Preis inbegriffen, wird aber bei Interesse angeboten.

Nordwesten und die subtropische in der Südhälfte. Die beste Reisezeit für den nördlichen Teil ist der Frühling. Dann fallen die wenigsten Niederschläge, es ist nicht zu heiß; ab April hat das Meer Badetemperatur. In den südlichen Teil Floridas sollte man am besten im europäischen Winter reisen.

Niederschlagsreich sind die Monate von Juni bis Oktober. Dann muss auch mit tropischen Wirbelstürmen (*hurricane season*) gerechnet werden Am häufigsten treffen Hurrikans, die über das Meer Richtung Westen ziehen, an der Südostküste, den Keys, den Everglades und dem westlichen Panhandle auf das Festland von Florida. Reisende sollten die Hin-

Wichtig: Die meisten Kreditkarten bieten bei Unfällen mit dem Mietwagen Versicherungsschutz, wenn das Auto für maximal 15 Tage gemietet wurde und

die gesamte Mietgebühr mit der Karte bezahlt wurde.

Die American Automobile Association (AAA) ist der wichtigste Automobilclub und unterhält Partnerschaften mit mehreren ausländischen Autoklubs. Daher sollte man seine europäische Klub-Mitgliedskarte bei sich führen.

Strafzettel wegen Falschparkens, überhöhter Geschwindigkeit etc. sollten unbedingt sofort bezahlt werden. Andernfalls könnte es bei der nächsten Reise in die USA zu Problemen kommen und sich erhebliche Strafsummen anhäufen.

Notruf

Die Telefonnummer für den Notruf: 911 (Krankenwagen, Feuerwehr und Polizei). Bei akuten Verletzungen oder falls kein Arzt in der Nähe ist, kann das nächstgelegene Krankenhaus aufgesucht werden. Europäische Reisende müssen in den USA als Privatpatienten entweder sofort bezahlen oder eine Kreditkarte vorweisen. Empfehlenswert ist der Abschluss einer Auslands-Reisekrankenversicherung, die für bis zu sechs Wochen zwischen 10 und 20 Euro kostet.

Post

Die Postämter des United States Postal Service (USPS) haben in der Regel montags bis freitags von 8 bis 17 Uhr und samstags bis 14 Uhr geöffnet. Briefmarken erhält man im Postamt, an Automaten und in Souvenirläden.

Rauchen/Spirituosen

In den meisten öffentlichen Gebäuden sowie in Zügen, Bussen und Taxis ist Rauchen nicht erlaubt. Auch in Gaststätten und Cafés, in denen Essen serviert wird, ist es verboten. Viele Restaurants bieten ihren Gästen die Möglichkeit, im Freien zu rauchen. Hotelzimmer sind in die Kategorien »Raucher« und »Nichtraucher« unterteilt. Alkohol ist in Florida nur in speziellen Spirituosenhandlungen erhältlich oder in Lokalen, die eine Lizenz besitzen. Angebrochene Flaschen dürfen nicht im Auto mitgeführt werden und müssen in der Öffentlichkeit mit einer Tüte umhüllt sein. Verkauft werden darf Alkohol nur an Kunden, die älter als 21 Jahre sind.

Werbefigur der J.C. Newman Cigar Company

Künstlerisch gibt sich Fort Worth – auch die Mode ist hier schräg und bunt.

Shopping

In den USA gibt es keine geregelten Ladenschlusszeiten. Supermärkte haben meist täglich bis 22 Uhr geöffnet, einige auch rund um die Uhr. Shopping Malls sind während der Woche von 10 bis 21 Uhr geöffnet, sonntags von 10 bis 18 Uhr. Rund ums Jahr locken *Sale*-Verkäufe mit Preisreduktionen.

Stromspannung

In den USA beträgt die Stromspannung 110 Volt (in der EU 220/230 Volt). Not-wendig ist daher ein Adapter, den man am besten schon daheim im Fachge-schäft kauft.

Telefon

Die Vorwahl von Deutschland, Österreich und der Schweiz in die USA ist 001. Die Vorwahl von Florida nach Deutschland: 0 11 49 Österreich: 0 11 43 Schweiz: 0 11 41

Wichtige Telefonnummern

Bei Kreditkartenverlust VISA: 1-800-847-2911 Eurocard/MasterCard: 1-800-627-8372 American Express: 1-800-869-3016

Konsulate
Deutsches Generalkonsulat in Miami: 305 358 0290
Deutsche Honorarkonsulin in Tampa: 239 821 6504
Deutscher Honorarkonsul in Orlando: 407 843 2111
Österreichisches Konsulat in Miami: 954 925 1100
Schweizerisches Konsulat in Miami: 305 377 6700

Tiere

Bei der Mitnahme von Hunden in die USA muss ein tierärztliches Gesundheits- und Tollwut-Impfzeugnis vorliegen. Dieses muss mindestens einen Monat vorher ausgestellt werden und gilt höchstens ein Jahr.

Tischreservierung/ Trinkgeld

In fast allen Restaurants stehen am Eingang Schilder mit der Aufschrift »Wait to be seated«. Der Gast wartet hier und wird vom Personal an einen freien Tisch geführt. In gehobenen Restaurants erwarten die Angestellten dafür ein Trinkgeld.

Für die Höhe des Trinkgelds (*tip* oder *gratuity*) gibt es Faustregeln, denn das Bedienungspersonal lebt im Wesentlichen davon. Man sollte, je nach Zufriedenheit, 15 bis 20 Prozent der Rechnungssumme geben. Bei Kofferträgern zahlt man 1 Dollar pro Gepäckstück; Taxifahrer erhalten 10 bis 15 Prozent zuzüglich zu den Fahrtkosten und 20 Prozent, wenn der Fahrer beim Ein- und Ausladen des Gepäcks behilflich war. Zimmermädchen erwarten 1 bis 2 Dollar pro Übernachtung.

Zoll

In die USA dürfen 200 Zigaretten, 1 Liter alkoholische Getränke sowie Geschenke im Wert von bis zu 100 Dollar eingeführt werden. Für Bargeldbeträge ab 10 000 Dollar muss ein zusätzliches Zollformular ausgefüllt werden.

Strengstens verboten ist die Einfuhr von Fleischprodukten, Obst, Gemüse, Pflanzen, Erde oder Samen, Drogen, Gift und Arzneien. Medikamente für den Eigenbedarf sollten vom Hausarzt durch ein Attest aufgelistet werden.

Erlaubt ist die Mitnahme von Backwaren und haltbar gemachtem Käse.

Bei der Rückreise gilt in Deutschland und Österreich die Wertfreigrenze von 430 Euro; in der Schweiz beträgt diese 300 CHF.

Maritimes Flair zeichnet viele Restaurants an der Küste aus.

FLORIDA
für Kinder und Familien

Ein rasanter Spaß erwartet kleine und große Besucher im Disney Typhoon Lagoon Water Park.

Florida ist für Familien mit Kindern ein perfektes Reiseziel. Service wird hier großgeschrieben, schließlich ist selbst der allerkleinste Knirps der Kunde von morgen und daher heute schon ein kleiner König. Man findet Familiensuiten und unzählige Ferienappartements mit dem Equipment ausgestattet, das die Jüngsten benötigen. Allerdings gibt es auch Hotels, die Kinder erst ab 14 Jahren als Gäste begrüßen wollen.

Miami und die Florida Keys

Blue Planet Kayak Tours. Geführte Touren durch die Welt der Mangroven. Key West, www.blue-planet-kayak.com

Children's Museum. Ein Haus für wissbegierige, kreative Kinder. Miami, www.miamichildrensmuseum.org

Florida Keys Aquarium Encounters. Auf Tuchfühlung mit Riff-Fischen, Rochen und Haien. Marathon, www.floridakeysaquariumencounters.de

Florida Keys Wild Bird Center. Vogelklinik für Ibisse, Kormorane, Kraniche und Pelikane. Tavernier, www.fkwbc.org

Jungle Island Park. Kleine Naturoase in spektakulärer Lage am Wasser, tägliche Papageien-Shows. Miami, www.jungleisland.com

Miami Zoo. Mehr als 100 Tierarten leben in Gehegen, die natürlichen Lebensräumen nachempfunden sind. Miami, www.zoomiami.org

Monkey Jungle. Auf einer riesigen Fläche tummeln sich Orang-Utans und Makaken, die auch gefüttert werden dürfen. Miami, www.monkeyjungle.com

Robbie's Pier. Jeden Tag werden am Kai der Fähre nach Lignumvitae Key die bis zu 2,5 Meter langen Tarpons gefüttert. Islamorada, www.robbies.com

Die Everglades und Big Cypress Reserve

Everglades Area Tours. Angeltripps und Öko-Touren mit Boot, Kajak, Fahrrad oder zu Fuß durch den National Park. Goodland, www.evergladesareatours.com

Everglades National Park Boat Tours. Viermal täglich 1 ½-stündige Ausflüge durch das Ten Thousand Islands National Wildlife Refuge. Everglades City, www.nps.gov/ever

An der Golfküste

Children's Science Center. 3D-Shows, Berichte über Fossilien, Muscheln, Wetter und Wasser. Cape Coral, www.tryscience.org

Dakin Dairy Farm. Hier warten Kälbchen und Ferkel auf Streicheleinheiten, und es darf im Heu herumgetollt werden. Myakka City, www.dakindairyfarms.com

Golisano Childrens Museum. Kunterbuntes, pädagogisch durchdachtes Spiel- und Experimentierhaus. Naples, www.cmon.org

Imaginarium Hands-On Museum and Aquarium. Naturwissenschaften zum Anfassen und Experimentieren. Fort Myers, www.imaginariumfortmyers.com

Lowry Park. Familienfreundlicher Zoo mit Tieren aus Floridas Fauna. Tampa, www.lowryparkzoo.com

Marine Aquarium. Forschungs- und Rehabilitationszentrum für Meeresbewohner. Clearwater, www.seewinter.com

Museum of Science & Industry. Eines der modernsten technisch-naturwissenschaftlichen Museen der USA mit Planetarium und dem über 50 Meter großen Skelett eines Dinosauriers. Tampa, www.mosi.org

Naples Zoo at Caribbean Gardens. Tiere aus aller Welt, Shows mit Reptilien und Fütterung der Raubtiere. Naples, www.napleszoo.com

Sarasota Jungle Gardens. Tropische Flora und Tiere, interessante Blicke hinter die Kulissen des Parks. Sarasota, www.sarasotajunglegardens.com

Sun-N-Fun Lagoon Water Park. Rasante Rutschen für die Großen und Wasserspielplätze für die Kleinen. Naples, www.napleswaterpark.com

Sunsplash Family Waterpark. Paradies für kleine und große Wasserratten. Cape Coral, www.sunsplashwaterpark.com

The Florida Aquarium. Wassertanks simulieren Korallenriffe, Tiefsee und Marschen mit 10 000 Meerespflanzen und -bewohnern. Tampa, www.flaquarium.org

The Ringling Circus Museum. Herz des Museums ist die gigantische Zirkuswelt-Miniatur. Sarasota, www.ringling.org

An der Atlantikküste

Alligator Farm Zoological Park. 23 Arten von Alligatoren und exotische Vögel leben hier. St. Augustine, www.alligatorfarm.com

Angell & Phelps Chocolate Factory. Zugucken bei der Schokoladenherstellung – Kostproben inklusive. Daytona Beach, www.angellandphelps.com

Astronaut Memorial Planetarium and Observatory. Planetarium mit »Sternenschau-Partys«. Cocoa, www.easternflorida.edu

Brevard Museum of History & Natural Science. Ein Besuch beim Säbelzahntiger und dem riesigen Mammut. Cocoa, www.myfloridahistory.org

Brevard Zoo. Exotische Tiere und Aktivitäten wie Kajakfahren, Zip-Line, Paddeln oder auf abenteuerlichen Pfaden durch Baumwipfel kraxeln. Melbourne, www.brevardzoo.org

Butterfly World. Mehr als 20 000 Schmetterlinge aus aller Welt flattern in diesem Paradies. Coconut Creek, www.butterflyworld.com

Children's Science Explorium. Naturwissenschaft zum Anfassen. Boca Raton, www.scienceexplorium.org

Cummer Museum of Art & Gardens. Kunsterlebnisse-Welten für Kinder. Jacksonville, www.cummermuseum.org

Fort Pierce Inlet State Park. Hier können Kinder ab 8 Jahren auf niedrigen Wellen das Surfen lernen. Melbourne Beach, www.surfschoolchamp.com

Jacksonville Zoo and Gardens. Exoten leben hier neben heimischen Tieren. Jacksonville, www.jacksonvillezoo.org

Kennedy Space Center Visitor Complex. Erlebniswelt für kleine Möchtegern-Astronauten und ihre Familien. Titusville, www.kennedyspacecenter.com

Entdeckerspaß im Museum of Science & Industry

Kona Statepark. Einer der ältesten und besten Skate Parks in den USA. Jacksonville, www.konaskatepark.com

Ripley's Believe It or Not! Eine Kugel aus einem Volkswagen geformt, Malerei auf Kartoffelchips – einfach absurd! St. Augustine, www.staugustine-ripleys.com

Rund um Orlando

Hier konkurrieren die großen Freizeitparks der USA miteinander, gibt es Wasserparks, Zoos und Attraktionen in einer Dichte wie sonst nirgendwo in Florida. Aber vereinzelt auch Ruhigeres:

Central Florida Nature Adventures. Geführte Kajaktouren auf den Gewässern rund um Orlando. Orlando, www.kayakcentralflorida.com

Green Meadows Farm. 300 Tiere warten auf diesem Bauernhof darauf, gestreichelt und bewundert zu werden. Kissimmee, www.greenmeadowsfarm.com

The World of Chocolate Museum & Café. Skulpturen aus Schokolade, Geschichte der Süßigkeit und ihrer Herstellung. Orlando, www.wocorlando.com

Im Norden

Beach Sand Sculptures.
In zweistündigen Kursen lernt man von Experten, wie man die tollsten Sandburgen baut. Santa Rosa Beach, www.beachsandsculptures.com

Emerald Coast Science Center.
Naturwissenschaftliche Exponate zum Anfassen, spannend! Fort Walton Beach, www.ecscience.org

Florida's Gulfarium. Shows mit Delfinen und Seelöwen, riesige Becken mit Haien, Meeresschildkröten und Stachelrochen. Fort Walton Beach, www.gulfarium.com

Museum of Florida History. Blick in die früheste und jüngere Geschichte Floridas. Star des Museums ist ein riesiges Mastodon-Skelett. Tallahassee, www.museumoffloridahistory.com

Ripley's Believe It or Not!
Kurioses in einem sonderbaren Gebäude, das wie ein sinkendes Schiff anmutet. Panama City Beach, www.ripleys.com/panamacitybeach

Zoo World. Tiere aus aller Welt, darunter die seltene Servalkatze, in einem schönen schattigen Park. Panama City Beach, www.zooworldpeb.net

Floridas subtropische Tier- und Pflanzenwelt bietet viele Besonderheiten, die man als Besucher kennenlernen möchte. So sind mehr als 200 Baum- und 3500 Pflanzenarten hier beheimatet. Neben einheimischen Vertretern gibt es auch einige »Zugewanderte«. Nicht minder vielfältig und aufregend ist die Tierwelt – und keineswegs immer harmlos.

Fauna

Alligator Alligator; lebt in vielen Parks und Tierschutzgebieten. Vorsicht: Er kann blitzschnell sprinten.

American Crocodile Krokodil; es hat eine schmalere Schnauze als ein Alligator, wird etwas größer und scheut die Nähe des Menschen.

Anhinga Schlangenvogel; beim Schwimmen hält er den Körper unter Wasser.

Armadillo Gürteltier mit urzeitlichem Aussehen

Bald Eagle Weißkopfseeadler; seit 1782 das Wappentier der USA

Bobcat Rotluchs; er ist größer als eine Hauskatze und hat messerscharfe Zähne.

Bald Eagle – der Weißkopfseeadler

Dolphin Delfine sind rund um Floridas Küsten anzutreffen.

Florida Black Bear Schwarzbär; mit seinen gekrümmten Krallen kann er sogar Bäume erklimmen.

Florida-Panther Eine Unterart des Pumas; lebt in den Everglades.

Florida Sandhill Crane Kranich; in städtischen und ländlichen Gebieten anzutreffen

Florida Scrub Jay Buschblauhäher; kommt nur in Florida vor.

Gopher Tortoise Die einzige heimische Schildkrötenart der USA; sie gleichen Meeresschildkröten, können aber nicht schwimmen.

Great Blue Heron Reiher; wird bis zu 1,20 Meter groß.

Horse Conch Riesenbandmuschel; wird bis zu 60 Zentimeter groß.

Key Deer Weißwedelhirsche; sie werden nicht größer als ein Hund.

Manati Seekuh; die sanftmütigen Dickhäuter sind Verwandte der Elefanten.

Mockingbird Spottdrossel; der Staatsvogel Floridas ahmt den Gesang anderer Vögel nach.

Northern Right Whale Bedrohte Walart; ihre Jungen bringt sie in den nordöstlichen Küstengewässern Floridas zur Welt.

Opossum Floridas einziges Beuteltier; es ist nachtaktiv und stellt sich bei Gefahr tot.

Osprey Fischadler

Pelican Robuster Ruderfüßer; lebt an Stränden und Wasserwegen.

Racoon Waschbär; das nachtaktive Tier gehört zur Familie der Kleinbären und ist überall in Nordamerika verbreitet.

Roseate Spoonbill Rosafarbener, einheimischer Löffler; kommt hauptsächlich im Süden Floridas vor.

Sailfish Atlantischer Fächerfisch; der offizielle Salzwasserfisch des Sunshine State

Sea Turtle Meeresschildkröte; sie baut ihre Nistplätze an beiden Küsten Floridas.

Shark Hai; in Florida sind vor allem der Sandtigerhai, der Zitronenhai, der Hammerhai und der Bullenhai beheimatet.

Snook Fisch aus der Familie der Barsche

Stingray Stachelrochen; seine Giftstachel benutzt er nur zur Verteidigung.

Striped Skunk Stinktier

Flora

Australian Pine Kängurubaum; er ziert viele Strände und Küstengebiete.

Beach Sunflower Hübsche Küstenblume mit gelben Blüten

Brazilian Pepper Der weit verbreitete Zierbaum stammt aus Südamerika und hielt Ende des 19. Jahrhunderts in Florida Einzug.

Cabbage Palm Großwüchsige Palmenart; in den Südstaaten heimisch

Coconut Palm Kokosnusspalme; sie wird bis zu 30 Meter hoch.

Firebush Hamelia; rotblühend und weit verbreitet

Ghost Orchid Die berühmteste der 100 einheimischen Florida-Orchideen

Gumbo Limbo Weißgummibaum mit federähnlichen Blättern und glänzender, roter Rinde

Eiche mit *Spanish Moss*

Live Oak Floridas historischer Baumbestand besteht vor allem aus diesen Virginia-Eichen, oft mit Spanischem Moos behangen.

Longleaf Pine Sumpfkiefern; einst bedeckten sie in Florida Hunderttausende von Hektar Land. Heute werden sie wieder aufgeforstet.

Orange Blossom Wachsartige, duftende Orangenblüte

Red Mangrove Bekannteste der drei Mangrovenarten Floridas mit rötlichen Wurzeln

Florida Royal Palm Einheimische Palme mit duftenden Blüten

Sabal Palm Palmettopalme; der Staatsbaum Floridas

Saw Palmetto Winterharte Fächerpalme

Sea Grape Die »Meertraube« wächst als salztolerante Pflanze an vielen Stränden.

Sea Oats Plattährengras; weit verbreitete Dünenpflanze

Spanish Moss Luftpflanzen (Epiphyten), die von Eichen herabhängen

Swamp Lily Weiß blühende Lilie; in Feuchtgebieten zu Hause

Register

Impressum

Produktmanagement: Claudia Hohdorf
Lektorat: Rosemarie Elsner
Korrektorat: Beate Martin
Layout: Anja Dengler
Repro: LUDWIG:media
Kartografie: Kartographie Huber, Heike Block
Herstellung: Bettina Schippel
Printed in Slovenia by Florjancic

Sind Sie mit diesem Titel zufrieden? Dann würden wir uns über Ihre Weiterempfehlung freuen.

Erzählen Sie es im Freundeskreis, berichten Sie Ihrem Buchhändler, oder bewerten Sie bei Onlinekauf.

Und wenn Sie Kritik, Korrekturen, Aktualisierungen haben, freuen wir uns über Ihre Nachricht an
Bruckmann Verlag, Postfach 40 02 09, D-80702 München oder per E-Mail an lektorat@verlagshaus.de.

Unser komplettes Programm finden Sie unter

 www.bruckmann.de

Alle Angaben dieses Werkes wurden von den Autoren sorgfältig recherchiert und auf den neuesten Stand gebracht sowie vom Verlag geprüft. Für die Richtigkeit der Angaben kann jedoch keine Haftung übernommen werden.

Bildnachweis:
Alle Bilder des Innenteils und des Umschlags stammen von Christan Heeb, außer:

Action Sports Photography, S. 171; Arto Hakola, S. 70 u.; Bes-junior, S. 16 u.; Brevard Museum, S. 176; Brian Marshall, S. 240 u.; Bridgewater Inn/Matlacha, S. 138 o.; Bubba Gump Shrimp Co. Orlando, S. 235 o.; Celso Diniz, S. 175; ClaudiaTampa, S. 37, S. 116 u.; Don Fink, S. 86; Ebyabe, S. 72, 155, 159, 160 o., 172 u., 244 u.; ecadphoto, S. 237; Edward Fielding, S. 231; FloridaStock, S. 200 o.; gary yim, S. 84 u.; Hard Rock Hotel Universal Orlando, S. 235 u.; Henry Hazboun, S. 220 o.; http://dbgarlicfest.com, S. 196 u.; Hutchinson Island Marriott Beach Resort & Marina, S. 186 u.; Invertzoo, S. 137; Irina Silayeva, S. 266 o.; Ironman11, S. 267; jeff gynane, S. 99; Jesse Kunerth, S. 174 u.; Jo Crebbin, S. 96 o.; Jon Bilous, S. 134 o.; Jorg Hackemann, S. 98 u.; Juneisy Q. Hawkins, S. 43; Kamira, S. 230 o., 233 o.; Ken Durden, S. 234 o.; LoneStarMike, S. 154 u.; Lookphotos/Henrik Holler, S. 8; Mark Winfrey, S. 125; MARKABOND, S. 238; Marriott International, Inc., S. 115 o; Mary Terriberry, S. 173 u.; Mauritius images: Jeff Greenberg, S. 231, M. Timothy O'Keefe/Alamy S. 233 u.; Stephen Searle/Alamy, S. 117, William S. Kuta/Alamy, S. 212 u.; Michael Lowin, S. 239 o./u.; Mick Fournier, S. 97; Museum of Science and Industry Tampa, S. 283; Off Axis Production, S. 63; Paul Brennan, S. 268 o.; picturepartners, S. 202 u.; Pieter De Pauw, S. 72 o., Press Photos Canyon Ranch, S. 53; Rborroto, S. 202 o.; Rcragun, S. 126 o.; Richard Cavalleri, S. 40 o.; Richard Goldberg, S. 35; Rob Bixby, S. 157 u.; Rob Hainer, S. 217; Rob Wilson, S. 157 o.; Roberto Gonzalez/Orlando Science Center, S. 222; Roka, S. 230 u.; SeaWorld Parks & Entertainment, Inc., S. 7 u., S. 240 o., 241 (2); Secundino Hernandez/Rubell Family Collection, S. 59; Shutterstock/NavinTar, S. 54; Silken Photography, S. 134 u.; Simon Hare, S. 61 o.; Snapper 68, S. 5 u.; Songquan Deng, S. 216 o.; Stephen B Calvert Clariosophic, S. 186 o.; Steven Frame, S. 246 o.; Stockfood/svry, S. 69 u.; The Margulies Collection at the Warehouse, S. 57; Turtle Beach Resort, S. 130 u., 131 o.; Varina and Jay Patel, S. 84 o.; visceralimage, S. 70 o.; Waldorf Astoria Orlando, S. 223; Wikimedia Commons, S. 11 o., 102, 103, 246 u., 264 u., 268 u.; Wikipedia: Averette, S. 60 o. und M.; William Silver, S. 98 u.; WillMcC, S. 240 o.

Umschlag:
Vorderseite: Oben: Flügel eines Rosalöfflers (Shutterstock/jo Crebbin); Mitte: Frau mit Fahrrad am Strand (Blend Images/Lookphotos); Unten: Clearwater Beach, Tampa Bay (Franz Marc Frei); Rückseite: Links: Im Hafen von Key West; Rechts: Silberreiher in den Everglades; Klappe vorne: Schnorchler mit Karibik-Manati (Mauritius Images/Marc Chamberlain/Alarmy)

Die Deutsche Nationalbibliothek verzeichnet diese Publikation in der Deutschen Nationalbibliografie; detaillierte bibliografische Daten sind im Internet über http://dnb.d-nb.de abrufbar.

2. aktualisierte Auflage
© 2017 Bruckmann Verlag GmbH
ISBN 978-3-7343-1106-2